# 中国式现代化资源节约之路

交通运输部科学研究院 组编

中国科学技术出版社
·北 京·

图书在版编目（CIP）数据

中国式现代化资源节约之路 / 交通运输部科学研究院组编 . -- 北京：中国科学技术出版社，2024.4

ISBN 978-7-5236-0465-6

Ⅰ.①中… Ⅱ.①交… Ⅲ.①矿产资源—节能—研究—中国 Ⅳ.① F426.1

中国国家版本馆 CIP 数据核字（2024）第 039465 号

| | | |
|---|---|---|
| 责任编辑 | | 程　露 |
| 封面设计 | | 宗少波 |
| 正文设计 | | 中文天地 |
| 责任校对 | | 焦　宁 |
| 责任印制 | | 徐　飞 |

| | | |
|---|---|---|
| 出　　版 | | 中国科学技术出版社 |
| 发　　行 | | 中国科学技术出版社有限公司发行部 |
| 地　　址 | | 北京市海淀区中关村南大街 16 号 |
| 邮　　编 | | 100081 |
| 发行电话 | | 010-62173865 |
| 传　　真 | | 010-62173081 |
| 网　　址 | | http://www.cspbooks.com.cn |

| | | |
|---|---|---|
| 开　　本 | | 710mm×1000mm　1/16 |
| 字　　数 | | 287 千字 |
| 印　　张 | | 26 |
| 版　　次 | | 2024 年 4 月第 1 版 |
| 印　　次 | | 2024 年 4 月第 1 次印刷 |
| 印　　刷 | | 北京长宁印刷有限公司 |
| 书　　号 | | ISBN 978-7-5236-0465-6 / F・1198 |
| 定　　价 | | 168.00 元 |

（凡购买本社图书，如有缺页、倒页、脱页者，本社发行部负责调换）

# 编 委 会

主　　任：石宝林
副 主 任：王先进　方　海　李忠奎
科学顾问：杜祥琬
委　　员（按姓氏笔画排序）：
　　　　　王雪成　刘　芳　刘宏甲　张海颖
　　　　　欧阳斌　周艾燕　姜彩良　褚春超
撰　　稿（按姓氏笔画排序）：
　　　　　付　英　白　玫　李忠奎　陈经伟　谭文兵

# 序　为中国共产党领导的资源节约事业而不懈奋斗

中国共产党领导的资源节约事业可以追溯到中华人民共和国成立之初。1952年成立了中央人民政府国家计划委员会，是国家计委（现中华人民共和国国家发展和改革委员会）的前身，主要职责是制定国民经济发展的规划和方针，其中就包括资源节约。随着国家工农业的大发展，我们党逐渐将资源节约纳入全面建设社会主义时期的战略目标之中。改革开放以后，我们对外逐步开放，对内进行社会主义市场经济体制改革，在这一过程中，我们党继续坚持资源节约，将其与可持续发展的理念相结合，提出了"坚持以人为本，树立全面、协调、可持续的发展观，促进经济社会和人的全面发展"的科学发展观。

党的十八大以来，以习近平同志为核心的党中央高度重视资源节约工作，部署实施全面节约战略，通过农村、工矿、建筑、交通、城市等重点领域的不懈努力，资源节约工作取得积极成效：能源、水、土地等消耗强度大幅度降低；资源节约集约高效利用成效显著；循环经济迅速发展，水平不断提高；厉行节约、反对浪费在全社会蔚然成风。党的二十大召开前夕，习近平总书记主持召开中央全面深化改革委员会，就资源节约工作作出重要批示，指出节约资源是我国的基本国策，是维护国家资源安全、推进生态文明建设、推动高质量发展的一项重大任务。这既是对过去我们党和政府开展资源节约工作的肯定，也是对未来我国资源节约事业高度影响社会经济发展的正确定位。

党的二十大胜利召开，习近平总书记在党的二十大报告明确提出："中国式现代化是人口规模巨大的现代化，是全体人民共同富裕的现代化，是物质文明和精神文明相协调的现代化，是人与自然和谐共生的现代化，是走和平发展道路的现代化。"这表明中国共产党领导的资源节约事业，也是中国式现代化的资源节约事业，推动中国式现代化需要资源节约。

在党的二十大召开这样重要的时期，交通运输部科学研究院、中国社会科学院、中国自然资源经济研究院等多家研究单位合作编写了《中国式现代化资源节约之路》一书，集中展现了中国共产党领导的全面加强节约工作在能源、工业、建筑、交通、产业方面取得的重要成就，同时聚焦资源节约工作在社会发展实践中遇到的新问题，揭示资源节约事业发展路径，助力经济社会协同共进，同时也为推进世界现代化进程贡献了中国智慧、中国方案。

站在历史发展的新阶段，实现伟大梦想、推进伟大事业，必须要靠伟大奋斗。在党的科技思想引领下、革命精神鼓舞下，我们涓滴汇海，把人生理想融入实现中华民族伟大复兴的时代主题，为中国共产党领导的资源节约事业而不懈奋斗，为推动中国式现代化进程而不懈奋斗。

中国工程院院士

# 目录 CONTENTS

**第一章　节约之道路** ………………………………………… 001

　　第一节　坚定不移地走资源节约型社会发展之路 ………… 002

　　第二节　发扬党领导推进全面加强资源节约工作的
　　　　　　精神 …………………………………………………… 018

　　第三节　实现资源节约型社会任重而道远 ………………… 026

**第二章　节约之生产** ………………………………………… 049

　　第一节　全面加强能源资源节约工作 ………………………… 050

　　第二节　全面加强工业资源节约工作 ………………………… 084

　　第三节　全面加强建筑领域资源节约工作 …………………… 117

第四节　全面加强交通领域资源节约工作……164
　　第五节　构建资源型循环经济及其产业体系……205

**第三章　节约之生活**……249

　　第一节　转型绿色低碳生活方式……250
　　第二节　扩大绿色产品服务供给……268
　　第三节　我国绿色消费路径探析……278

**第四章　节约之科技**……291

　　第一节　我国资源节约科技的发展与未来……292
　　第二节　做好资源节约科技创新保障……320
　　第三节　资源节约科技项目示范工程案例分析……336

**第五章　节约之人类命运共同体**……369

　　第一节　构建人类命运共同体是世界各国人民的共同愿望
　　　　　　和前途所在……370
　　第二节　以资源节约推动构建人类命运共同体……381
　　第三节　积极参与资源节约全球治理体系建设……391

**参考文献**……397

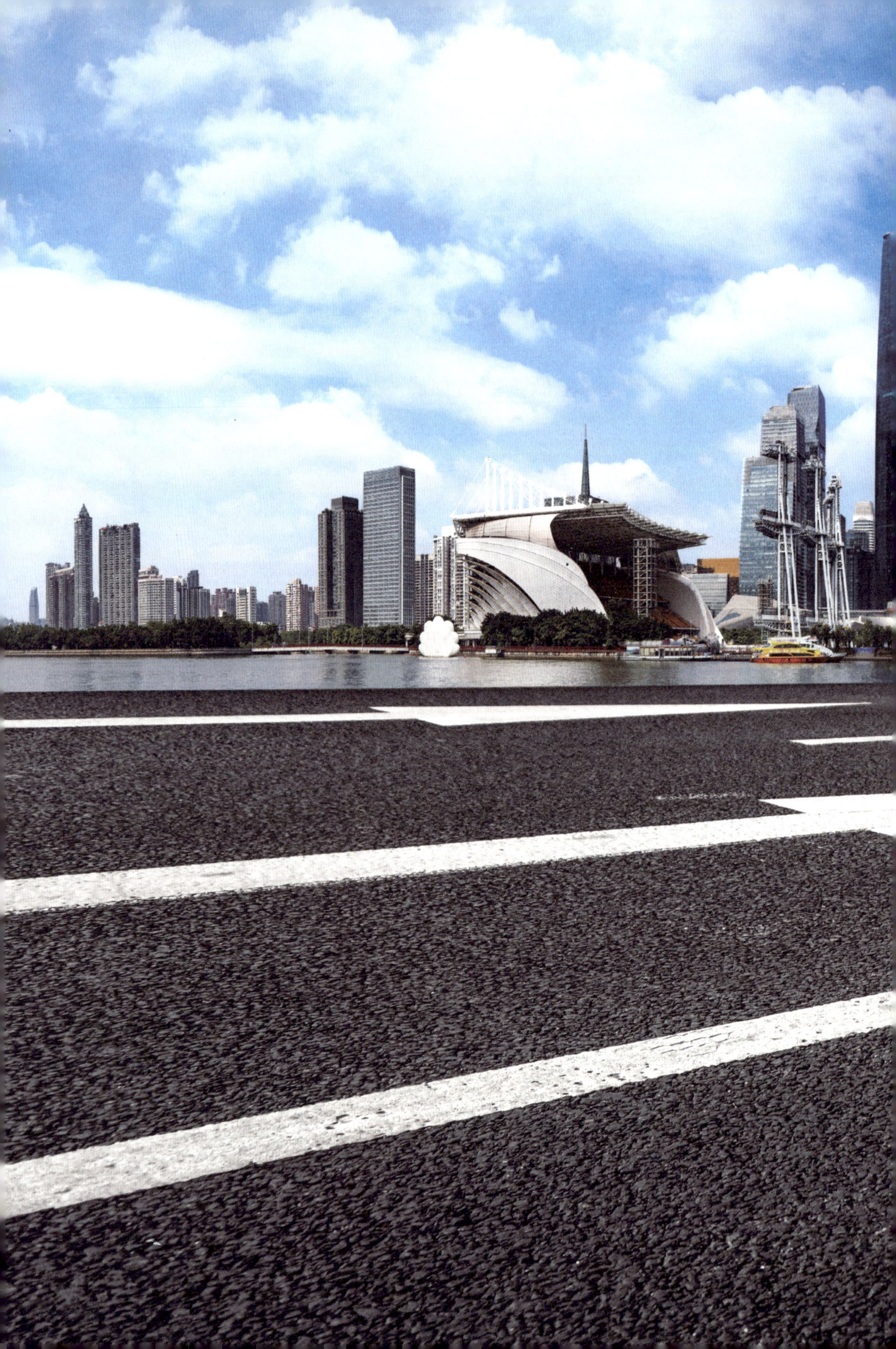

# 第一章 节约之道路

# 第一节　坚定不移地走资源节约型社会发展之路

## 一、资源节约型社会的历史源流

### （一）资源是创造人类社会财富的源泉

马克思认为创造社会财富的源泉是自然资源和劳动力资源。恩格斯在《自然辩证法》一书中明确指出："劳动和自然界一起才是一切财富的源泉。自然界为劳动提供材料，劳动把材料变为财富。"因此，资源包括自然资源和劳动力资源两大要素，它反映了人与自然界之间的物质变换关系。人口与资源环境之间的矛盾，现代化建设与资源环境之间的矛盾，归根结底，需要依靠自然资源和劳动力资源的相互融合、进化来解决。自然资源和劳动力资源的种类、形态、性质、结构和功能按照不同历史时期社会生产力水平和科技水平的变化而变化。随着科技进步、社会生产力水平的不断提高，资源的内涵逐渐从自然资源向经过人类劳动加工的实物资源演变、从生活资料性资源拓展到生产资料性资源、从实物形态拓展到非实物形态，呈现出其系统进化的特征和规律。

## （二）自然资源是创造人类社会财富的第一源泉

联合国环境计划署给出的定义："自然资源是指在一定时间、地点和条件下，能够产生经济价值的，以提高人类当前和将来福利的自然条件和环境。"《中国资源科学百科全书》给出的定义："自然资源是指人类可以利用的、自然生成的物质与能量。"自然资源的一级分类为：自然物质、自然能量、自然空间本身和自然信息[1]。《不列颠百科全书》给出定义："自然资源是指人类可以利用的、自然生成的及其生成源泉的环境能力。前者为土地、水、大气、岩石、矿物、生物及其积聚的森林、草场、矿床、陆地与海洋等；后者为太阳能、地球物理的循环机能（气象、海象、水文、地理的现象）、生态学的循环机能（植物的光合作用、生物的食物链、微生物的腐败分解作用等）、地球化学的循环机能（地热现象、化石燃料、非燃料矿物生成作用等）。"《中国资源科学百科全书》指出："自然资源主要包括土地、水、矿产、生物、气候（光、热、降水、大气）和海洋六大资源[2]。"这可以看作是自然资源的二级分类。《中国自然资源通典》则在六大资源类型划分的基础上，又增加了旅游资源，并将生物资源细分为动物、

---

[1] 张文驹. 自然资源一级分类 [J]. 中国国土资源经济，2019.
[2] 孙鸿烈. 中国资源科学百科全书 [M]. 北京：石油大学出版社，2000.

植物及其森林、草地、菌物、天然药物等。

## （三）社会资源站在自然资源这个巨人肩上发挥乘数效用

狭义的社会资源，仅指人类劳动所提供的以物质形态而存在的人力资源和资本资源。广义的社会资源，除了物质形态的资源之外，还包括人力、资本、科技等非物质形态的资源。同自然资源一样，社会资源对一个国家或地区的经济社会发展起着重要的拉动和制约作用。社会资源只有与自然资源相结合才能进行生产，进而创造财富。随着人类社会的发展，与自然资源相比，社会资源的地位日益重要，发挥的作用也越来越大，它是驾驭自然资源开发、利用、保护和管理的主导因素。

社会资源包括人力、资本、科技、教育、信息和人文资源等六大资源[1]。人力资源，是指一个国家或地区拥有的可以用于生产活动的，潜在的劳动生产力，是具有劳动能力的适龄人口总和。人口数量的多少和人口质量的高低是衡量人力资源的重要指标。资本资源，是指从事生产活动所必需的资本品的总称，包括机器、厂房、道路、运输工具、基础设施、计算机网络等。资本资源是发展生产的基础和条件，其丰富程度是一个国家或地区经济实力的主要标志。广义的资本资源，还包括国内投资总额、外国直接投资和股票市场市值。后者反映了一个国家或地区金融市

---

[1] 孙鸿烈. 中国资源科学百科全书 [M]. 北京：石油大学出版社，2000.

场的发展规模。科技资源,是指影响经济社会发展的科学技术财富,它决定人类开发利用和保护自然资源的方式与种类。科技进步往往是社会进步的标志,也是社会变革的必要条件。进入21世纪以来,全球科技创新进入空前密集和活跃期,科技资源从来没有像今天这样深刻影响着国家前途命运和人民生活福祉。一个国家或地区的科技资金投入占国内生产总值的比例是衡量其科技资源积累、创新后劲的重要指标。教育资源,是指在教育过程中所占用、使用和消耗的人力、物力和财力资源的总称。伴随着教育实践,教育资源不断积累、扩展、丰富着其精神和物质的内涵,添加了网络教育社区、教育博客、慕课等新形式。教育资源反映一个国家或地区提高人口素质的能力,是为社会提供各种专业素质人才资源的基础。在科技高度发达的今天,现代化建设和社会进步需要高素质的智力资源,而智力资源的开发又依赖于教育资源的状况和水平。信息资源,是指与社会生产、人民生活和生态环境有关的各种文字、数字、语言、音像、图表、符号等信息的总称。信息资源对于实现中国式现代化、生态文明建设起着不可替代的重要作用。随着信息科技的发展,信息资源已经成为影响社会生产发展规模、速度、结构、方向以及资源总量管理、科学配置、优化组合的重要力量。信息资源的生产、收集、传递、存储、加工、开发、应用诸环节,尤其是大数据、云计算、区块链等技术为未来社会开辟了更为广阔的发展空间。人文资源,是指狭义的文化资源的概念,即能够为人类利用、再利用并创造价值的文化现象,特别是指人类所具有的非物质的精神财富。与自然资源迥异,人文资源不是自然物质,而是人类活动的创造物，它可以并能够用来创造新的精神财富和物质财富。人文资源的核心内容是其价值体系，包括宗教信仰、伦理观念、风俗习惯等。其他人文资源，如文学、艺术作品等也可以直接或者间接满足人类的需求，提高生活品质。

## （四）在人类告别存量博弈之前，资源节约是一个永恒的命题

资源节约是指资源的高效开发、循环利用和适度消费的总称。节约，含有节省、俭约的意思；俭约又可释义为节俭、简约。资源节省就是尽可能少用资源；资源节俭就是有节制地开发利用资源；资源简约就是物尽其用、适度消费和拒绝浪费。从社会实践看，资源节约有三层含义：一是资源的减量化行动和高效率开发。减量化，反映的是节约概念中节省的内涵，通常针对的是耗竭性资源，即在人类开发利用后，其存量逐渐减少乃至枯竭的一类资源，短期内无法再生或者更新。这类资源形成极其缓慢，一旦被用尽或过度消耗就无法补充。高效率开发，是另类的资源节省。它不在乎资源消耗量的绝对减少，而是致力于提高资源的利用效率，即用最小的资源消耗取得最大的经济效益，实现开发利用的低投入高产出。同样道理，资源集约利用、资源综合利用也能带来资源节省的效果。衡量资源节约程度的指标有实物量和价值量两种计算方法。前者如单位钢产量的铁矿、煤炭消耗量，单位棉纱产量的棉花消耗量；后者如每百万元GDP增长量铁矿、煤炭、棉花的消耗量。二是资源的精细化管理和可循环利

用。精细化，反映的是节约概念中节俭的含义，即减少损耗、有节制地利用资源。它通常针对的是资源的有限性。不可再生资源自不必说，大气、水、生物等再生资源尽管可以周而复始、循环更新，但是每一时期的循环量也是有限的，如果不合理利用，不仅会造成污染，若其开发利用强度超过其再生和自净能力，就会使资源质量下降，可利用的资源数量也会减少，良性循环就可能转变为恶性循环。循环利用，针对的是资源的可再生性，是指那些经过使用、消耗、加工、燃烧、废弃等程序后，仍能在一定周期（可预见）内重复形成的且具有自我更新、自我复原特性的并且可持续利用的一类自然资源或社会资源。前者如风能、太阳能、水能、地热能、海洋能等；后者如金属、电池、固体废弃物的回收利用等。三是资源的无废化处置和适度性消费。无废化，反映的是节约概念中反对浪费的含义。适度消费则是节约概念中简约的含义。目前在社会生产领域"三废"的无废化处理技术已日臻成熟。但在社会生活领域的不平衡、不充分问题依然存在，奢侈消费的风气还没有根本扭转。

## （五）构建资源节约型社会是中国式现代化的必由之路

构建资源节约型社会，包括三层含义：一是全面确立资源节约的重要战略地位。二是从根本上改变以大量消耗资源和牺牲生态环境为代价的外延型经济增长方式，逐步建立全面节约型经济社会体系。三是引导人们崇尚节约型生活，在全社会形成简约型消费方式。构建资源节约型社会的根本目的是：追求更少资源消耗、更低环境污染、更大综合效益、实现可持续发展、建设生态文明。其基本特征是：资源的合理配置、高效和循环利用、有效保护和替代，人与自然和谐共生[①]。其指导思想是：坚持资源开发与节约并重，把节约放在首位的方针。以能源节约、水资源节约、土地资源节约、原材料节约和矿产资源节约为抓手，以资源综合利用、资源循环利用和资源回收利用为重点，以科技创新为动力，以市场和政府为驱动力量，逐步形成节约型的增长方式和消费模式，以资源的全面节约利用，保障和促进经济社会的可持续发展。其预期目标是：社会组织机构运行有序，国民经济各组成部分相互协调，主要资源供给充分且使用均衡，循环经济成为其经济体系中的主要模式，废弃物得到充分利用，绿色消费成为主流，以科技创新为驱动力，人类命运共同体基本建成。其主要任务：一是树立资源节约观念。人们自觉从节省原则出发，克服浪费，合理使用资源的意识。二是确立资源节约型主体。包括企业、政府、事业单位、社团、家庭和军队。三是构建资源节约产权制度。按照"归属清晰、权责明确、保护严格、流转顺畅"的原则，推出一批专门从事资源节约技术工艺或设备研发的机构，从制度上保护其合法权益。四是构建有利于推动资源节约的体制机制。使经济、政治等不同体制和各种制度在经济运行过程中围绕资源节约这个核心，形成相互作用、彼此约束、协调运转的新局面。五是构建资源节约型体系。包括各产业体系和战略资源体系。

---

① 科学发展观丛书编委会. 资源节约与环境友好社会建设［M］. 北京：党建读物出版社，2012.

## 二、资源节约与中国式现代化特征

党的二十大报告明确提出:"中国式现代化是人口规模巨大的现代化,是全体人民共同富裕的现代化,是物质文明和精神文明相协调的现代化,是人与自然和谐共生的现代化,是走和平发展道路的现代化。"这是中国式现代化的五个特征,它们与资源节约有着千丝万缕的联系。

### (一)我国国情需要节约资源

过度开发,我国的环境容量载不动;粗放利用和奢侈消费,我国的资源储量耗不起;照搬西方发展模式的路子行不通。在一个有着庞大人口基数的发展中国家实现现代化,对资源的巨量需求是其他任何国家都无法比拟的。在坚持厉行节约、反对浪费的前提下,为了解决温饱问题(1949—2000年),我国50年间消费了300多亿吨煤炭、30多亿吨石油和20多亿吨粗钢;为了全面建成小康社会(2001—2020年),我国20年间消费了近700亿吨煤炭、90多亿吨石油和130多亿吨粗钢;为了基本实现现代化(2021—2035年),未来15年我国还将需要消费500多亿吨煤炭、100多亿吨石油和120亿吨左右的粗钢[①]。所以,要靠节

---

① 中国工程院. 我国矿业发展重大政策研究. 2021.

约资源，要靠科技突破，把资源这个柠檬的最后几滴水榨出来。据 2022 年美国采矿、冶金和勘探协会（MEC）基金会报告，当代美国人一生中人均需要消耗 1370 吨的矿物、金属和燃料。以西方发达国家奢侈型消费主导的消费主义已经成为全球可持续发展的最大障碍之一。

## （二）共同富裕需要节约资源

共同富裕取决于我们创造财富的能力。只有把蛋糕做大，才能实现共同富裕。要做大蛋糕，离不开资源这个创造社会财富的源泉，更离不开资源的高效开发、循环利用和适度消费。贫穷不是社会主义，两极分化也不是中国式现代化。财富可以分为创造性财富和掠夺性财富两类。创造性财富是指世界上本来没有，人们经过努力创造出来的。这样的财富是增量而不是存量财富，是人们利用自然资源依靠劳动与智慧创造的。这些创造出来的财富增加了社会财富总供给，在社会的分布，不存在着此消彼长的关系；在社会的交易，只要是公平交易，则属于劳动间交换，仍保持了其创造性财富的本质不变。掠夺性财富是指未经资源消耗和劳动创造，由不正当的转移而得到的财富。这样的财富不增加社会财富的总供给，并存在此消彼长的关系。这个社会要鼓励人们创造性地致富而不是掠夺性地致富，鼓励人们在资源利用及消耗过程中节约资源，鼓励人们在依靠劳动和智慧创造财富过程中节约资源。我们提倡的共同富裕是在社会财富的总供给达到一定水平的共同富裕，是建立在创造性致富前提下的共同富裕。要在高质量发展中促进共同富裕，缩小"三大差别"[①]，建立弱势群体社会保障网，防止社会阶层发生固化，给更多的人向上流动和致富的机会。要坚持勤劳致富，奖励节约致富，在精打细算、物尽其用、优质优用、艰苦奋斗的过程中，鼓励一批又一批人富起来，从而实现先富带后富、帮后富。

## （三）文明协调需要节约资源

首先，发展物质文明和精神文明需要节约资源。物质文明是精神文明的物质基础，在一定程度上决定着精神文明的走向。物质文明的发展程度越高，表明人类依赖自然的程度越小，控制自然的能力越强；精神文明的发展程度越高，表明人类脱离了野蛮社会思想道德束缚；社会科学文化水平进步越大，也就意味着人类对资源有限性的认识更加深刻，树立全社会节约资源的意识更加自觉。其次，当前物质文明和精神文明存在发展不平衡、不充分的问题。正如恩格斯所说："人类征服自然的每一次胜利，都遭受到大自然的报复。"我国三十多年的高速发展和开发建设积累了巨量的物质财富，但也造成资源环境承载能力持续下降，水土质量呈恶化趋势，近 17% 的土地受重金属污染，近 1/4 的地表水处于污染状态。最后，节约资源对物质文明和精神文明协调发展具有促进作用。要想物质和精神都强大起来，只有注入节约资源这个关键要素，才能有效避免现代化进程中可能出现社会文明

---

[①] 社会主义国家中存在的工农之间、城乡之间、脑力劳动和体力劳动的差别。

畸形发展的风险，才能真正跨越一些发展中国家虽然收入水平提高，而社会道德堕落，"二律背反"的"中等收入陷阱"。

## （四）和谐共生需要节约资源

人类应该从自然为根，尊重自然、顺应自然、保护自然。要像保护眼睛一样保护自然和生态环境，推动形成人与自然和谐共生新格局。而这些都离不开节约资源。中国式现代化，决不以大量消耗资源、牺牲生态环境和代际公平为代价支撑经济增长与社会发展。人与自然和谐共生的思想来源于生态文明理论。生态文明理论站在可持续发展理论的更高层次，主导着当今世界经济社会发展和政策制定的走向。近十年，在我国的资源节约政策图谱中随处闪烁着生态文明理论的光影。要坚持绿色发展，坚持系统治理，坚持以人为本，坚持多边主义和共同治理、区别责任原则，把资源节约作为经济社会发展和全面绿色转型的杠杆支点。保护生态环境系统就是保护生产力，发展资源节约技术就是发展生产力。要摒弃损害甚至破坏生态环境的发展模式，摒弃用浪费资源、牺牲环境换取一时发展的短视做法。大力促进经济、能源、产业结构转型升级，让永续资源利用和良好生态环境成为全球经济社会可持续发展的支撑。

## （五）和平发展需要节约资源

首先，人类社会以和平发展为主基调、时代背景没有变化。

世界的政治格局朝着多极化、区域化方向发展。以国家或地域形成的经济共同体成为世界经济的主流，一方面区域内以核心国家形成贸易体系和区域产业分工；另一方面，区域间的合作会越来越紧密，意识形态与价值观将会出现低烈度的对抗。其次，世界和平需要节约资源。节约资源有助于中国参与世界的发展。我国人均耕地、林地、草地面积和淡水资源分别仅相当于世界平均水平的43%、14%、33%和25%，重要矿产资源人均占有量占世界平均水平的比例分别是煤67%、石油6%、铁矿石50%、铜25%[①]。因此，提升我国资源利用效率，不仅我国受益，也将惠及世界。在存量博弈时代，全球资源分配属于"零和游戏"，你用得多，别人就得少用。历史经验表明，一些发达国家以往走的依靠战争、殖民、贩卖人口和毒品、掠夺资源的道路是行不通的。中国式现代化高举和平、发展、合作、共赢的旗帜，同各国平等交往、互通有无，互惠互利。在增加世界财富的总供给中通过公平交易获取并合理开发利用全球资源，在创造性致富的同时带动发展中国家或地区向前发展。

## 三、全面加强资源节约的显著成就

党的十八大以来，党中央部署实施全面节约战略，通过农村、工矿、建筑、交通、城市等重点领域、各条战线的不懈努

---

① 徐绍史. 落实资源节约优先战略，推动经济发展方式转变 [J]. 求是，2011，2：16.

力，资源节约工作取得积极成效。

## （一）能源、水、土地等消耗强度大幅度降低

党的十八大以来，我国致力于建设资源节约、环境友好的绿色发展体系，取得明显进展。一是能源结构调整力度加大，新能源和可再生能源利用成为"世界引擎"。全面节约资源取得成效，资源利用效率明显提高。"十三五"时期，我国单位GDP能耗下降近14%，不但节约了大量能源资源，也减少了大量碳排放；能源消费总量成功控制在50亿吨标准煤以内。二是严格水资源节约利用。加快建立水资源刚性约束指标体系，推进地下水开采总量与水位双控，合理确定流域区域用水总量控制指标，严格水资源论证和取水许可管理，深入实施国家节水行动。推进农业水价综合改革，支持中型灌区续建配套与节水改造。2020年，万元国内生产总值用水量比2015年下降28%，农田灌溉水有效利用系数提高到0.565[①]。三是加大土地资源节约集约利用力度。实施建设用地总量和强度双控，完善多层次建设用地节约集约利用评价工作和技术体系，形成"规划管控、节地评价、激励约束、示范引领"的工作新格局。近年来，政府通过编制实施国土空间规划，倒逼城镇集约发展；推出3批次46项节地技术和节地模式，评选出3批次427个国土资源节约集约模范县（市）、24个模范地级市；单位国内生产总值建设用地使用面积五年下降21.51%。

---

[①] 张钰钗. 精准提高用地、用能、用水效率[J]. 中国人大，2021，11：05.

## （二）循环经济发展势头迅猛

党的十八大以来，我国循环经济政策日臻完善，法律制度不断健全，发展模式层出不穷，重点领域持续推进，工艺、技术或装备加快变革，有效延长了材料和产品生命周期。"十三五"期间，我国发展循环经济力度加大、成效明显，2021年单位GDP能耗持续下降。其中，单位GDP用水量累计降低28%，农作物秸秆综合利用率超过86%，大宗固体废弃物综合利用率达到56%。再生资源利用能力增强、效率提升。2021年建筑垃圾综合利用率达50%；废纸利用量约6490万吨；废钢利用量约2.6亿吨，替代62%品位铁精矿约4亿吨；再生有色金属产量1450万吨，占国内十种有色金属总产量的23.5%，其中再生铜、再生铝、再生铅产量分别为325万吨、740万吨和240万吨[①]；资源循环利用已经成为保障我国资源安全的重要途径之一。此外，"十三五"期间发展循环经济对我国减少二氧化碳排放的综合贡献率超过25%。

## （三）厉行节约、反对浪费在全社会蔚然成风

党的十八大以来，中央八项规定和"十个不准"，在党和国家各部门、各层级得到认真贯彻落实，刹住了公款吃喝、公款旅

---

① 国家发展改革委员会. "十四五"循环经济发展规划，2021，7.

游之风。公车改革、办公用房标准制定与执行，清理法规规章、精简会议、无纸化办公等，节约了大量政府行政开支。在全社会倡导厉行节约、反对浪费，光盘行动，垃圾分类处理，节约一滴水、一度电、一张纸，节约入校园、节约入企业、勤俭家风建设等活动取得明显成效。

## （四）资源节约集约高效利用成效显著

党的十八大以来，我国矿产资源节约和综合利用工作取得积极进展。一是矿产资源开发利用制度及标准不断完善。建立矿产资源开发利用调查评估制度，发布124种矿产资源"三率"最低指标。二是绿色矿业发展示范区和绿色矿山建设成效明显。遴选推广50个绿色矿业发展示范区和360项矿产资源节约和综合利用先进适用技术，近日又发布《矿产资源节约与综合利用先进适用技术目录（2022年版）》。三是矿产资源开发利用技术水平得到提升。石油采收率稳定在26%~28%。天然气采收率稳定在51%~53%；煤炭平均回采率70%，其中井工煤矿薄煤层采区达到85%；煤层气井下抽采利用率达到42%，地面抽采利用率超过90%；铁矿地采回采率达到88%、露采达到98%，选矿回收率达到76%，形成攀枝花、白云鄂博两大矿产资源综合利用基地；除铜矿地采回采率在87%左右以外，主要有色金属矿产开采回采率均超过90%；除锡矿、钨矿等少数选矿回收率处于70%~80%，主要有色金属矿产选矿回收率均超过85%；鳞片石墨已将精矿品位提高到98%以上，回收率达到85%以上；萤石则将精矿品位提高到97%以上，回收率达到85%以上；磷矿综合利用技术工艺取得新突破，露采回采率达到90%以上，云磷集团、瓮福集团和黄麦岭磷矿回采率均超过96%，地采回采率在75%~82%，选矿回收率达到87%[1]。

---

[1] 朱欣然，等. 矿产资源节约与综合利用报告（2021）[M]. 北京：地质出版社，2021，12.

## 第二节　发扬党领导推进全面加强资源节约工作的精神

### 一、习近平生态文明思想

习近平生态文明思想来自实践又指导实践，对全面加强资源节约工作，努力建设中国式现代化具有十分重要的现实意义。

#### （一）把资源节约纳入生态文明建设大局

习近平总书记指出："生态文明建设是关系中华民族永续发展的根本大计。"[①] 生态兴则文明兴，生态衰则文明衰。生态环境没有替代品，用之不觉，失之难存。当人类合理利用、友好保护自然时，自然的回报常常是慷慨的；当人类无序开发、粗暴掠夺自然时，自然的惩罚必然是无情的。他强调："人类对大自然的伤害最

---

[①] 中共中央宣传部，中华人民共和国生态环境部. 习近平生态文明思想学习纲要 [M]. 北京：学习出版社，人民出版社，2022，7：11.

终会伤及人类自身，这是无法抗拒的规律。"[1]加强生态文明建设必须坚持人与自然和谐共生、绿水青山就是金山银山、良好生态环境是最普惠的民生福祉、山水林田湖草是生命共同体、用最严格制度最严密法治保护生态环境。他在广东考察时说："我们建设现代化国家，走欧美老路是走不通的，再有几个地球也不够中国人消耗。[2]"中国式现代化建设之所以伟大，就在于艰难，不能走老路，又要达到发达国家的水平，那就只有走科学发展之路。我们要把生态文明建设放在突出位置，融入经济建设、政治建设、文化建设、社会建设各方面和全过程，牢固树立尊重自然、顺应自然、保护自然的生态文明理念，坚持节约资源和保护环境的基本国策，着力推进绿色发展、循环发展、低碳发展，加快推进节能减排和污染防治，给子孙后代留下天蓝、地绿、水净的美好家园。

## （二）把资源节约提升到人与自然和谐共生高度

习近平总书记在中央政治局集体学习时指出："要正确处理好经济发展和生态环境保护的关系，牢固树立保护生态环境就是保护生产力、改善生态环境就是发展生产力的理念，决不以牺牲环境为代价去换取一时的经济增长。"决不走"先污染后治理"的路子。习总书记指出："节约资源是保护环境的根本之策。扬汤止

---

[1]  中共中央宣传部，中华人民共和国生态环境部. 习近平生态文明思想学习纲要 [M]. 北京：学习出版社，人民出版社，2022，7：18.

[2]  习近平. 论坚持人与自然和谐共生 [M]. 北京：中央文献出版社，2022，1：23.

沸不如釜底抽薪，在保护生态环境问题上尤其要确立这个观点。大部分对生态环境造成破坏的原因是来自对资源的过度开发、粗放型使用。如果竭泽而渔，最后必然是什么鱼都没有了。因此，必须从资源使用这个源头抓起。要大力节约集约利用资源，推动资源利用方式根本转变，加强全过程节约管理，大幅降低能源、水、土地消耗强度。要控制能源消费总量，加强节能降耗，支持节能低碳产业和新能源、可再生能源发展，确保国家能源安全。要加强水源地保护和用水总量管理，推进水循环利用，建设节水型社会。要严守耕地保护红线，严格保护耕地特别是基本农田，严格土地用途管制。要加强矿产资源勘查、保护、合理开发，提高矿产资源勘查合理开发和综合利用水平。要大力发展循环经济，促进生产、流通、消费过程的减量化、再利用、资源化。"①

## （三）把资源节约作为维护国家资源安全、推进生态文明建设、推动高质量发展的一项重大任务

习近平总书记在中央全面深化改革委员会会议上强调，"要完整、准确、全面贯彻新发展理念，坚持把节约资源贯穿于社会发展全过程、各领域，推进资源合理管理、科学配置、全面节约、循环利用，提高能源、水、粮食、土地矿产、原材料等资源利用效率，加快资源利用方式根本转变。"习总书记指出："节约资源是我国的基本国策，是维护国家资源安全、推进生态文明建设、

---

① 习近平. 论坚持人与自然和谐共生 [M]. 北京：中央文献出版社，2022，1：32-33.

推动高质量发展的一项重大任务。党的十八大以来，我们部署实施全面节约战略，大幅降低能源、水、土地利用强度，大力发展循环经济，在全社会倡导厉行节约、反对浪费，推动资源节约集约高效利用，取得积极成效。要突出抓好能源、工业、建筑、交通等重点领域资源节约，发挥科技创新支撑作用，促进生产领域节能降碳。要增强全民节约意识，推行简约适度、绿色低碳的生活方式，反对奢侈浪费和过度消费，努力形成全民崇尚节约的浓厚氛围。要综合运用好市场化、法治化手段，加快建立体现资源稀缺程度、生态损害成本、环境污染代价的资源价格形成机制，不断完善和逐步提高重点产业、重点产品的能耗、水耗、物耗标准，促进资源科学配置和节约高效利用。要处理好利用和节约、开发和保护、整体和局部、短期和长期的关系，既要坚持底线思维，从严监督管理，防范化解重大资源风险，也要考虑经济社会发展现实需要。"①

## 二、党中央与资源节约工作

### （一）资源节约是中国共产党人所具有的一种独特力量和革命精神

"艰苦奋斗、百折不挠"是井冈山精神，红米饭、南瓜汤，

---

① 习近平总书记在中央全面深化改革委员会第27次会议上的讲话. 2022-9-6.

## 中国式现代化资源节约之路

对今天的"拜金主义"是严正的反衬。在朱毛红军挑粮小道上，朱德的扁担挑起的是未来百万雄师过大江的给养，茅坪八角楼里灯光照亮的是毛泽东以农村包围城市、最后夺取全国胜利的伟大思想光辉。从江西瑞金叶坪革命旧址简陋的房屋，到历经两万五千里长征之后延安杨家坪的窑洞，以及老一辈革命家的日常起居的简朴纯真，无不闪耀着节约精神。1936 年，美国作家埃德加·斯诺来到延安时，亲眼看到党中央领导同志衣着、用品和房中陈设。他发现了中国共产党具有的一种独特力量，他称为"东方魔力"，并断言这是"兴国之光"[①]。在党的七届二中全会上，毛泽东向全党发出"务必使同志们继续地保持谦虚、谨慎、不骄、不躁的作风，务必使同志们继续地保持艰苦奋斗的作风"[②]的著名号召。改革开放初期，问题成堆、百废待兴。邓小平提出，在中国搞现代化建设，要教育人民"不能浪费"[③]。1981 年，邓小平再次会见日本公明党访华团时说，中国搞现代化，不能同西方比。如果不提倡艰苦奋斗，勤俭节约，这个目标不能达到。苏联解体之后，邓小平强调："艰苦朴素的教育今后要抓紧""我们的国家越发展，越要抓艰苦创业。"[④]进入新时代以来，习近平总书记指

---

[①] 毛泽东用"酸菜里面出政治"寓意什么 [J]. 党建网. http://dangjian.com/.

[②] 毛泽东用"酸菜里面出政治"寓意什么 [J]. 党建网. http://dangjian.com/.

[③] 董振瑞."勤俭是我们的传家宝"重温我们党关于厉行节约、反对浪费的重要论述 [J]. 新湘评论，2013-10-01.

[④] 毛泽东用"酸菜里面出政治"寓意什么 [J]. 党建网. http://dangjian.com/.

出，跳出历史周期率的办法除了民主监督之外，还有一个办法就是自我革命[1]。其背后隐含的也是勤俭节约、艰苦奋斗的精神。

## （二）构建节约型社会是党中央思想认识上的一次升华

改革开放后期，党的十六届五中全会明确提出了"建设资源节约型、环境友好型社会"，并首次把建设资源节约型和环境友好型社会确定为国民经济与社会发展中长期规划的一项战略任务。《中共中央关于制定国民经济和社会发展第十一个五年规划的建议》中，也将"建设资源节约型、环境友好型社会"作为基本国策，提到前所未有的高度。面对这一战略任务，有关学者认为，建设资源节约型社会，关系到我国经济社会发展和中华民族兴衰，是具有全局性和战略性的重大决策，具有重大的现实意义和深远的历史意义：它是推进我国现代化建设、全面建成小康社会的内在要求；它是有效缓解资源供需矛盾、保障国家经济安全的必然选择；它是保护生态环境、提高人民生活质量的根本途径。以科学发展观为统领，着力推动资源节约型社会建设，一靠改革，建立有利于资源节约的体制机制；二靠管理，充分挖掘资源节约的潜力；三靠科技，建立资源节约的技术支撑体系；四靠调整，建立有利于资源节约的产业结构；五靠宣教，形成全民参与、人人节约的良好社会氛围[2]。党的十七大报告继承了构建"两

---

[1] 习近平总书记在党的十九届六中全会上的讲话精神，2021-11-11.
[2] 侯云春. 贯彻落实科学发展观加快建设资源节约型社会［N］. 经济日报，2005-11-21.

型"社会的提法,并强调"要坚持把建设资源节约型、环境友好型社会"作为加快转变经济发展方式的重要着力点。部署了"五个加快"的重点目标任务。

## (三)从科学发展观转向生态文明建设是党中央思想认识上的一次飞跃

进入新时代,党中央将资源节约的理论框架由科学发展观调整为生态文明建设,赋予资源节约以新的时代特征和历史使命,其意义重大而深远。党的十八大报告明确提出,推进生态文明建设,要坚持节约优先、保护优先、自然恢复为主的方针。党的十九大报告指出,"加快建立绿色生产和消费的法律制度和政策导向,建立健全绿色低碳循环发展的经济体系。"习近平总书记在随后的中央政治局集体学习时强调:"要建设资源节约、环境友好的绿色发展体系,实现绿色循环低碳发展、人与自然和谐共生,牢固树立和践行绿水青山就是金山银山理念,形成人与自然和谐发展现代化建设新格局。"有关学者认为,构建绿色发展体系需要多方发力,多种方式手段共同发挥作用;要大力发展低碳循环经济,确保在生产领域、流通领域、消费领域中资源能源消耗量降低与生产资料的循环再利用;要大力发展绿色科技,发挥科学技术在经济社会发展中"第一生产力"的推动作用[1]。构建绿色发展体系的主要任务是,构建绿色消费体系、绿色发展产业体

---

[1] 李龙强. 建设资源节约、环境友好的绿色发展体系[J]. http://news.eastday.

系、绿色清洁能源体系、区域城乡绿色协调发展体系和资源再生循环利用体系，同时，也要建立我国绿色发展的目标责任体系和促进绿色发展的制度体系[①]。党的二十大报告指出："实施全面节约战略，推进各类资源节约集约利用，加快构建废弃物循环利用体系。"党的十八大以来，从节约优先到实施全面节约战略，从构建"资源节约型　环境友好型"到建设资源节约、环境友好的绿色发展体系，反映了党中央对资源节约重要性的认识不断深化，也标志着加强资源节约工作的全面启动。

---

① 王仲颖，高虎，等. 建设资源节约、环境友好的绿色发展体系研究[M]. 北京：中国经济出版社，2019.

# 第三节　实现资源节约型社会任重而道远

党的十八大以来，推动绿色发展、低碳发展、高质量发展成为时代的主旋律。在习近平生态文明思想理论框架下，构建一个什么样的资源节约型社会，成为当前必须回答的时代命题。

## 一、我国资源、环境和发展遇到的难题

进入新时代，我国资源约束趋紧，生态转向加快保护，经济增速放缓，实现中国式现代化还面临着一些困难和问题。

一是人均资源不足始终是悬在我国经济社会发展头上的一把利剑。我国自然资源总量十分丰富，但人均占有资源量低于世界平均水平。我国耕地保有量19.18亿亩（1亩≈666.7平方米），但人均耕地面积不足1.5亩，且优质耕地减少明显。2009—2020年光热水土条件好的黄淮海平原、长江中下游平原、四川盆地等地区优质耕地减少近2亿亩，耕地净增加的主要是北方地区，新增耕地70%集中在降水量400毫米以下的区域。同期，建设用地由4.8亿亩增加至6.2亿亩，人均城乡建设用地由190平方米提高至230平方米。2020年，我国人均水资源量约为2200立

方米，仅是世界平均水平的25%，而且时空分布极不均衡。北方地区水资源量占全国19%，但国土面积占64%、耕地占64%、人口占46%。石油、天然气、铁矿石、铜等大宗型矿产资源人均储量低于世界平均水平，对外依存度居高不下。2020年一次能源消费中，化石能源占比达84%，约有1/2的战略性矿产对外依存度超过50%，且运输通道单一，原油进口90%以上依赖海运。人均森林面积近年虽有增长，但仍然只有世界平均水平的20%[①]。

二是资源过度开发、粗放利用问题比较突出。我国新型城镇化建设目标宏大，但任务艰巨，城市开发边界向外扩张的冲动依然强劲。2020年人均城乡建设用地为230平方米，超过国家标准的最高限额；2020年我国万元国内生产总值能耗比五年前下降了15%，但仍然高于世界平均水平。我国人多水少，水资源供需矛盾突出，正常年份总缺水量达500亿立方米。全社会节水意识不强、用水粗放，水资源利用效率与国际先进水平存在较大差距。2017年全国用水总量为6043亿立方米，我国农田灌溉水有效利用系数仅为0.54，与发达国家0.7~0.8的水平差距明显；2020年我国每万元工业增加值用水量比2013年下降了35%，但仍是世界先进水平的近两倍；每1万美元GDP用水量约为500立方米，而发达国家基本在300立方米以下[②]。

三是因资源开发利用导致的生态系统退化趋势比较严重。我

---

[①] 中华人民共和国自然资源部．全国国土空间规划纲要（2021—2035年）专题研究报告，2021.9.

[②] 国家发展和改革委员会．中华人民共和国水利部．国家节水行动方案内容解读，2019.4.15.

国生态极脆弱和脆弱区域约占全国陆地面积的一半，河道断流、湖泊萎缩、水质污染等问题仍然存在，草原中度和重度退化面积超过1/3。违法乱占耕地进行非农建设问题较为突出。无证和越界采矿，违法用海用岛，违法使用、破坏林草湿地资源，盗伐滥伐林木、滥捕野生动物等行为时有发生。我国生态系统中21%的脊椎动物和11%的高等植物物种受到威胁，白鲟、白鳍豚功能性灭绝，长江江豚、中华鲟等数量急剧减少。部分国际候鸟繁殖地、过冬地、停歇地等遭到破坏，近岸海洋或海岛生态系统整体处于脆弱状态，红树林及湿地面积较20世纪50年代大幅度减少，珊瑚礁钙化、海草床覆盖率下降。矿业开发引致的生态环境问题较为突出。截至2018年底，全国矿山开采占用损毁土地约5400多万亩（1亩≈666.7平方米）。其中，正在开采的矿山占用损毁土地约2000多万亩，历史遗留矿山占用损毁约3400多万亩[①]。

## 二、全面加强资源节约工作与"四个关系"

实施全面节约战略，要妥善处理好以下四个关系：

一是节约与利用的关系。节约与利用之间既相互对立，又相互依存，并相互转化。从表面看，节约就意味着不用或少用，这必然影响到利用的数量和质量；反之，利用得多了意味着储量的减少和耗竭量的增加。但从本质看，并不尽然。在供给侧，利用

---

① 中华人民共和国自然资源部生态修复司.《自然资源部关于探索利用市场化方式推进矿山生态修复的意见》政策解读, 2019, 12: 24.

愈多创造的财富愈多。在需求一定的条件下，一座矿山采选得越干净，矿产品就越多，满足了需求，就不用再采别的矿山，这才是真正意义上的节约。而为了一时的经济利益，掠夺资源、采富弃贫、粗放利用、优质劣用的行为，造成资源的破坏和浪费，必须从制度层面加以遏制。在消费端，简约、适度消费是一种节约，变废为宝，如金属二次回收、资源循环利用、废弃物再利用等更是一种积极意义上的节约。

二是开发与保护的关系。毋庸讳言，开发会引致多种生态环境问题，包括对岩石圈的破坏，对大气圈和水圈的污染，对生物圈的影响。但开发也会保护或者修复生态环境，使戈壁变成绿洲。从二者冲突看，我国的国家规划矿区与自然保护区、国家重点生态功能区重叠面积占比较大。生态保护红线划定、自然保护区采矿权退出，以及线性工程压覆等极大地压缩了开发的潜在空间，在一定程度上影响到我国的资源安全。这些问题在《全国国土空间规划（2021—2035年）》中受到重视并做出了调整。从融合看，未来开发和保护之间可以达成一种"和谐"关系。实际上，开发与保护之间的互动与融合一直没有停止过，包括"在开发中保护、在保护中开发"的总方针，"资源节约就是保护环境、综合利用就是生态修复"的新理念，"产业生态化与生态产业化"的新模式等。

三是整体与局部的关系。整体与局部之间既相互区别又相互关联。整体居于主导地位，统率着局部。整体具有局部没有的功能，如全国国土空间规划纲要具有总揽全局、宏观调控等功能。当各个局部恪守边界、以合理结构形成整体时，整体功能就会大于局部之和如省、市县级国土空间规划具有落实、细化挖掘空间服务价值等功能。反之，当省、市县级国土空间规划突破了全国规划规定的边界、以不合理的结构形成整体时，就会削弱或损害全国国土空间规划纲要整体功能的发挥。所以，局部要服从整体。另外，整体和局部二者不可分割，且相互影响。一方面，整体的性能状态及其变化会影响到局部的性能状态及其变化。另一方面，局部也制约着整体，甚至在一定条件下关键局部的性能状态会对整体的性能状态起决定性作用。这就要求我们在全面加强资源节约工作时，注意在全国国土空间规划纲要规定的框架内发挥自己的主观能动性，从而发挥"规划是最大的资源节约"的作用。

四是短期与长期的关系。短期与长期的关系问题属于经济学范畴。在经济学中首先区分短期和长期概念的是英国近代经济学家阿尔弗雷德·马歇尔，他将是否更换固定资产（设备）和生产要素作为区分长期和短期的标志。马歇尔所说的短期和长期的概念并不单指时间，而是指企业能否随市场变化而调整自己的有机构成状态。这里不是指资金、场地、劳动力问题，而是指技术更迭、工艺改造、设备升级来得及来不及的问题[①]。短期与长期是相对而言的。从宏观看（政府视角），一两年可以解决的问题就属于短期问题，规划五年展望十年或更长时间的就是长期问题。从微观看，与企业当前业务相关的问题都属于短期问题，与

---

① 昝廷全. 特征尺度理论：经济学中的短期、长期与可持续发展[J]. 数量经济技术经济研究，2002.

企业发展战略相关的问题都属于长期问题。在新能源领域，调整化石能源结构，发展清洁能源以支撑动力、热力和化工原材料可以视为短期问题，开发可再生能源、实现核聚变技术突破以支撑电力、动力和热力则可以视为长期问题。在二者关系上，短期治标，长期治本；短期抓运动，长期抓机制；短期靠物质，长期靠精神。二者也会相互影响、相互转化。短期问题不断积累可能演变为长期问题；具备长期眼光，坚持不懈地解决短期问题，为解决长期问题准备条件、夯实基础，也会将长期问题短期化。

## 三、全面加强资源节约工作的重点任务与目标

"十四五"时期，国家全面加强资源节约工作的重点任务是：深度融入"五位一体"总体布局；完整、准确、全面贯彻新发展理念；加快构建全面节约型社会体系。

### （一）深度融入国家总体布局

从大处着眼，小处着手。一是融入经济建设，建立资源节约型经济体系。资源节约型经济体系是指在生产、流通和消费等各领域都要实行资源节约。资源节约型经济体系，包括资源节约型国民经济体系、绿色发展产业体系和绿色清洁能源体系等。前者如国民经济绿色核算系统建设、自然资源资产负债表编制等；中

者如壮大节能环保和清洁能源等绿色产业、推动传统产业转型升级、培育催生绿色发展新产业新业态等；后者如推动低碳能源高质量发展、大幅提高能源利用技术和经济效率、推动化石能源减量化发展、构建新一代绿色智能电力体系等。二是融入政治建设，建立资源节约型组织体系。包括自然资源保护目标责任体系和绿色发展责任考核体系。前者如耕地保护责任目标考核、领导干部自然资源资产离任审计、国有自然资源资产管理情况汇报制度等；后者如将目标责任落实到省级党委和政府，明确考核职责部门，确定考核办法，建立奖惩措施等。三是融入文化建设，建立资源节约型文化体系。包括简约文化引领体系和适度消费传播体系。要提倡精致生活、精品消费，积极引导人们将闲暇时间更多地用在文化、健身等非物质消费方面；推动文化和旅游融合发展，在欣赏自然形成的壮丽山河和美丽风景的同时，挖掘中华文明悠久历史传承中的节俭基因，讲好具有民族特色的节约致富的故事。四是融入社会建设，建立资源节约型社会体系。包括绿色消费体系和资源再生循环利用体系。前者如有效增加绿色产品和服务供给、鼓励绿色消费业态和模式创新、引领全社会树立绿色消费新风尚等；后者如推动资源全生命周期绿色精细化管理、推行市场化资源循环利用机制、构建智能化资源回收利用体系等。五是融入生态文明建设，建立资源节约型绿色发展体系。包括绿色发展保障体系和绿色发展推动体系。前者如建立有利于绿色发展的体制、机制和法治环境；后者如完善绿色低碳政策体系、完善绿色低碳标准体系、健全资源环境要素市场化配置体系、加快健全绿色低碳技术体系和形成绿色转型的社会氛围。

## （二）全面贯彻新发展理念

一是资源节约崇尚创新。习近平总书记指出："抓创新就是抓发展，谋创新就是谋未来。"[①] 发展动力决定发展速度、效能和可持续性。要推动科技创新和制度创新两个轮子一起转，市场与技术共振，大力推进资源节约集约和综合利用技术革新、循环利用技术革新、回收利用技术革新，让资源节约新技术、新业态、新模式不断开花结果，最大限度地释放发展潜能。要加强政策引导，强化国家科技力量，发挥企业创新主体作用，推进创新项目和基地及人才协同增效，深化国际合作，为推动资源节约前沿技术创新提供制度性保障。二是资源节约注重协调。习近平总书记指出："协调既是发展手段又是发展目标，同时还是评价发展的标准和尺度。"[②] 全面加强资源节约工作在各个领域或层级必然会存在发展不平衡问题，要在奔跑节奏、调整关系和发挥整体效能上下功夫，注意补齐短板，增强发展的整体性。我国资源环境要素分布不均衡，区域、城乡发展差距较大。因此，构建以资源节约为导向的国土空间规划体系和用途管制制度、促进生产力布局与资源环境承载能力和土地适应性相匹配、探索生态产品价值实现新途径等十分重要。三是资源节约倡导绿色。习近平总书记指

---

① 习近平总书记在参加十二届全国人大三次会议上海代表团审议时的讲话。

② 中共中央宣传部，国家发展和改革委员会. 习近平经济思想学习纲要［M］. 北京：人民出版社，学习出版社，2022，6：43.

## 中国式现代化资源节约之路

出:"保护生态环境就是保护生产力,改善生态环境就是发展生产力,这是朴素的真理。"① 坚持绿色发展,应当紧紧抓住资源节约利用和产业结构调整这两个关键。要树立新型资源观和资源管理观,由外延粗放利用资源向内涵集约利用资源转变,由偏重资源的数量管理向数量质量生态综合管理转变。四是资源节约厚植开放。习近平总书记指出:"改革开放是我国的基本国策,任何时候都不能动摇。"② 推进改革开放,必须顺应我国深度融入世界经济的趋势,充分运用人类社会创造的先进技术成果和有益管理经验,提高我国的资源利用效率。在新的"双循环"发展格局下,要依托我国需求体量大、冶炼加工市场大的优势,积极促进国际合作,实现互通互利共赢。解决饥饿危机、气候危机、病毒危机等全球性问题都与资源节约息息相关。要在坚持弘扬全人类共同价值、强调安全是发展的前提、强调以人民为中心的发展思想、维护以联合国为核心的国际体系等基础上,积极参与资源节约型全球治理体系改革和建设,以资源节约着力推动人类命运共同体建设。五是资源节约推进共享。习近平总书记指出:"我们追求的发展是造福人民的发展,我们追求的富裕是全体人民共同富裕。改革开放搞得成功不成功,最终的判断标准是人民是不是共同享受到了改革发展成果。"③ 所谓推进共享发展,就是要按照人人参

---

① 中共中央宣传部,国家发展和改革委员会. 习近平经济思想学习纲要[M]. 北京:人民出版社,学习出版社,2022,6:45.

② 中共中央宣传部,国家发展和改革委员会. 习近平经济思想学习纲要[M]. 北京:人民出版社,学习出版社,2022,6:46.

③ 中共中央宣传部,国家发展和改革委员会. 习近平经济思想学习纲要[M]. 北京:人民出版社,学习出版社,2022,6:48.

与、人人尽力、人人享有的原则，坚持全民共享、全面共享、共建共享、渐进共享，注重机会公平，保障基本民生，帮扶弱势群体，大力增进人民福祉。这些都离不开资源节约，离不开资源的高效开发、循环利用和简约消费。不能创造社会财富的节约，不是我们追求的节约；消费主义带来的富裕，也不是我们追求的富裕。在短缺经济时代是这样，在过剩经济时代也是这样。

## （三）加快构建资源节约型社会体系

要从以下五个方面着手：

一是节能型社会建设。目前世界上普遍把节能视为比开发更为优先的能源来源，称为"第五能源"。加快节能型社会建设，一要坚决控制能源消费总量，努力提高能源利用效率。我国能源利用方式粗放、能源效率偏低、能源消费总量过多的被动局面并未从根本上扭转。国家统计局统计数据显示，2013年我国能源消费总量为 37.5 亿吨标准煤，2021 年我国能源消费总量为 52.4 亿吨标准煤，9 年增长了约 40%。如果我国能源利用效率能够提高到世界平均水平，每年至少可以少用一半能源。二要坚定调整产业结构，努力降低高耗能工业比重。我国工业用能占全社会用能的 70%，其中钢铁、建材、石化、有色金属、化工等五大耗能产业就占近 50%[1]。调整产业结构，要坚定不移地抓化解产业过剩，持之以恒地抓大力发展低耗能的先进制造业、高新技术产业、服

---

[1] 习近平. 论坚持人与自然和谐共生[M]. 北京：中央文献出版社，2022，1：76-78.

务业。三要高度重视城镇化节能，努力改善建筑、交通用能的结构。如果说工业化是当前节能潜力最大的领域，那么城镇化就是未来节能空间最大的领域。据测算，城镇化率每提高一个百分点，会带动能源消费增加 8000 万吨标准煤，其中建筑和交通是消费大户。我国建筑、交通领域节能相对滞后。建筑面积增长较快，但节能建筑仅占既有建筑总面积的不足 1/4；汽车百公里平均油耗 7 升左右，比欧洲高约 40%。推进城镇化节能，在宏观上促进城市合理布局，在微观上调整城市形态，发展紧凑型城市，提高建筑、汽车节能标准，优先发展公共交通。四要树立勤俭节约的消费观，努力培养全社会自觉节能的良好习惯。唐朝诗人白居易说过："天育物有时，地生财有限，而人之欲无极。以有时有限奉无极之欲，而法制不生其间，则必物暴殄而财乏用矣"[①]。改革开放以来，人民生活水平大幅度提高，同时奢侈浪费之风也悄然蔓延，仅就粮食看，在粮食生产、流通、加工、消费环节存在大量浪费现象，餐桌上的浪费尤为惊人。有人做过调查，全国每年在餐桌上浪费的食物价值高达 2000 亿元，相当于两亿多人一年的口粮。包装浪费现象也很严重，一些高档奢侈消费品甚至普通消费品，过度包装，严重浪费资源，助长不健康消费心理。因此，推动能源消费革命，不仅要成为政府、产业部门、企业的自觉行动，也要成为全社会的自觉行动。

二是节水型社会建设。水是生存之本、文明之源，水安全

---

[①] 中共中央宣传部，生态环境部. 习近平生态文明思想学习纲要 [M]. 北京：学习出版社，人民出版社，2022，7：94.

是涉及国家长治久安的大事。我国水资源问题，首先时空分布不均、水灾害频发等老问题；其次水资源短缺、水生态损害、水环境污染等新问题。新老问题相互交织，严重制约着经济社会的发展安全。因此，加快节水型社会建设迫在眉睫。一要切实转变单一治水思路。习近平总书记指出：保障水安全，关键要转变治水思路。要按照"节水优先、空间均衡、系统治理、两手发力"的方针治水[①]。调整缺水地区的工业布局和产业结构，尽可能不上用水量大、污染严重的第二、第三产业项目。牢固树立节约用水就是保护生态、保护水源就是保护家园的意识，坚决抑制不合理用水需求。大力发展节水产业和技术，大力推进农业节水，实施全社会节水行动，推动用水方式由粗放向节约集约转变。二要编制和实施区域节水规划。牢固树立人口经济和资源环境相均衡的原则，遵循"四水四定"[②]思路，"有多少汤泡多少馍"[③]。要组织专业团队，定期编制和更新区域节水规划，重点是省级和县域规划。坚持系统论的思想方法，把生态系统作为一个生命体，实施山水林田湖草一体化保护和系统治理。从涵养水源和修复破损的生态入手，解决水供给问题。三要实施最严格的水资源管理制度。水是公共产品，水治理是政府的主要职责。通过改革创新，建立健全水资源制度体系，包括水产权管理、使用权流转、水资源保

---

① 中共中央宣传部，国家发展和改革委员会．习近平经济思想学习纲要［M］．北京：人民出版社，学习出版社，2022：149.

② "四水四定"指以水定城、以水定地、以水定人、以水定产。

③ 中共中央宣传部，国家发展和改革委员会．习近平经济思想学习纲要［M］．北京：人民出版社，学习出版社，2022：150.

护、监督考核等制度，解决产权不清、权责不明的问题。通过改革创新，建立和完善节约用水制度体系，包括有利于农业节水、工业节水、城市生活节水的制度，解决粗放利用、奢侈消费的问题。四要采用经济手段推进水资源节约。发挥税收杠杆调节水需求的作用，妥善处理保障人民基本用水需求和促进节水的关系，运用排污产品费和差别税等控制污水排放。完善水资源的价格机制，发挥价格杠杆调节供求的作用。切实把"补偿成本、合理收益、公平负担"作为制定水利工程供水价格的原则，研究编制全成本预算定额标准，促进"以水养水"。

三是节地型社会建设。威廉·配第（William Petty）说过："土地是财富之母"。节约集约用地一是通过提高投入产出效率增强土地利用集约程度；二是充分挖掘城市土地的立体空间进行多维利用和开发；三是推动城市土地利用合理布局及结构优化；四是追求综合效益最大化即生态化集约；五是谋求达到一定时期的土地利用最佳集约度。加快节地型社会建设，一要确立存量时代的节地思路。新时代以来，我国正在步入主要依靠现有的生产要素和自然资源，以及质量变革、效率变革、动力变革等拉动经济增长的存量时代。存量时代要以习近平生态文明思想为指导，以制度建设和科技创新为主要手段，从增量管理向增量、总量、存量和流量"四位一体"管控转变，从源头控制向全生命周期管理转变，从单一化向综合化、系统化方向转变，从关注城市土地扩张逐渐转向农村土地粗放利用，以土地资源的永续利用保障和促进经济社会的可持续发展。二要健全最严格的节约用地制度体系。加强土地规划管理制度，在省、市、县、镇四个层级贯彻落实《全国国土空间规划（2021—2035年）》，完善城镇节约集约用地标准，加强地上与地下空间资源统筹管理。优化土地计划指标体系，加强计划总量、结构和布局调控，推进土地利用计划的差别化管理。坚持建设项目用地标准控制制度，及时制定或修订重点行业、重点领域和重大项目建设用地标准。完善节地技术创新和推广制度，研发新型城市化节地技术和节地模式，定期滚动发布新一批节地技术和模式推荐目录。规范开发区（园区）和特色小镇用地管理制度，促进企业和集体经济组织节约集约利用土地。坚持低效用地再开发制度，鼓励社会资本参与低效用地再开发工作。坚持节约集约用地评价和模范县（市）创建工作，拓展评价领域，加大奖惩力度。建立土地资产核算和综合审计制度，开展土地资产的实物核算与离任审计，促进土地资源的节约集约利用。三要完善节约集约用地政策体系。在供给侧改革方面，坚持分类调控，因城施策，稳定发展房地产市场；坚持多措并举，降低实体经济运行成本；坚持从严监测，切实防范土地金融风险。在规划管控方面，坚持规划战略引导，落实空间规划要求；坚持规划指标约束和分区管制，促进土地节约集约利用；坚持专项规划并行，引导土地综合整治。在计划调节方面，坚持计划管理总体调控，引导用地重心由争取增量转向盘活存量；坚持建设用地增减挂钩，推动土地盘活利用。在市场调控方面，改革土地税收体系，强化土地保有税；建立诱导和限制并行的税收、财政和金融制度；通过市场机制，优先保障高产出、低能耗、高科技、低污染的企业建设用地；构建城乡统一的建设用地市场，推进租购并举住房体系建设。四要加强节约集约用地理论研究。包括城乡建设用地节约集约的重大理论问题研究，如人类活动与城乡建设用地系统之间的相互作用过程、时滞、惯性和动力机制研究；如何确定不同类型不同区域城乡建设用地系统的限制、边界、激励结构、可持续性轨迹和演变规律；怎样才能将城乡建设用地系统的规划、监测、评价、决策支持、市场结构、社会标准和科学信息最大限度地整合成为社会学习和管理系统等。城乡建设用地节约集约的重大关键技术研究，如创新城乡建设用地节约集约评价监测的技术方法；构建城乡建设用地节约集约评价技术标准和体系；开发城乡建设用地节约集约评价监测的技术产品等。城乡建设用地节约集约的重大实施机制研究，如怎样推进规划模式和制度创新、推进复合利用和用途管制制度创新、推进财政金融和激励机制制度创新、推进全域土地整治制度创新等。

　　四是节材型社会建设。材料是经济社会发展的基础和先导，与能源、信息并称为现代高科技的三大支柱。节材，是材料节约和资源循环利用的简称。材料节约，是指减少不必要的耗材。加快节材型社会建设，一要凸显资源循环利用的核心地位。循环经济的核心是资源循环利用。坚决贯彻"减量化、再利用、资源化"原则，从建筑和拆迁垃圾、工业矿物和金属入手，推动循环利用科技创新，依靠建设城市矿山、经济驱动和减少制造废料等途径，以及支撑循环经济关键技术与装备创新的系列示范工程和行动计划，构建我国的废弃物循环利用体系。二要构建我国资源循环型产业体系。推行重点产品绿色设计，健全政策机制，提高再生原料的替代使用比例。积极发展金属材料的循环利用，重点推进钢铁、铜、铝、锌、金、银、铂的循环利用；积极发展无机非金属材料的循环利用，重点推进玻璃、建筑材料的循环利用；积极发展高分子材料的循环利用，重点推进塑料、橡胶、合成纤维的循环利用；积极发展工业固体废弃物的循环利用，重点推进高炉渣、钢渣、铬渣、赤泥、尾矿、有色金属冶炼渣、电石渣、磷石膏、废催化剂、粉煤灰、煤矸石等的循环利用；积极发展废电池的循环利用，重点推进废旧干电池、镍镉电池、铅酸蓄电池、混合电池等的循环利用。三要建立我国废旧物资回收和循环利用体系。完善废旧物资回收网络布局，保障废旧物资回收设施用地需求。加快废旧物资回收和生活垃圾分类站点的互动和融合机制建设。着力发展废旧物资回收和循环利用工艺技术和装备，鼓励研发潜在可行的回收技术，积极推进二氧化铈磨料、钇土稳定氧化锆、设备材料、手机、稀土磁铁、锂电池等废旧物质的回收和循环利用。鼓励网上市场发展，加强网上交易监管，提高二手商品交易效率。四要建立我国农业生产循环体系。加强农业农村废弃物的循环利用，推动高粱和玉米秸秆、禽类粪污、林业废弃物、农产品加工副产物等的再利用。积极发展循环式农业发展方式，大力推广第一、第二、第三产业融合，集耕地保护、高效农业和休闲旅游于一体，采用"循环种养、以渔治碱、统防统治"技术的"稻渔空间"新模式。五要建立我国资源循环利用科技创新体系。紧紧围绕我国循环经济重点领域和关键环节，开展科技攻关。推进金属材料循环利用技术创新，在长三角、珠三角和环渤海地区，构建铜资源循环利用示范区，重点研发紫杂铜、黄杂铜及各种低品位废铜料的冶炼工艺、回收利用技术；在上海、浙江、新疆等地，建立铝资源循环利用示范基地，重点研发循环铝深度净化技术、从铝灰中高效回收铝技术；在上海、辽宁、四川等地，建立钢铁材料循环利用示范基地，重点研发再生循环钢中杂质无害化技术等。推进无机非金属材料循环利用技术创新，如碎玻璃的加工处理技术、废混凝土块及废沥青混凝土块循环利用技术研发等。推进高分子材料循环利用技术创新，如废旧塑料循环技术、废旧橡胶循环利用技术、废旧纤维循环利用技术研发。推进工业固体废弃物循环利用技术创新，包括钢铁工业固废、重有色金属冶炼渣、化学工业固废、粉煤灰、煤矸石、赤泥、尾矿等循环利用技术研发。推进废电池循环利用技术创新，包括废旧干电池、废旧镍铬电池、混合电池、铅酸蓄电池等循环利用技术研发[1]。

　　五是节矿型社会建设。矿产资源是发展之基、生产之要。节矿，是矿产资源节约集约和综合利用的简称。节约是指减少不必要的资源消耗；集约相对应的是粗放，其本质是指精细化生产；综合利用是指对共、伴生矿、低品位矿等进行综合开发和合理利用。加快节矿型社会建设，一要融入矿政管理工作全过程。将资源节约摆入矿政管理的重点领域和关键环节，坚持"规划引导、政策推进、标准倒逼、专项示范、动态监管"的思路，在矿产资源规划编制与实施、矿产资源勘查开发制度改革及政策制定、矿产资源技术标准研制、绿色矿山及示范基地建设、矿产资源勘查开发监管等方面，根据各自的功能和特点，全面推进资源节约工

---

[1] 刘维平. 资源循环利用[M]. 北京：化学工业出版社，2009.

作。二要切实推进矿产资源规模化生产。严格矿山最低开采规模设计标准，坚持矿山设计开采规模与矿区资源储量相适应的原则，合理提高开采规模准入条件，严禁大矿小开、一矿多开。优化矿产资源开发利用生产力布局，用市场化手段推进矿产资源开发整合、矿山企业兼并重组，提升矿山规模化、集约化程度。探索划定矿产资源规模化开发示范区，推动"净矿"出让，鼓励整装勘查开采。加强矿产资源规模化开采的监督管理，建立矿产资源节约集约和综合利用动态监管机制。三要整体提高矿产资源综合利用水平。强化调查评价与监测，以资源效益、经济效益、社会效益和生态效益为核心，建立矿产资源调查监测评价指标体系；创新精细化调查、评价、监管模式，动态掌握矿产资源利用水平和问题。加强技术创新与推广，以企业为创新主体，组建技术创新联盟，加强多矿种采选共性关键技术攻关；鼓励探索建立先进技术推广转化市场化机制，形成符合人才成长、科技创新和市场经济规律的成果转移转化模式。由标准引领示范逐步向标准约束倒逼转变，建立矿产资源节约和综合利用报告发布制度。鼓励综合开发利用与主矿产共生共存的共伴生和低品位资源，鼓励高效利用矿产开发和消费环节产生的尾矿、废石、废水等废弃物和废旧二次资源。四要建立健全部际统筹协调机制。强化资源综合利用的法律地位，确立其职能、主体、监管、激励、约束等内容的法律定位，明确矿山固体废弃物和低品位资源的所有权、开发权等权属关系，强化企业"四综合"的法律义务。建立部门内、外部统筹协调机制，如对外建立自然资源管理部门和发改、科技、财税、金融等部门以及与地方政府的会商机制，发挥政策联动效应。推进矿业领域信用体系建设，构建"企业自律、社会监督、政府监管"的联合惩戒机制。完善差别化税费优惠政策，对资源综合利用对象、行为、产品实施不同的土地、财政、金融、税收等政策，鼓励矿产资源初级产品深加工，提高资源综合利用产业和产品的原始收益率，加大矿山固体废弃物产业化发展扶持力度，使优惠政策真正惠及资源综合利用贡献度高的企业。五要大力推进政府执政效能建设。加强监督管理体系建设，加大资源开发空间、开采总量和利用水平的合规性监管力度，强化重点环节监管，构建覆盖矿山建设、开发运营、闭坑修复的全生命周期监管体系。优化监督管理内容和程序，研究制定场地监管清单，由矿山开发利用、土地复垦和矿山环境恢复治理方案事前审查监管，逐步向矿山生产事中过程监管和生态修复事后效果监管转变。创新监管技术手段和制度建设，开展矿山动态巡查和航空遥感监测，探索建立矿产资源综合监管移动信息平台，完善矿业权人勘查开采信息公示制度。

## （四）"十四五"时期，全面加强资源节约工作的目标

到 2025 年，全面加强资源节约工作已经深度融入经济建设、政治建设、文化建设、社会建设和生态文明建设的方方面面，新发展理念得到全面贯彻，全面节约型社会体系基本建成。节能型社会建设、节水型社会建设、节地型社会建设、节材型社会建设、节矿型社会建设取得重要进展，资源利用效率得到大幅度提升，资源开发、利用、保护、管理和消费方式得到根本性转变。

又分为以下五个具体目标。

第一，节能型社会建设主要目标。到2025年，能源消费总量得到有效控制，非化石能源比例大幅度上升，能源利用效率明显提高，产业结构得到优化调整，高耗能、高污染工业比重进一步下降，城镇化节能效果显著，建筑、交通用能结构得到明显改善，简约适度消费观已经成为全社会共识，自觉节能的良好习惯全面养成。

第二，节水型社会建设主要目标。到2025年，综合治水思路得到全面贯彻，以水定城、以水定地、以水定人、以水定产成为专项规划编制的基本原则，最严格的水资源管理制度全面建立，采用经济手段推进水资源节约的政策体系基本形成。

第三，节地型社会建设主要目标。到2025年，自然资源管理工作一体化格局全面建成，以国土空间规划引导的节约集约机制运行良好，控制增量、精用存量、激活流量的用地模式涌现，节约集约用地评价体系日臻完善，由关注土地的数量和结构向重视土地的质量和生态功能转变，绿色节地方式全面铺开。

第四，节材型社会建设主要目标。到2025年，材料循环利用的核心地位全面确立，我国资源循环型产业体系、废旧物资回收和循环利用体系和农业生产循环体系基本建成。发展目标全面完成，各项重点任务进展顺利。可再生资源利用技术进步明显，对原生资源的替代比例逐步提高，循环利用对资源供应安全的支撑作用逐步凸显。

第五，节矿型社会建设主要目标。到2025年，综合利用型生产方式全面推行，综合勘查和综合评价得到进一步强化，综合利用标准规范动态评估与升级进展顺利，开发利用水平调查评估制度全面落实，先进技术工艺研发推广进展显著，矿产资源综合利用水平明显提高，矿山废物产业化发展迅速，综合利用激励约束政策全面落地，绿色矿山建设与绿色矿业发展示范区建设形成良性互动，绿色矿业发展新格局全面建立。其具体发展目标见表1-3-1。

表1-3-1 "十四五"节约型社会发展目标

| 序号 | 各类型社会建设 | 主要指标（2025年） | 目标 |
| --- | --- | --- | --- |
| 1 | 节能型社会建设目标 | 单位GDP能源消耗 | 比2020年降低13.5% |
| 2 | 节水型社会建设目标 | 单位GDP用水量 | 比2020年降低16% |
| 3 | 节地型社会建设目标 | 单位GDP建设用地使用面积 | 比2020年降低15% |
| 4 | 节材型社会建设目标 | 主要资源产出率 | 比2020年提高20% |
| | | 作物秸秆综合利用率 | 不低于80% |
| | | 建筑垃圾、大宗固体废弃物综合利用率 | 大于60% |
| | | 废纸再利用量 | 6000万吨以上 |
| | | 废钢铁利用量 | 3亿吨以上 |
| | | 再生有色金属产量 | 2000万吨以上 |
| | | 资源循环利用产业产值 | 50000亿元以上 |

续表

| 序号 | 各类型社会建设 | 主要指标（2025年） | 目标 |
|---|---|---|---|
| 5 | 节矿型社会建设目标 | 煤炭原煤入选率 | 达到80% |
| | | 煤矸石综合利用率 | 78%以上 |
| | | 原油采出率 | 98%以上 |
| | | 铁矿大型露采回采率 | 95%以上 |
| | | 稳固围岩地采回采率 | 80%以上 |
| | | 选矿回收率 | 不低于70% |
| | | 尾矿综合利用率 | 不低于20% |
| | | 全国共建成绿色矿山 | 1500家以上 |

资料来源：根据相关规划文件整理。

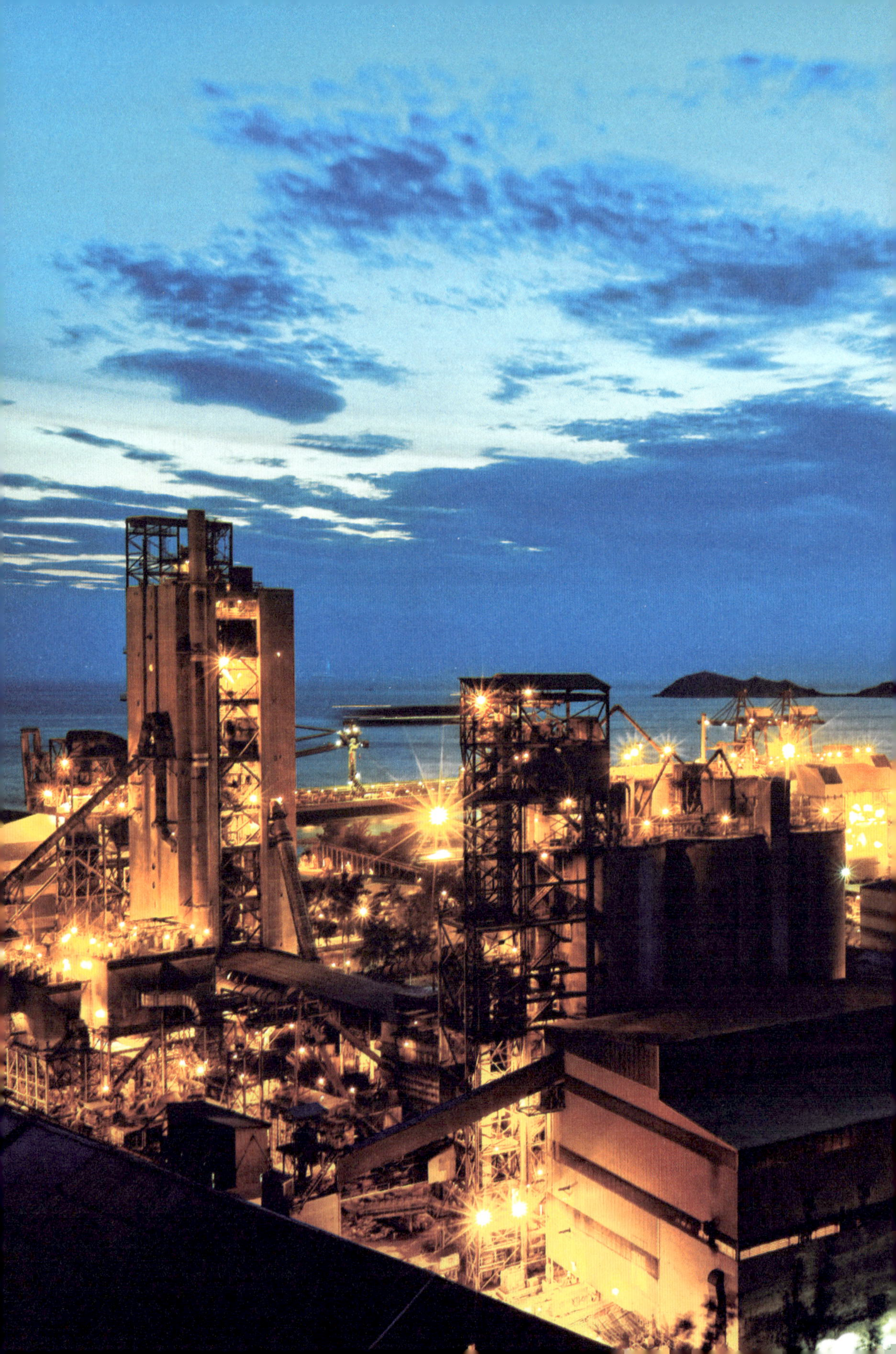

# 第二章 节约之生产

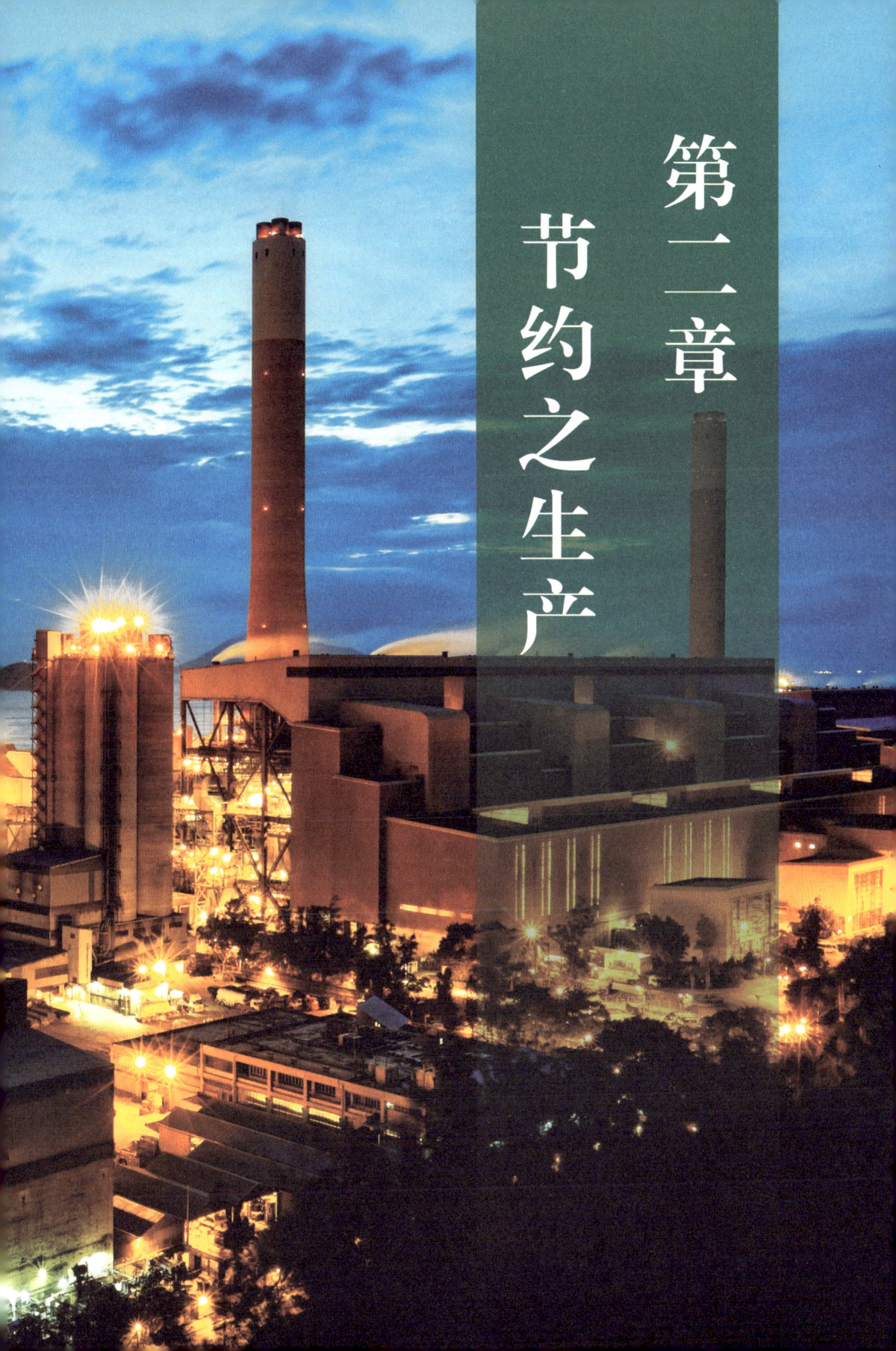

## 中国式现代化资源节约之路

资源节约是我国的基本国策，是维护国家资源安全、推进生态文明建设、推动高质量发展的一项重大任务。习近平总书记在中央全面深化改革委员会第二十七次会议强调，要完整、准确、全面贯彻新发展理念，坚持把节约资源贯穿于经济社会发展全过程、各领域，推进资源总量管理、科学配置、全面节约、循环利用，提高能源、水、粮食、土地、矿产、原材料等资源利用效率，加快资源利用方式根本转变[①]。

## 第一节　全面加强能源资源节约工作

能源资源节约，就是节能，是指加强用能管理，采取技术上可行、经济上合理以及环境和社会可以承受的措施，从能源生产到消费的各个环节，降低消耗、减少损失和污染物排放，制止浪费，有效、合理地利用能源。节能是我国的基本国策，是实现"双碳"目标、推动中国式现代化建设的重要支撑，已列入国务

---

① 习近平. 全面加强资源节约工作 [N]. 人民日报，2022-09-07（01）.

院《2030年前碳达峰行动方案》[①]。习近平总书记高度重视节能工作，要求把节能贯穿于经济社会发展全过程和各领域，抑制不合理能源消费，加快形成能源节约型社会。

## 一、全面能源资源节约工作的现状

党的十八大以来，在习近平节能思想指引下，各地区、各部门认真落实党中央、国务院决策部署，节能工作取得显著成效，能源消耗强度不断降低，能源效率不断提升，可再生能源规模不断扩大。节能法律制度体系不断完善，能源结构转型升级取得重要进展。

### （一）能源效率

当前，我国能源生产清洁低碳化进程加快，能源发展动力由传统能源增长向新能源增长转变；节能降耗成效显著，能源消费结构明显改善，能源利用效率显著提升，高质量发展基础更加坚实，为中国式现代化发展和双碳目标实现，提供了有力支撑。

党的十八大以来，我国以年均3%的能源消费增速支撑了年均6.5%的经济增长，能耗强度累计降低26.2%，相当于少用能源约14亿吨标准煤，少排放二氧化碳约29.4亿吨，有力推动高

---

① 国务院关于印发2030年前碳达峰行动方案的通知，https://www.gov.cn/zhengce/content/2021-10/26/content_5644984.htm.

质量发展。单位 GDP 能耗不断下降，2022 年，全国单位 GDP 能耗同比下降 1.0%，见图 2-1-1。

图 2-1-1　2012—2022 年中国单位 GDP 能耗

## （二）能源结构清洁化转型

发电结构持续优化（见表 2-1-1）。我国清洁能源发电量从 2012 年的 1.1 万千瓦时，增加到 2022 年的 3.1 万亿千瓦时，是美国全部发电量 4.1 万亿千瓦时的 77%。清洁能源发电比例从 2012 年的 22.07%，提高到 2022 年的 35.51%。2022 年，水电发电占比 15.28%、风电发电占比 8.62%、光伏发电占比 4.62%、核电占比 4.72%、生物质发电占比 2.06%。

表 2-1-1　2012—2022 年发电量及结构

| 项目 | 2012 | 2015 | 2020 | 2021 | 2022 |
| --- | --- | --- | --- | --- | --- |
| 发电量（亿千瓦时） | 49876 | 58146 | 77791 | 85343 | 88487 |
| 清洁能源发电量（亿千瓦时） | 11009 | 15677 | 25491 | 28894 | 31424 |
| 清洁能源发电占比（%） | 22.07 | 26.96 | 32.77 | 33.86 | 35.51 |
| 水电占比（%） | 17.49 | 19.44 | 17.42 | 15.70 | 15.28 |
| 风电占比（%） | 2.07 | 3.20 | 6.00 | 7.65 | 8.62 |

续表

| 项目 | 2012 | 2015 | 2020 | 2021 | 2022 |
|---|---|---|---|---|---|
| 光伏发电占比（%） | 0.09 | 0.69 | 3.36 | 3.82 | 4.83 |
| 核电占比（%） | 1.95 | 2.94 | 4.71 | 4.77 | 4.72 |
| 生物质发电占比（%） | 0.48 | 0.70 | 1.27 | 1.92 | 2.06 |

数据来源：国家数据 http://data.stats.gov.cn/.

能源消费结构持续改善。党的十八大以来，我国能源结构持续优化，低碳转型成效显著，非化石能源消费比重达到18.2%，煤炭消费比重下降至56.2%，能源消费结构持久改善。第一，非化石能源实现跨越式发展，非化石能源消费占能源消费总量比重，从2012年的9.7%，提高到2022年的18.2%左右。第二，传统化石能源消费占能源消费总量比重逐渐降低，从2012年的90.3%，下降到2022年的81.8%；煤炭消费占能源消费总量比重稳步下降，从2012年的68.5%，下降到2022年的56.2%。排放较少的天然气消费量占能源消费总量的比重大幅提高，从2012年的4.8%，增长到2022年的9.7%（见图2-1-2）。

图2-1-2　2012—2022年中国煤炭消费占比

## （三）能源资源节约法规与条例

我国政府高度重视节能降耗工作，制定了一系列法律、行政法规、管理办法和政策措施，以促进能源资源节约。

### 1. 节能法规条例

节能法规条例是指国家或地方政府为鼓励和促进节能减排，规范能源消耗和生产，制定的相关法律法规和政策文件。根据我国目前的节能法规条例情况，可以将其分为全国性法规条例、地方性法规条例，也可分为工业节能、建筑节能、交通节能相关法规条例。

全国性法规条例。《中华人民共和国节约能源法》（2018年修订）是我国推进能源节约、环境保护和可持续发展的重要法律基础。节能法是为了推动全社会节约能源，提高能源利用效率，保护和改善环境，就节能管理、合理使用与节约能源、节能技术进步、激励措施、法律责任等进行明确的法律要求。

《节能监察办法》（2016年），节能监察机构对能源生产、经营、使用单位和其他相关单位执行节能法律法规、规章和强制性节能标准的情况等进行监督检查，并提出依法用能、合理用能建议。

### 2. 重点领域节能法规条例

工业节能相关法规条例。《工业节能管理办法》（2016年），是我国工业节能的法律依据，是推进工业节能工作的重要保障。

工业节能管理办法对需要进行节能管理的工业企业以及重点用能工业企业进行界定，并对这类企业的节能管理、节能监督、法律责任、奖惩制度进行规定。该办法的出台对于我国推进工业节能工作，提高工业生产效率、降低能源消耗、实现可持续发展目标具有重要意义。《节能低碳产品认证管理办法》（2015年）是对节能产品、低碳产品认证的依据，由认证机构证明用能产品在能源利用效率、温室气体排放方面符合相应国家标准、行业标准或者认证技术规范要求的合格评定活动。

建筑节能相关法规条例。《民用建筑节能条例》（2022年）是我国建筑节能的法律依据，是为了加强民用建筑节能管理，降低民用建筑使用过程中的能源消耗，提高能源利用效率而制定的。条例分别对新建建筑节能管理、既有建筑节能改造管理、公共建设能耗管理、太阳能、地热能利用管理等提出要求。

### 3. 重点单位节能法规条例

《公共机构节能条例》（2017年修订），是为了推动公共机构节能，提高公共机构能源利用效率，发挥公共机构在全社会节能中的表率作用。公共机构是指全部或者部分使用财政性资金的国家机关、事业单位和团体组织。该条例明确公共机构要从节能规划、节能管理、节能措施、监督和保障工作等方面加强用能管理，降低能源消耗，减少、制止能源浪费，有效、合理地利用能源。

《中央企业节约能源与生态环境保护监督管理办法》（2022年），明确要求中央企业建立健全节能与生态保护组织管理、统计监测、事故报告、考核奖惩体系。建立健全节能与生态保护组织管理，建立健全节能与生态保护领导机构，负责本企业节约能源与生态环境保护总体工作，研究决定节约能源与生态环境保护重大事项，建立工作制度。建立完善二氧化碳排放统计核算、信息披露体系，依法建立健全能源消耗、二氧化碳排放、污染物排放等原始记录和统计台账。依法开展污染物排放自行监测。

## （四）节能政策

### 1. 能源消耗总量和强度调控政策

能源消耗总量和强度调控政策是指政府制定的旨在控制国家、地区或企业能源消耗总量和强度的政策。"十三五"时期实施能耗"双控"行动，明确要求到2020年单位GDP能耗比2015年降低15%，能源消费总量控制在50亿吨标准煤以内。国务院将全国"双控"目标分解到各地区，对"双控"工作进行了全面部署。这一政策的出台和实施，有效地引导了社会各界对节能降耗工作的积极参与和推进。《完善能源消费强度和总量双控制度方案》（2022年），没有提及能源消费总量控制目标。

### 2. 节能管理措施和节能规划

国家加强对重点用能单位的节能管理[①]，《重点用能单位节能

---

① 根据《节约能源法》第五十二条规定，下列用能单位为重点用能单位：年综合能源消费总量1万吨标准煤以上的用能单位；国务院有关部门或者省、自治区、直辖市人民政府管理节能工作的部门指定的年综合能源消费总量5000吨以上不满1万吨标准煤的用能单位。

管理办法（2018年修订）》明确对重点用能单位的节能监督、节能审计、节能技术改造等方面的管理措施和能源利用状况报告制度。《节能减排补助资金管理暂行办法（2020年修订）》明确对节能减排资金进行全过程管理。

国务院和县级以上地方各级人民政府应当将节能工作纳入国民经济和社会发展规划、年度计划，并组织编制和实施节能中长期专项规划、年度节能计划。国务院和县级以上地方各级人民政府每年向本级人民代表大会或者其常务委员会报告节能工作。

通过"五年节能规划"和节能减排综合性工作方案，明确节能工作重点，制定各细分行业节能减排的具体目标及指标标准，各细分行业节能减排工作的行动路径。优化产业结构和能源结构，加强工业、建筑业、交通运输业、商贸流通业等重点领域节能，大力发展循环经济，实施节能减排工程，强化节能减排技术支撑和服务体系建设，确保完成"五年规划"节能减排约束性目标[①]。

如国家能源局《节能减排"十二五"规划》（2012年），制定了重点行业的节能指标及标准，对"十二五"期间各行业需要淘汰的落后产能做了详细规划；对节能改造工程、节能产品惠民工程、合同能源管理推广工程、节能技术产业化示范工程等各种工程项目进行说明及政策设计；对农村乡镇区域的节能工作进行部署。

---

① 《"十二五"节能减排综合性工作方案》，2013年；《"十三五"节能减排综合工作方案》，2016年；《"十四五"节能减排综合性工作方案》，2021年。

再如住建部《"十四五"建筑节能与绿色建筑发展规划》（2022年），要求引导京津冀、长三角等重点区域制定更高水平节能标准，开展超低能耗建筑规模化建设，推动零碳建筑、零碳社区建设试点。在其他地区开展超低能耗建筑、近零能耗建筑、零碳建筑建设示范。推动农房和农村公共建筑执行有关标准，推广适宜节能技术，建成一批超低能耗农房试点示范项目，提升农村建筑能源利用效率，改善室内热舒适环境。

### 3. 资金支持与金融政策

政府通过设立专项资金、贷款、税收减免等资金支持方式，鼓励企业积极参与节能减排和环保行动。设立专项资金，用于支持节能减排和环保项目的实施。通过中央预算、地方财政、环保产业发展基金等方式，向企业提供节能减排和环保方面的专项资金支持。

政府通过税收减免等方式，鼓励企业参与节能减排和环保行动。例如，《国家税务总局、国家发展改革委关于落实节能服务企业合同能源管理项目企业所得税优惠政策有关征收管理问题的公告》（2013年），鼓励企业采用合同能源管理模式开展节能服务，规范合同能源管理项目企业所得税管理。

对节能减排项目的信贷支持是实现节能减排目标的重要手段之一。国家出台了一系列指导性文件，如2015年银保监会、国家发改委联合印发的《能效信贷指引》，以及各地政府的相关政策文件，指导金融机构在节能减排领域提供融资支持。鼓励金融机构根据节能服务公司的融资需求特点，创新信贷产品，拓宽担保品范围，积极培育第三方认证、评估机构，以提高节能减排项目的融资可行性。鼓励企业和金融机构之间建立长期合作关系，通过贷款、股权投资等方式共同推进节能减排项目的实施。

### 4. 价格政策

国家实行峰谷分时电价①、积极性电价②、可中断负荷电价③制度，鼓励电力用户合理调整用电负荷；对钢铁、有色金属、建材、化工和其他主要耗能行业的企业，分淘汰、限制、允许和鼓励类实行差别电价政策。

差别电价是化解高耗能产业产能过剩，推动高耗能产业向合理化、高级化升级的重要手段，有利于促进企业减少电力浪费。例如，铅液电解交流电耗是衡量电解铝企业能源消耗效率的重要指标，根据企业的铅液电解交流电耗水平设定不同的电价标准，鼓励企业采取更加节约和高效的生产方式。依据铅液电解交流电耗，对电解铝企业实行阶梯电价，超过最低标准每吨13700千瓦时的加收电价，从而促进电解铝企业进行节能改造。

再例如，可比熟料综合电耗水平是衡量水泥企业能源消耗水平的重要指标。可以根据企业的可比熟料综合电耗水平，实行阶

---

① 根据用电时间不同而设置的电价制度。在高峰期，电价会比低谷期更高，以鼓励用户在低谷期间使用更多的电力。

② 积极性电价是一种根据用户用电负荷情况而设定的电价制度。在积极性电价制度下，如果用户能够减少用电负荷，那么他们将获得更低的电价。

③ 可中断负荷电价是一种鼓励电力用户在紧急情况下减少用电负荷的电价制度。这种制度主要是为了应对电力供应短缺等突发情况，保障电力系统的安全和稳定运行。

梯电价政策，可以激励水泥企业增强节能减排意识，促进生产方式的转型升级，推进行业的可持续发展。

### 5. 产业政策与政府采购

实行有利于节能和环境保护的产业政策，其主要目的是推动节能技术和产品的研发、应用和推广，加快节能产业发展，限制发展高耗能、高污染行业，实现节能减排和可持续发展目标。通过制定节能产业发展规划，明确节能产业的发展方向和重点，推进产业协调发展。

通过政府采购能源消耗低、能效高、环保节能的产品，鼓励企业开展绿色采购，引导市场需求，促进节能产品和服务的推广。针对锅炉、电机、电力变压器、制冷、照明、家用电器等产品设备，首先选取实施条件相对成熟、具有示范带动作用的产品进行更新改造，鼓励相关企业和单位进行更新改造，同时统筹做好回收利用工作[①]。

## （五）全面能源资源节约工作制度

### 1. 节能目标考评制度

国家实行节能目标责任制和节能考核评价制度，将节能目标

---

① 国家发展和改革委员会联合中华人民共和国工业和信息化部、财政部、住房城乡建设部、商务部、人民银行、国务院国资委、市场监管总局、国家能源局等部门印发《关于统筹节能降碳和回收利用 加快重点领域产品设备更新改造的指导意见》（2023年）.

完成情况作为对地方人民政府及其负责人考核评价的内容。省、自治区、直辖市人民政府每年向国务院报告节能目标责任的履行情况。

**2. 投资项目节能评估和审查制度**

固定资产投资项目节能审查是提高新上项目能源利用效率、从源头减少能源浪费的一项重要制度，节能审查意见是项目开工建设、竣工验收和运营管理的重要依据。国家实行固定资产投资项目节能评估和审查制度，目的是加强固定资产投资项目节能管理，合理控制能源消费增长，从源头上杜绝能源浪费，提高能源利用效率。

国家发展改革委负责制定节能审查的相关管理办法，对各地新上重大高耗能项目的节能审查工作进行督导。固定资产投资项目节能审查由地方节能审查机关负责。

《固定资产投资项目节能审查办法》（2023年）明确规定：不符合强制性节能标准的项目，建设单位不得开工建设；已经建成的，不得投入生产、使用。政府投资项目不符合强制性节能标准的，依法负责项目审批的机关不得批准建设。

**3. 淘汰制度**

国家对落后的耗能过高的用能产品、设备和生产工艺实行淘汰制度。所谓淘汰制度是指对不符合有关法律法规规定，严重浪费资源、污染环境的落后工艺技术、用能设备及产品，由国务院有关主管部门按照一定的程序公布名录，要求在规定的期限内，停止生产、销售、进口和使用的法律制度。

淘汰的用能产品、设备、生产工艺的目录和实施办法，由国务院管理节能工作的部门会同国务院有关部门制定并公布。生产过程中耗能高的产品的生产单位，应当执行单位产品能耗限额标准。对超过单位产品能耗限额标准用能的生产单位，由管理节能工作的部门按照国务院规定的权限责令限期治理。对高耗能的特种设备，按照国务院规定实行节能审查和监管。

## 二、我国节能工作的形势

尽管我国做了大量的节能工作，但能源资源节能工作依然存在十分突出的问题。我国是全球最大的能源消费国和二氧化碳排放国，工业生产、交通运输、居民生活等方面的能源消费都呈增长态势，这对能源资源的节约带来了巨大挑战。

### （一）能源浪费总量估计

以相对能源强度估算的相对能源浪费量。由于我国缺乏能源浪费统计和系统研究，为了把握我国能源浪费的总体情况，我们将基于能源强度的相对能源浪费量。按照国际可比能源强度（千瓦时/美元），根据世界银行的数据，中国产出1美元GDP的能源消费量分别为2.087千瓦时/美元，德国只有0.965千瓦时/美元，英国为0.863千瓦时/美元，见图2-1-3。

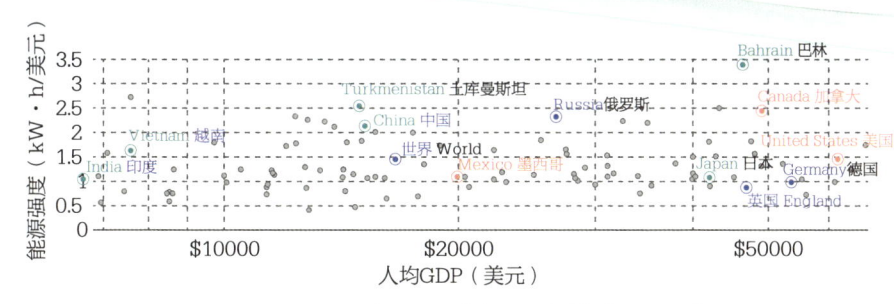

图 2-1-3　能源强度国际比较（2018）

数据来源：BP Statistical Review of World Energy (2022); EIA's total energy consumption (2022), World Bank.

注：人均国内生产总值以不变国际美元衡量，且修正了通货膨胀和跨国价格差异。

尽管我国能源强度不断下降，相较于 1990 年下降了 40% 以上，但是与世界主要工业国相比，中国单位 GDP 能耗还处于较高水平，分别是世界平均水平的 1.46 倍、美国的 1.40 倍、日本的 1.85 倍、德国的 2.16 倍和英国的 2.41 倍。

若分别以美国、日本、德国和英国的能耗强度为基准，理论上估算中国每年能源浪费量将分别高达 14.0 亿吨标准煤、22.3 亿吨标准煤、26.1 亿吨标准煤、28.4 亿吨标准煤。换句话说，以美国、英国能源强度为基准，我国年能源多消耗的量分别高达 14 亿吨标准煤和 28 亿吨标准煤，多消费了 29% 和 59% 的能源。

## （二）能源生产过程的能源浪费

我国能源生产浪费主要体现在采掘、电网线损、清洁电力浪费和发电设备产能过剩带来的能源浪费。

## 1. 能源资源采掘环节的能源浪费

能源资源采掘是一个非常重要的环节。然而，在能源资源采掘环节中，能源的浪费现象比较普遍。能源资源采掘浪费是指在能源资源的开采过程中能源资源（如煤炭、石油等），由于采选、加工不足以及运输、状态转换过程中的"跑冒滴漏"问题而被浪费的能源资源。

近年来，我国能源资源采掘的综合利用率不断提升，但由于部分能源资源采选难度加大、相关开采技术缺位、能源资源采掘监管等各方面因素，我国能源资源无序开采、平均采收率低于先进国家水平的情况仍未彻底改变。例如，我国拥有大量低渗透石油资源，已动用开发的低渗透油藏的储量超过 $60 \times 10^8$ 吨，但由于缺乏成熟的低渗透油藏提高采收率技术，采收率仅为21%[1]。中国自然资源经济研究院发布的《全国矿产资源节约与综合利用报告（2020）》显示，2020年我国原油平均采收率不到40%，煤炭入选率不到75%，与国际先进水平存在较大差距。

煤炭是我国的主要能源资源，采选是煤炭生产的重要环节，也是能源浪费的一个重要领域。主要表现为以下几个方面：第一，在煤炭开采过程中，许多煤矿为了追求煤炭产量，常常采取过度通风的方式[2]，导致大量的能源浪费和环境污染。第二，不

---

[1] 贾承造. 中国石油工业上游发展面临的挑战与未来科技攻关方向[J]. 石油学报，2020，41（12）：1445-1464.

[2] 煤矿通风系统的能源消耗量占到了煤矿总能耗的三分之一以上，因此通风系统的节能减排尤为重要。

少煤厂为了节省投资，大部分设备是老旧的设备，能源利用率较低，不仅能源消耗量大，而且运行效率也不高，从而导致了能源的浪费。如破碎机、筛分机、磁选机、浮选机等，这些设备的运行需要消耗大量的能源。第三，很多煤炭企业采用了传统的皮带输送和露天储存方式，从而导致大量的能源浪费和环境污染。第四，采选过程中的煤屑和煤泥浪费。在煤炭采选过程中，会产生大量的煤矸石、煤屑和煤泥。这些煤矸石、煤屑和煤泥虽然含有一定的煤炭资源，但是很难进行二次开发利用，常常被废弃或者随意堆放。废弃物的存在不仅造成了资源的浪费，而且也对环境造成了极大的污染。

### 2. 电网线损电力浪费量

电网的线损问题是一个长期存在的难题，也是能源生产供应过程中的能源资源浪费的重要环节。线损是指电能在输电、配电过程中由于电缆、电器、设备等物理原因而损失的电量，主要包括电阻损耗、感应损耗和电容损耗等。

电网线损电量浪费 1.1 亿吨标准煤。电网中损耗的电量是衡量电网能源浪费规模的重要指标。我国电网线损电量规模大，年线损电量约 3700 亿千瓦时（折合标准煤超过 1.1 亿吨），线损率为 4.7% 左右。

### 3. 清洁电力浪费依然存在

"弃风弃光"依然存在，个别地区还十分严重。当前，我国每年弃风光浪费的电量为 300 亿千瓦时左右（约合 1000 万吨标准煤），个别地区浪费比较严重，如西藏和清海的"弃风弃光"率分别高达19.8%和13.8%。

"弃风弃光"的背后，是新能源消纳能力的不足。无论是风电还是光伏发电，都具有随机性、波动性的特点，其发电与用电平衡难度更大，而电力又较难储存，因此风机与光伏生产的电能最好及时消纳，但风光发电的主要区域是西部地区，西部地区对电力的需求远不及其产电能力，风光电力外送往往又受到输送通道的限制，如此的大量风光电能难以消纳而被丢弃。

### 4. 产能过剩导致的系统性能源浪费突出

产能过剩、动力配煤质量、电力调度等导致的系统性能源浪费。表2-1-2是我国电力、热力和燃气及水生产和供应业的产能利用率。数据显示两个主要问题：一是平均产能利用率不足75%，二是产能利用率存在季节性差异。产能过剩使超超临界机组在非设计工况下运行时，发电效率大大减少，能耗大幅提高，高效机组低效运行将导致能源浪费。但由于缺乏数据支撑，无法估计电力系统性的能源浪费量。

表2-1-2  2020—2022年电力、热力和燃气及水生产和供应业的产能利用率

| 季度 | 产能利用率（%） | | |
| --- | --- | --- | --- |
| | 2020 | 2021 | 2022 |
| 一季度 | 67.80 | 74.50 | 73.80 |
| 二季度 | 70.60 | 74.70 | 70.60 |
| 三季度 | 72.80 | 75.30 | 73.80 |
| 四季度 | 74.30 | 75.40 | 74.00 |

数据来源：国家数据 http://data.stats.gov.cn/.

## （三）能源消费领域的浪费

能源消费领域的能源浪费表现在多个方面，涉及住宅、商业、工业和交通等多个领域。

### 1. 住宅和商业建筑的能源浪费

在住宅和商业建筑中，能源浪费主要体现在过度或不合理的暖通空调使用、照明、电器设备的待机耗电以及不良的建筑保温效果等方面：①空调设备，比如在冬季过度加热，夏季过度制冷。这种行为会导致大量的能源浪费。②照明能源浪费，一些住宅和商业建筑在照明方面存在能源浪费，主要体现在使用效率低的照明设备、不合理的照明布局，以及忽视自然光的利用等方面。③电器设备的待机耗电，许多电器设备在待机状态时仍然会消耗能源，即使这个能源消耗看似微不足道，但积少成多，也会形成大量的能源浪费。④建筑保温效果不良，使得暖通空调设备需要消耗更多的能源来保持室内的温度。而对于商业建筑来说，大面积的玻璃幕墙等设计也会导致能源消耗的增加。

### 2. 工业生产中的能源浪费

在工业生产中，能源浪费主要体现在设备运行效率低下、生产流程不合理、热能和电能的回收利用率低等方面。例如，许多老旧的工业设备的运行效率远低于新型设备，但由于更新设备的成本高，很多企业仍然选择继续使用。

工业能源浪费与高效设备并存，制造业企业能源效率异质性显著。我国制造业领域既有国际一流的高效低能耗先进技术，也存在大量落后低效高耗能技术，导致制造业能源利用效率总体较低。一方面，我国工艺技术装备大型化趋势明显，部分行业技术装备达到甚至领先国际水平，约40%的工业产品质量接近或达到国际先进水平；另一方面，数量众多的中小型企业，节能技术研发和应用能力较弱。据估计，我国主要工业品单位能耗比国外同类产品能耗指标高15%~20%，能源浪费4亿~5亿吨标准煤。

### 3. 交通运输中的能源浪费

在交通运输领域，能源浪费主要体现在汽车燃油效率低下、交通拥堵造成的能源浪费以及公共交通系统使用不足等方面。①随着汽车的普及，道路上的汽车数量日益增多。然而，不少汽车，尤其是老旧的汽车，燃油效率低下，导致大量能源被浪费。②在城市中，交通拥堵问题严重，尤其是在早晚高峰时段。这种情况下，车辆在道路上的滞留时间增长，空转和低速行驶导致能源效率低下。③公共交通系统，如地铁、公交车等，是比私人汽车能效更高的交通方式，但由于种种原因，公共交通系统的使用率往往低于最佳水平。④重型运输车辆的能源效率低：对于货物运输，重型车辆如卡车和大型货车的能源效率通常较低。这是由于这些车辆的设计和操作特性，以及道路和交通条件等因素。

道路交通的石油浪费量超过我国石油产量。交通运输业能源浪费巨大，主要是由于汽车内燃机的能源转换效率只有不到

25%。现阶段中国交通运输以道路交通为主，交通运输业能源消费约3.6亿吨标油。交通业能源消费以油品为主，油品占比接近86%，其中，道路交通用油（汽油和柴油）占比超过80%，约为2.9亿吨标油。

按照内燃机的能源转换效率25%计算，即每年道路交通用油浪费约2.2亿吨标油，超过了我国一年石油产量。

## （四）节能政策落实不到位

尽管节能政策对提升我国能源效率发挥了重要作用，但其在实际执行过程中仍然存在许多挑战和困难。

### 1. 体制机制约束

在我国，部分能源价格体系并未充分反映市场供需状况，这在一定程度上削弱了用户节能的积极性。例如，集中供暖的按面积计费制度，消费者使用的热能多少与费用无关，这减弱了消费者主动节能的动力。此外，由于中小企业投入限制，其节能改造和清洁能源替代进度相对滞后。

### 2. 现有节能政策工具效果不一

我国颁布了《节约能源法》等法律法规，并实施了能源"双控"约束性指标、能效标识制度、建筑物节能条例等政策工具。然而，它们的执行效果并不均衡。仅家电"能效标识制度"实施效果较好，对消费者购买行为起到了较好的市场引导作用。

### 3. 对节能政策效果预判不足

这主要体现在政策实施过程中没有充分考虑到企业间能源效率的差异，导致对高效率大企业或东部地区的企业施加了更为严格的政策约束。这种做法可能导致产能从高效率大企业向低效率小企业，从东部地区向中西部地区转移，造成的资源错配反而不利于中国能源利用效率的提升。

### 4. 节能技术创新动力不足

由于国内的节能技术创新体系尚未完全形成，对工业绿色发展的科技支撑还不够显著，已有的先进节能技术在市场化应用中仍然存在障碍。

## 三、能源资源节约的体系建设

### （一）加快建设能源资源节约的现代化能源体系

#### 1. 实施节能优先战略

目前我国单位 GDP 能耗是世界平均水平的 1.5 倍，用能结构优化和效率提升有待挖潜，如四大高耗能行业占工业终端用能比重达到 65%～70%，公路货运量比重超过 70%，城镇民用建筑中 30% 左右有待实施节能改造，能源节约还有很大提升空间。

因此，要深入实施节能优先战略。政府应该加强对能源的宏观管理，通过政策、法规等手段，引导企业和公众节能减排。优化用能结构是提高能源效率的关键，要加大对可再生能源的支持力度，促进其在能源消费中的比重增加，减少对传统能源的依赖。企业应该实施能源管理体系，建立用能计量和评价体系，进行能源消耗分析和评估，提高能源管理水平，达到用能的精细化管理。

加快重点用能行业的节能技术装备创新和应用，持续推进典型流程工业能量系统的优化。推动工业窑炉、锅炉、电机、泵、风机、压缩机等重点用能设备系统的节能改造。强化高温散料与液态熔渣余热、含尘废气余热、低品位余能等的回收利用，对重点工艺流程、用能设备实施信息化数字化改造升级。鼓励企业、园区建设能源综合管理系统，实现能效优化调控。积极推进网络和通信等新型基础设施的绿色升级，降低数据中心、移动基站的功耗。

### 2. 建设大电网，提高电力系统效率

建设大电网可以有效提高电力系统效率和可再生能源的利用率。建设大电网要以跨省区域为主，通过大电网的构建，实现在更大范围配置电力资源，减少能源浪费和环境污染。通过大电网，可显著降低风电和光伏发电给电网带来的不稳定性，使可再生能源供应和电力需求之间的时空失衡可以得到改善，加大电力中的可再生能源比重。

尽可能降低线损率，减少电量浪费。采用高压直流输电技术（HVDC）或超高压输电技术（UHV）等高效输电技术，减少线

路损耗，提高输电效率。

提高节能调度水平，提高电力系统的整体效率。通过电力系统自动化、信息化技术，实现电力系统的智能化调度和管理，提高电力系统整体效率。

通过建设储能电站等手段，优化风电、光伏发电等可再生能源的消纳，降低可再生能源的波动性，提高其供应可靠性和利用率。多能互补技术可以将多种能源互相协调，达到优化能源配置和提高能源利用效率的目的，例如光伏发电和风电互补，或者与储能电站相结合等。

### 3. 通过深度电气化提高整体能源效率，健全完善有利于消费侧绿色发展的体制机制

巨大的能源浪费，主要由于化石能源无效燃烧造成的，使得大部分能源变成了无用的废热。而解决这一浪费的最佳方式是深度电气化。在交通运输行业，以电动汽车（70% 能源效率）代替燃油汽车（25% 能源效率），能源浪费将大为减少。在钢铁行业，用电弧炉生产二次钢代替高炉生产常规钢，将减少高达 10 倍的能源浪费。然而，工业领域相对容易实现电气化的环节已基本完成，余下领域清洁替代技术的经济性不足；交通领域电气化率仅为 4% 左右；建筑领域电气化水平还有很大提升空间。

建议加快推动重点用能领域清洁替代，深入推进工业、交通、建筑领域电能替代，大力开展氢能多元化示范应用，组织实施工业园区用能系统再造专项行动，开展一体化供用能方案设计，推广综合能源站、源网荷储一体化、新能源微网等绿

色高效供用能模式等。主要用能领域电气化水平需要进一步提高。

通过激励氢能、生物燃料、垃圾衍生燃料等替代能源在钢铁、水泥、化工等行业的应用。同时，对钢铁、煤化工、水泥等主要用煤行业的煤炭消费进行严格控制，鼓励有条件的地区新建、改扩建项目实行用煤减量替代。提高工业终端用能的电气化水平，在具备条件的行业和地区加快推广应用电窑炉、电锅炉、电动力设备。激励工厂、园区开展工业绿色低碳微电网建设，发展屋顶光伏、分散式风电、多元储能、高效热泵等，推进多能高效互补利用。

### 4. 加大工业固废和生活垃圾的能源化、资源化利用水平

固废和生活垃圾的能源化、资源化利用可以实现"废为宝"，实现废物资源化、环保和节能的多重效益。固废和垃圾的堆放和填埋也会占用大量的土地资源，导致环境污染，因此进行垃圾分类和资源化利用，可以减少土地资源的浪费，保护环境和生态系统。

我国工业固废累计堆存约620亿吨、年新增堆存量超35亿吨，其中废旧轮胎、磷石膏、钢渣、化工渣等固废利用率较低。将工业固体分类垃圾分类与垃圾与相关循环产业结合起来，能源节约效应显著。例如，固废中的轮胎热值高，是可以替代煤炭作为水泥等工业的燃料，能源化利用价值。再例如，废旧塑料回收能源利用价值极大，我国垃圾填埋废弃塑料存量约10亿吨，每年新生垃圾塑料超6000万吨。用填埋垃圾塑料的2%及新生垃

圾塑料的30%，通过化学法再生制成热解油，相当于新增一个胜利油田规模的轻质石蜡基大油田！

### 5. 用数字经济助力我国能源效率的提高

数字经济政策有望最大限度地降低化石能源消费提高化石能源利用效率。数字技术使智能制造得以实现，智能制造可以优化能源和资源使用，改善供应链管理；能源行业的数字化还可以与能源结构优化联系起来，从而尽可能提高可再生能源占比；数字技术正在改变电力系统发输配用的方式，通过准确预测和管理可再生能源供应，提高整体能源效率；数字化创建了一个具有多方向电流的智能电网，协调电力供应和需求，帮助平衡间歇性问题，缓解未来峰值负荷挑战，同时确保可靠性。

## （二）完善全面能源资源节约的监管机制

### 1. 建立能源资源节约监管体系

健全全国节能监察体系，协调统筹各地区节能监察工作，各地区节能主管部门加强与工业、建筑、交通运输、公共机构等行业部门和统计、市场监管等有关部门的沟通协调，探索建立跨部门联动的节能监察工作机制。各地区节能主管部门建立常态化工作机制，制定年度计划，定期报送监察工作总结，定期组织开展节能监察，重点监察"两高"项目节能审查制度执行情况、单位产品能耗限额标准执行情况、用能设备和生产工艺淘汰制度执行情况、重点用能单位节能管理制度执行情况、节能服务机构开展服务情况[1]，并定期向社会公开节能监察工作情况，依法公布违规企业名单，依法惩罚违规用能单位。

加强节能监察能力建设，明确节能监察任务分工，加大政府有关部门及监察执法机构、企业等节能工作人员培训力度，通过开展定期业务培训、节能专业比赛竞赛、节能经验研讨会等活动提升节能监察人员专业素质和业务能力。

### 2. 加强能源资源节约审计能力建设

严格实施重点用能单位能源利用状况报告制度，完善节能审计法律法规和节能审计准则的建设，健全能源计量体系，加强重点用能单位能耗在线监测系统建设和应用。多样化节能审计方法，在数据和信息的收集上，除了传统的观察法、文件检查法、抽样调查法外，审计人员可与相关部门合作取得审计资料，而在数据的分析上，可以借助统计软件或者统计模型，比如DEA模型等进行投入产出分析[2]。完善工业、建筑、交通运输等领域能源消费统计制度和指标体系，探索建立城市基础设施能源消费统计制度。加强统计基层队伍建设，引进熟悉节能审计的人才，加强审计人员的培训教育，强化统计数据审核，防范统计造假、弄虚作假，提升统计数据质量。

---

[1] 国家发展和改革委员会. 进一步加强节能监察工作 建立常态化工作机制，http://finance.people.com.cn/n1/2021/0605/c1004-32123180.html.

[2] 国家治理视角下的节能减排审计，https://www.audit.gov.cn/n9/n397/n401/c14978/content.html.

### 3. 完善能源管理和服务机制

加快节能标准的更新。目前，全球正在经历一个大规模的能源转型，新的能源技术和应用正在不断涌现。需要及时进行更新和改进。在这个过程中，应广泛收集和倾听各方的意见和建议，包括企业、科研机构和消费者，以确保新的节能标准既科学又适用。

强化新建项目的能源评估审查。在项目建设初期，应进行严格的能源评估审查，以确保项目的能源效率和环保性。这需要相关部门具有高度的专业素养和严谨的工作态度。同时，也需要有一套完善的评估审查制度和流程，以及充足的评估审查资源。

定期对各类项目进行监督检查。特别是对"两高"项目——高耗能、高排放的项目，需要加大监督检查力度。这需要具备强大的监督检查队伍，同时也需要充足的资金和设备支持。在监督检查过程中，应严格按照节能法律法规和强制性节能标准进行，对违反规定的行为，要进行严肃处理。

规范节能监察执法、创新监察方式和强化结果应用。在节能监察执法方面，应遵循法治原则，公正公平，严格规范。在创新监察方式上，可以借鉴和应用新的技术和方法，比如大数据、人工智能等。在强化结果应用上，应充分利用监察结果，为政策制定提供参考，为公众提供信息，促进节能行为。

探索开展跨地区节能监察，实现重点用能行业的监察覆盖。这不仅可以更好地促进节能，也可以避免地区间的能源浪费和环境污染。

## （三）健全能源资源节约法规标准和政策体系

### 1. 加强用能管理，健全节能减排的法律法规和节能政策工具

健全完善有利于消费侧绿色发展的政策机制，制定实施重点用能行业企业和园区绿色能源消费导向目标，加强共性节能降碳技术集中攻关，加大财税、金融、投资等对先进高效节能产品设备、用能清洁替代技术以及中小企业绿色转型等的政策支持，完善节能政策法规和用能计量体系，强化市场和价格机制对用能行为的引导和激励等。第一，用能管理应围绕着提高能效，加强对企业的节能减排监管工作，保证节能减排技术实施效果。第二，健全节能减排法律法规标准，针对低碳能源发电技术的应用规模不断扩大，需出台低碳能源相关法律法规，节能技术标准。第三，改变"双控"单一强制性节能政策指导节能工作，要用强制节能政策、市场化节能政策、自愿节能政策等政策工具，推动我国节能工作。第四，节能政策不要"一刀切"，对能源效率异质企业应分类制定政策。

### 2. 健全能源资源节约法规标准

要坚持立法先行，把宏观战略、政策体系、监管考核纳入法制轨道，加快健全能源资源节约法规制度体系，形成能源资源节约领域的法治保障和法律秩序。加快推动《节约能源法》《循环经济促进法》等统筹能源资源节约全过程的法律法规的修订完

善，加快推动《资源综合利用法》等一系列法律法规的制定与出台，加快推动《民用建筑节能条例》《公共机构节能条例》《工业节能管理办法》等法律法规的进一步完善，完善《固定资产投资项目节能审查》《电力需求侧管理办法》等具体办法，力求从宏观统筹到具体细化全过程建立起完善的法律法规体系，以法律保障推进能源资源节约。

对标国际先进水平制定修订一批强制性、严格性能源资源节约标准规范。健全能源开发利用标准体系，加快推进高耗能产品能耗限额标准、终端用能产品能效标准、建筑节能标准和汽车燃油经济性标准等的制定，进一步完善《节能标准体系建设方案》，以对我国整体节能标准构建工作以及各行业各领域节能标准设计工作提供顶层指导，国家标准委会同各节能协会、行业部门完善《建筑节能与可再生能源利用通用规范》《超低能耗公共建筑节能设计标准》等细分标准，促进我国能源资源节约工作标准化、规范化。

### 3. 完善能源资源节约的激励政策

单纯依靠政府行政命令、宏观调控容易使能源资源节约工作陷入僵化，需要采取良好的经济激励、通过市场机制激活企业开展节能活动。要充分发挥财政支持效应，各级财政加大节能支持力度，统筹安排相关专项资金支持节能重点工程项目建设，对在完成基本节能目标后继续完成激励目标的地区、企业以及相关单位进行财政奖励，开展节能产品惠民工程，采用财政补贴方式推广节能家电、高效照明产品、高效电机、节能汽车等[1]，逐步规范和取消低效化石能源补贴。落实节能节水、资源综合利用税收优惠政策，对超标准完成节能任务、严格遵守节能安排的用能单位实施税收优惠，研究制定将能源节约与资源综合利用技术改造项目纳入政策性银行支持范围，并在贷款方面给予优惠的政策，对能耗高、污染重的产品和设备课以重税，强制实施高耗能产品予以淘汰的政策[2]。

强化电价政策与节能政策协同，持续完善高耗能行业阶梯电价等绿色电价机制，扩大实施范围、加大实施力度，落实落后"两高"企业的电价上浮政策。深化供热体制改革，完善城镇供热价格机制。引导金融机构加大对节能提效、能源资源综合利用项目的支持力度，大力推广实施绿色信贷等政策，加快绿色债券发展，支持符合条件的节能企业上市融资和再融资，进一步提高高耗能项目信贷门槛。

进一步优化能源价格体系，加大对中小企业节能改造的支持力度，完善现有的节能政策工具，考虑企业间的能源效率差异来制定更加公平合理的节能政策，以及建立健全的节能技术创新体系。

## 4. 针对交通和建筑领域开展节能工作

为了减少交通运输领域的能源浪费，可以采取多种措施，包

---

[1] 张有生，杨晶，高虎. 社会主义现代化强国的能源绿色转型之路[M]. 北京：中国经济出版社，2018.
[2] 黄晓勇. 中国节能管理的市场机制与政策体系研究[M]. 北京：社会科学文献出版社，2013.

括提高车辆燃油效率、优化交通管理以减少交通拥堵、提高公共交通的吸引力和可用性、推动电动汽车和混合动力汽车的应用等。

通过科技创新和政策引导，提高建筑和设备的能源效率，推广节能技术和产品，以及提高公众的节能意识。例如，通过改善建筑设计和施工，使用更有效的保温材料，可以提高建筑的保温效果；通过提高照明和电器设备的能效，可以减少照明和待机消耗的能源。

### （四）加快能源资源节约技术创新

在能源需求不断增加、能源转型加快推进的背景下，加快能源资源节约技术创新对于节能意义重大。

#### 1. 加大对节能技术引进推广，加大节能技术进步与创新投入

这种投入应集中在能源节约技术的开发、引进、改造和推广上，尤其应该加大对积极进行技术创新的企业和研究院所的财政资金支持和奖励力度。这样可以促进企业在技术研发方面的投入，带来更高效、更环保的能源节约技术。

政府应加大对节能技术引进和推广的力度，重点关注技术的开发、引进、改造和推广，确保所有的环节都能得到充分的关注和支持。进一步加大对节能技术进步与创新的投入力度，尤其是对那些积极进行技术创新的企业和研究院所，应给予财政资金支

持和奖励，以激发其技术创新的热情和活力。

## 2. 进一步推动企业主体的技术创新体系的建设

加快建立以企业为主体的节能技术创新体系是关键。企业在推动节能技术创新中起着决定性的作用。企业直接面对市场，拥有丰富的实践经验和专业知识，可以更精准地把握市场需求，发挥主观能动性，推动节能技术的创新和应用。

对积极进行技术创新的企业、研究院所给予财政资金支持与奖励。设立节能技术研发基金，支持企业进行节能技术的研发和推广；设立节能技术创新奖，鼓励企业和科研机构进行技术创新；出台节能技术标准和认证制度，引导和推动市场需求。

把能源节约技术开发、技术引进、技术改造、技术推广有机地结合起来，是推动节能技术创新的关键。只有各环节紧密配合，才能形成完整的创新链，进一步推动节能技术的发展。建立一批技术改造示范项目及能源节约与资源综合利用重大示范工程，可以为其他企业提供成功经验和借鉴，形成良好的示范效应。

## 3. 推进产学研技术联合创新

推动企业与学术机构的合作，加强产学研的联动，共同推动节能技术的发展。集中社会资源，发挥各方优势，共同解决节能技术面临的关键技术问题，加快技术创新的步伐。鼓励学术机构与企业联合培养节能专业化、高端化人才。

营造公平、公正的市场环境，保护创新成果的产权，让企业和研究机构有信心进行长期的研发投入。这需要政府制定合理的产权保护政策，提供有效的法律保护，打击技术盗窃和侵权行为。

### 4. 积极开展国际合作

为了进一步提高我国节能技术的整体水平，积极开展国际合作，引进国外先进的节能技术，提高我国节能技术的整体水平[1]。通过国际合作，引进国外的先进技术和装备，不仅可以迅速提升我国的技术装备水平，缩小与国际先进水平的差距，而且还有助于提高我国的技术创新能力和研发水平。

加强对国内优秀节能技术的出口，推动我国节能技术在全球的推广应用成了我国的一项重要策略。通过积极参与国际能源和环保标准的制定，推动我国的节能技术成为国际标准，从而在全球范围内推广我国的节能技术。

### 5. 定期发布国家鼓励发展的能源节约与资源综合利用目录

为了引导和监督能源节约技术的创新和发展，政府应定期发布鼓励发展的能源节约与资源综合利用工艺、技术和设备目录，它可以帮助公众更好地理解和接纳节能技术。公布淘汰的落后工艺、技术和产品目录，可以避免社会资源被低效、落后的技术浪

---

[1] Worrell, Ernst & van Berkel, Rene & Fengqi, Zhou & Menke, Christoph & Schaeffer, Roberto & O. Williams, Robert, Technology transfer of energy efficient technologies in industry: a review of trends and policy issues [J]. Energy Policy, Elsevier, 2001, vol. 29 (1), pp. 29-43.

费。通过公布国家鼓励发展的目录，企业和研究机构可以清楚地了解政府对于新技术和新设备的需求和态度。这将有助于他们确定研发方向，加大对于新技术和新设备的研究投入。另外，淘汰落后技术和产品的目录，会促使企业和研究机构摒弃旧的、低效的工艺和设备，转向更先进、更高效的技术和设备。

通过发布目录向社会公众普及节能技术，不仅能增强公众的环保意识，提高其节能行为，而且还能激发公众的创新意识，参与到节能技术的创新和推广中来。

总的来说，政府定期发布国家鼓励发展的能源节约与资源综合利用目录，是引导和监督能源节约技术创新和发展的重要手段。它不仅能帮助公众了解和接纳节能技术，避免社会资源被低效、落后的技术浪费，而且还能鼓励企业和研究机构进行自我革新，提高其技术水平。

# 第二节 全面加强工业资源节约工作

工业资源节约是可持续发展的重要内容之一，是构建资源节约型、环保型社会的重要途径。工业资源是指工业生产中所使用的资源。全面加强工业资源节约工作，是建设资源节约型现代工业体系和推进经济可持续发展的必然要求。

习近平总书记多次提出要加强资源的节约、集约和循环利用。2021年，中央经济工作会议明确提出，要实施全面节约战略，加快废弃物循环利用体系的构建。在工业发展中，实现资源的综合利用和提高资源利用效率是推进工业绿色低碳循环发展以及保障资源供给安全的重要内容。这对于缓解资源环境对经济社会发展所带来的限制具有重要的现实意义。

## 一、工业资源节约的现状及面临的形势

### （一）工业资源、工业副产品和工业固体废弃物

#### 1. 工业资源

工业资源是工业生产过程中不可或缺的重要因素，它包括矿

产资源（铁矿石、铜矿、铝矿等）、加工材料（金属、塑料、化学品、半导体等人工冶炼或合成的材料）和工业副产品。这些资源在工业生产中起着重要的作用，例如作为原材料用于生产过程，或作为材料用于制造各种产品，或者在生产过程中作为辅助材料使用。

矿产资源，如铁矿石、铜矿、铝矿等，是工业生产中的基础资源。它们经过精炼、提纯和加工，可以转化为各种工业产品和半成品，例如钢铁、铝、铜等金属，它们在建筑、交通、电子和许多其他产业中具有广泛的应用[①]。

加工材料，包括金属、塑料、化学品、半导体等人工冶炼或合成的材料，是工业生产中的关键资源。这些材料经过工艺处理和技术加工，转化为各种工业制品和部件。例如，塑料经过模塑或注塑等工艺制成各种塑料制品；半导体材料则用于生产电子元器件和集成电路等。

## 2. 工业副产品

工业副产品也是工业资源，它是在工业生产过程中，除了主要产品外，还会产生的其他物品。这些副产品可能是生产过程中不可避免的产物，或者是原材料未完全利用的结果。在钢铁工业中，除了主要产品钢铁外，还会产生煤渣、炉渣等副产品；在造纸工业中，除了纸张，还会产生黑液等副产品。

---

① Liu, Gang, Bangs, Colton E., Müller, Daniel B. Stock dynamics and emission pathways of the global aluminium cycle[J]. Nature Climate Change, 2013,（vol 3）338-342.

这些工业副产品如果没有得到妥善处理和利用，不仅会浪费大量资源，还可能对环境和人类健康造成严重影响。因此，工业副产品的综合利用是工业资源节约的重要任务之一。

### 3. 工业固体废弃物

工业固体废弃物是工业生产过程中的重要副产品，具体来说，它指的是在各种工业生产和活动过程中产生并被丢弃的固体或半固体废弃物。这主要包括矿山废弃物、冶金废弃物、化工废弃物、建筑废弃物和电子废弃物等（见表2-2-1）。如果这些废弃物在未经过适当处理的情况下直接排放到环境中，可能对土地、水源和大气造成污染，对人类健康和生态环境构成严重威胁。值得注意的是，部分废弃物中还含有有毒有害物质，如重金属、有机污染物等，这些物质的环境风险更为突出。我国工业门类广，产废行业较多，包括装备制造、化工、医药、采矿、金属冶炼等，相较于一般固废和生活垃圾，危废具有种类多、处理技术难度高等特点。

表 2-2-1　工业固体废弃物

| 废弃物类型 | 来源 | 描述 |
| --- | --- | --- |
| 矿山废弃物 | 采矿过程 | 采矿过程中产生的岩石、土壤和其他废弃物，如煤矸石 |
| 冶金废弃物 | 钢铁等金属生产过程 | 如钢铁生产中产生的炉渣、烧结矿渣、钢渣等 |
| 化工废弃物 | 化工生产过程 | 化工生产过程中产生的各种固体废物，如废催化剂、废吸附剂、废塑料、废橡胶等 |

续表

| 废弃物类型 | 来源 | 描述 |
|---|---|---|
| 建筑废弃物 | 建筑和拆除过程 | 包括建筑和拆除过程中产生的混凝土、砖石、木材、金属、塑料、玻璃等废弃物 |
| 电子废弃物 | 废弃的电子设备 | 如废弃的电脑、手机、电视、家电等 |
| 工业废水处理渣 | 工业废水处理过程 | 工业废水处理过程中产生的固体废物 |
| 电力产业废弃物 | 火力发电过程 | 如煤电发电过程中产生的飞灰和底灰 |
| 废旧轮胎 | 废弃的轮胎 | 汽车、飞机、自行车等交通工具的废弃轮胎 |

资料来源：根据相关资料整理。

矿山废弃物，主要是在矿山开采过程中产生的废弃物，包括废石、尾矿等。数量庞大，但大部分矿山废弃物可通过再加工利用。

冶金废弃物，是由冶金工业产生的废弃物，主要包括钢渣、炉渣、煤炭灰等。其中，钢渣和炉渣中含有一定的金属元素，可通过回收再利用。

化工废弃物，是由化工工业产生的废弃物，种类繁多，包括废酸、废碱、废油、废溶剂等。这些废弃物中有很多有害物质，需要特殊处理。

电子废弃物，主要包括废旧电视机、电脑、手机等。电子垃圾中包含的有害物质，如重金属、卤化物、氰化物等，如果不经处理直接排放到环境中，将对土壤、水源造成严重污染，影响人类健康。此外，电子垃圾中也包含大量有价值的稀有金属，如金、银、铜、钯等，如果没有得到有效回收，将造成资源的极大浪费。

建筑废弃物，主要包括建筑垃圾、废旧建材等。这类废弃物数量大，可通过再加工利用，如生产再生混凝土。

## （二）工业资源节约的现状

作为全球最大的工业国，我国在工业资源节约方面做出了积极的努力。鼓励和引导企业进行技术改造，提高资源利用效率；对于工业固废处理，实现了工业固废的高效利用，大大降低了企业的生产成本和环保压力。2020年，十种主要品种再生资源回收利用量达到3.8亿吨，工业固废综合利用量约20亿吨；2021年，我国煤矸石、粉煤灰、工业副产石膏、建筑废物、尾矿的综合利用率分别达到73%、80%、88%、51%和33%[1]。单位工业增加值用水量降低约40%。资源综合利用已经成为保障我国资源供应安全的重要力量。

### 1. 大力推广工业资源综合利用技术

工业资源综合利用的技术水平有了显著提高，先进适用技术如全固废生产胶凝材料、钢渣超音速蒸汽粉磨、工业副产石膏生产高强石膏、报废汽车智能化拆解、废旧动力电池高值化利用等

---

[1] 国家发展和改革委员会. 关于"十四五"大宗固体废弃物综合利用的指导意见（发改环资〔2021〕381号），2021.

先进适用技术得到了广泛的应用（见表2-2-2）。大大提高工业资源利用效率，减少废弃物排放，降低环境影响。

全固废胶凝材料生产技术，是利用工业固废（如煤炭灰、炉渣、水泥窑烧结矿渣等）作为主要原料制成的胶凝材料（如水泥、混凝土等）的工业资源利用技术，该技术可以有效地减少对原材料的需求，降低废弃物的排放。

钢渣超音速蒸汽粉磨技术，是处理炼钢副产品钢渣的先进技术。它使用高压高温蒸汽，以超音速喷出，撞击钢渣，使其破碎并分解成细小颗粒。钢渣通常具有较高的硬度和磨损性，使用传统的磨粉设备和技术往往效率低下、能耗高。使用超音速蒸汽粉磨技术，可以在短时间内高效地粉碎钢渣，使其变得更加细小，同时减少设备的磨损，降低能耗。钢渣粉末可以被广泛应用于建筑、水泥、路面、陶瓷等行业，可以替代部分水泥、石灰、石膏等原材料。

利用工业副产物石膏生产高强度的石膏产品。石膏在工业生产中（如磷酸盐肥料、硫酸铵）常作为副产物产生，经过适当的处理和改性，可以制成高质量的石膏材料，用于建筑、装饰和其他应用领域。

报废汽车智能化拆解。利用智能化技术对报废汽车进行拆解和回收。通过先进的自动化和机器视觉技术，报废汽车可以被高效、准确地拆解，实现废旧零部件和材料的回收利用。这种技术有助于减少废弃车辆的环境污染，并回收再利用有价值的资源。

废旧动力电池高值化利用。通过对废旧动力电池进行分拣、回收和再利用，可以提取和回收其中的有价值的材料，如稀有金属和电池材料。这有助于解决废旧动力电池处理的环境问题，并实现废弃电池资源的再利用。

表 2-2-2　工业资源综合利用技术一览表

| 技术名称 | 描述 | 主要效益 |
| --- | --- | --- |
| 全固废胶凝材料 | 利用工业废弃物（如粉煤灰、钢渣、矿山尾矿等）生产胶凝材料，如水泥、混凝土等 | 将工业废弃物转化为建筑材料 |
| 钢渣超音速蒸汽粉磨 | 将钢铁生产的副产品钢渣粉磨成微粉，用于生产水泥和混凝土 | 将废弃的钢渣转化为有价值的资源 |
| 工业副产石膏生产高强石膏 | 将工业副产石膏（如燃煤电厂脱硫、磷肥生产等的副产品）转化为高强度石膏，用于建筑和农业 | 利用副产物、提高资源利用效率、减少废弃物排放 |
| 报废汽车智能化拆解 | 利用智能化技术回收报废汽车的各种材料，如金属、塑料、玻璃等 | 提高资源回收率、减少废弃物排放 |
| 废旧动力电池高值化利用 | 回收废旧动力电池中的有价值材料，如锂、镍、钴等，用于新电池的生产 | 提高资源回收率、减少废弃物排放、节省原材料 |

资料来源：作者根据相关资料归纳整理。

## 2. 综合利用产品日益丰富

以工业固废为原料生产的新型建筑材料、再生金属、再生塑料制品等综合利用产品种类越来越丰富，市场认可度越来越高。

以尾矿、废石等固废的原料生产出许多新型建筑材料（如砂石骨料、微晶材料、陶瓷材料、合成分子筛、水处理剂、滤料、装配式墙板等）和再生金属、再生塑料制品。再生金属和再生塑料制品主要指各种工业用途的零部件、机械设备、家具等。

这些新型建筑材料和再生金属、再生塑料制品，不仅具有资源利用效益高、环保性能好、耐用性高、重量轻等特点，还具有生产过程能耗低、能源消耗少等优点，市场认可度越来越高。例如，以废石、尾矿等固废为原料制成的砂石骨料和微晶材料，在建筑领域应用广泛，可以用于制作混凝土、水泥制品、路面材料等；以工业固废为原料生产的陶瓷材料、合成分子筛、水处理剂、滤料等，可以用于建筑、环保等领域；再生钢材、再生铝材、再生塑料等综合利用产品也越来越多地被市场所认可。

### 3. 工业资源综合利用模式日渐成熟

地方特色的工业资源综合利用模式如"以渣定产"、产学研联合集群式发展、"互联网＋再生资源回收利用"等多种模式涌现出来，带动产业规模不断壮大。

贵州"以渣定产"模式，解决磷化工绿色发展难题。贵州省作为全国重要的磷及磷化工生产基地，其主要采用硫酸法湿法磷酸工艺生产高浓度复合肥，每生产1吨磷酸将副产4～5吨磷石膏。据统计，贵州省内的磷石膏堆存量已经达到了1亿多吨。这些磷石膏长期堆放不仅需要投入大量资金进行防渗处理，同时还容易污染土地和水源，环境风险和安全风险依然十分严峻。怎样解决磷化工生产过程中产生的磷石膏问题，是世界性难题。

为解决磷石膏给乌江、清水江带来的环保威胁，破解磷化工绿色发展难题，贵州省委、省政府于2018年4月出台《贵州省人民政府关于加快磷石膏资源综合利用的意见》，实施磷化工企业"以渣定产"模式[①]。所谓"以渣定产"，以当年磷石膏综合利用量，决定来年的磷酸、磷肥等产品的产量。按照"谁排渣谁治理，谁利用谁受益"原则，将磷石膏产生企业消纳磷石膏情况与磷酸等产品生产挂钩，激励企业加快磷石膏资源综合利用，逐步提高磷石膏建材应用比重。

通过"以渣定产"，可以避免磷石膏的长期堆放问题，减少环境风险，降低安全风险，同时还能促进磷肥行业的绿色转型升级，实现可持续发展。在此过程中，贵州省各级政府、企业和科研机构密切合作，推动了磷石膏资源化利用和磷化工产业绿色发展的良性循环。

承德市的产学研联合集群式发展模式[②]。承德市已经形成了一种独特的产学研联合集群式发展模式。在该模式下，各个行业之间通过紧密的产学研合作，进行资源共享、技术共进，形成了一个高效的生态系统。这种模式的优势在于，可以充分利用各个领域的专业优势，推动各行各业的协同发展，从而实现优势互补和资源整合。

"互联网＋再生资源回收利用"模式。是在信息技术和环保产业的结合上诞生的。该模式通过互联网平台的建设，将各个环

---

① 何星辉. 贵州"以渣定产"破解磷化工世界难题[N]. 科技日报，2020-01-19.

② 工业和信息化部. 读懂《关于加快推动工业资源综合利用的实施方案》.

保企业、废品回收企业、再生资源加工企业等组织起来，实现信息的流通和资源的整合。这种模式的优势在于，能够有效地缩短信息传递的时间，实现资源的高效利用，同时也为环保产业的发展注入了新的动力。

### （三）面临的形势

作为世界制造业大国，我国每年消耗数以亿吨的煤炭、石油、矿石等工业资源，满足钢铁、化工、汽车、电子等工业部门的生产需要。第一，我国已经在工业资源节约和循环利用上取得了一些成果，但是与发达国家相比，工业资源利用效率仍有待提高。第二，大规模的工业生产不仅消耗了大量资源，同时也对环境产生了重大影响。第三，绿色低碳循环发展成为全球共识，世界主要经济体普遍把发展循环经济作为破解资源环境约束、应对气候变化、培育经济新增长点的基本路径。第四，世界格局深刻调整，单边主义、保护主义抬头，叠加全球新型冠状病毒肺炎疫情影响，全球产业链、价值链和供应链受到非经济因素严重冲击，国际资源供应不确定性、不稳定性增加，对我国资源安全造成重大挑战。可见，工业资源节约形势严峻。

#### 1. 固体废物产生量大、堆存量多

过去几十年来，我国固体废物资源化利用已经取得了显著的进步，但仍然有大量的堆放，既污染了环境，也占压了大量的土地资源。以大宗固废为例，累计堆存超过600亿吨，年新增堆存

量近30亿吨，其中，赤泥、磷石膏、钢渣等固废利用率仍较低，大宗固废综合利用任重道远。

以煤矸石为例。我国是世界上最大的煤炭生产国，煤矸石产量非常大。每年产生的煤矸石8亿吨，这些煤矸石大部分被简单堆放。煤矸石的堆放地主要集中在一些煤矿集中的地区，如山西、河北、内蒙古、陕西等地。大量的煤矸石堆放不仅占用了大量的土地，还会对环境造成严重影响。煤矸石中含有的硫、铅、镉等有毒有害元素可能会通过风化、淋溶等方式进入环境，对土壤和地下水造成污染。虽然煤矸石中含有大量的有用矿物，如铝、硅、铁等，但由于技术和经济等因素，这些资源的利用率还相对较低。

### 2. 废塑料、废玻璃、废旧衣物等低值化废旧物资回收率低

我国是全球最大的塑料消费国和废旧塑料产生国。由于废旧塑料的产生量日益增大，对环境的压力日益增大。目前，物理回收已经取得了一定的进展，但在化学回收和能源回收方面仍有很大的潜力。

尽管废旧玻璃、废旧衣物等是可以循环利用的材料，但是在我国，其回收率相对较低。主要原因：一是收集系统不完善。塑料、废玻璃、废旧衣物等低值化废旧物资的收集系统不完善，垃圾分类落实不到位，许多废物不能被适时且正确地分类并收集，使得回收过程变得复杂和费力。二是处理技术有限。对于一些低值化的废旧物资，尤其是复杂的废塑料、废旧衣物，利用现有技术进行资源化处理是一项挑战。例如，塑料需要按照

类型进行分类，而且处理过程可能会产生有毒物质；废旧衣物的材质复杂，难以分离和回收。三是经济效益低。对于低值化的废旧物资，其回收和处理的成本可能会超过其可以带来的经济效益，这使得许多回收企业没有足够的动力去处理这些废旧物资。四是公众意识不强、政策支持不足。消费者对废物分类和回收的重要性认识不足，可能导致废旧物资被不正确地处理，进而影响回收效率。在一些地方，可能缺乏鼓励废旧物资回收的政策和法规。例如，对回收企业的补贴不足，或者没有对废物排放进行足够的规制。

### 3. 技术装备水平不高，部分关键技术尚未突破，高附加值、规模化利用能力不足

固废资源化利用是一种通过技术手段将固体废物转化为可用资源的过程。由于我国固废类型多样，固废资源化利用涉及的技术领域广泛，从物理分离到化学转化，再到生物降解等，需要进行的技术研发和装备制造涉及多个领域，对技术人员的综合素质和创新能力要求较高。目前我国在这方面的研发投入相对较少，技术装备水平不高，技术创新和应用难度大，一些关键技术和设备仍需依赖进口。

相比之下，德国是全球固废资源化利用技术的领导者之一，其处理和利用固废的技术和设备在全球范围内都处于领先地位。第一，废物分类技术。德国的废物分类技术十分先进，他们实施了详细且严格的废物分类政策，可以将废物分为多个类别以便于进一步处理。这个过程中使用了各种先进的设备和技术，包括自

动化分拣系统和高级的传感器技术。第二，德国在废物再生利用方面也有显著的技术优势。他们采用的一些先进技术，如物理、化学和生物处理技术，可以将各种废物转化为可再利用的资源。德国在废电子产品处理方面有着高水平的技术装备，可以有效地回收并利用废电子产品中的各种有价值的材料，如稀有金属和稀土元素。

### 4. 新兴固废缺乏有效利用途径和技术路线

由于科技进步和生活方式改变，新兴固体废弃物，如电子垃圾、报废新能源设备和快递包装废物，正在成为新的挑战。这些废弃物的类型和数量在迅速增加，而有效的利用途径和技术路线却相对匮乏。

电子垃圾，或者被称为电子废弃物，包括废弃的电脑、手机、电视和其他电子设备。它们含有一些有价值的元素，如金、银和铜，但也含有一些有害物质，如铅、汞和镉。目前，对电子垃圾的回收利用主要依赖于手动拆解和化学提取，但这些方法效率低且环境污染大。随着信息技术和电子设备快速发展和更新换代，电子垃圾产生量呈稳步上升趋势。然而，处理电子垃圾的能力却远远无法跟上电子垃圾产生的速度。据统计，全球范围内，仅有 17.4% 的电子垃圾被收集并得到了妥善回收[①]。

---

① INTERNATIONAL ENERGY AGENCY PHOTOVOLTAIC POWER SYSTEMS PROGRAM. End-of-Life Management of Photovoltaic Panels: Trends in PV Module Recycling Technologies. Report IEA-PVPST12-10, January 2018.

报废新能源设备。随着新能源技术的发展，如太阳发电、风力发电等在使用一定年限后会形成大量的废弃物。这些废弃物的回收和利用问题尚未得到充分解决，主要原因是设备内部含有多种材料，且往往难以分离[1]。这些设备包括光伏电池板、逆变器、电池等，如果处理不当，不仅会浪费大量的珍贵资源，也可能对环境造成严重的影响[2]。

快递包装废物。随着电子商务的发展，快递包装废物的数量也在急剧增加。这些废物中大部分为塑料和纸制品，对环境造成很大压力。快递包装废物的资源化利用是一个非常重要的环保问题，也是实现循环经济和可持续发展的关键措施。

### 5. 法律体系尚不完善

现行的法律体系在工业资源节约领域尚不完善，未能有效地指导和规范资源的节约、集约和循环利用。主要问题包括：缺乏一部统领性的基本法律，相关领域的法律系统性明显不足，以及再生资源回收利用相关政策法规的协同性不足。

---

[1] Wambach, Schlenker, S., Müller, A., Klenk, M., Wallat, S., Kopecek, R. and Wefringhaus, E. (2006). The second life of a 300 kW PV generator manufactured with recycled wafers from the oldest german PV power plant, 21st European Photovoltaic Solar Energy Conference and Exhibition 2006, Dresden, pp. 20-21.

[2] Emmanuel Ndzibah, Giovanna Andrea Pinilla-De La Cruz, Ahm Shamsuzzoha. End of life analysis of solar photovoltaic panel: roadmap for developing economies [J]. International Journal of Energy Sector Management, Volume 16 Issue 1, 2022.

第一，缺乏统领性的基本法律。我国当前还没有一部专门的、高位阶的基本法律来统领资源利用的全过程。这就需要我们立法部门提出一部全面覆盖资源管理的基本法律，对政府、企业、社会组织和个人在资源利用方面的权利与义务进行明确，以便更好地管理和调控资源的使用。

第二，法律系统性不足。现行的法律体系不能全面覆盖资源的收集、处理、回收、再利用等各个环节，某些环节的管理缺乏明确的法律依据。法律覆盖范围不全、法律更新滞后、法律对于资源利用的引导作用不明确。这将可能阻碍资源利用法规的全面、有效执行。

第三，政策法规的协同性不足。再生资源回收利用相关的政策法规之间存在冲突或矛盾，阻碍了资源的有效利用。例如，不同地方对"资源"和"废物"的定义不一，存在明显差异，一些地方将上游的废弃物回收加工业务认定为循环利用，却将下游的深加工生产环节视为高耗能项目，进行限批或缓批。这种做法不仅无助于推动资源的有效利用，反而可能成为资源利用效率提升的障碍。

## 二、工业资源节约的目标、途径和重点工程

### （一）工业资源节约的主要目标

到 2025 年，钢铁、有色金属、化工等重点行业工业固废产

生强度[①]下降，大宗工业固废的综合利用水平显著提升，再生资源行业持续健康发展，工业资源综合利用效率明显提升。力争大宗工业固废综合利用率达到57%，其中，冶炼渣达到73%、工业副产石膏达到73%，赤泥综合利用水平有效提高。主要再生资源品种利用量超过4.8亿吨，其中废钢铁3.2亿吨、废有色金属2000万吨、废纸6000万吨。

## （二）工业资源节约的途径

工业资源节约是指在工业生产过程中，通过改进生产工艺、采用高效设备、改善管理方式等手段，尽可能减少资源的消耗，实现资源综合利用。

### 1. 建设生态工业园区

建立模仿自然生态系统中的循环过程的工业系统，旨在将工业生产系统与自然环境融为一体，形成"人、产、环"和谐发展的工业生态系统。其最大特点就是将一个工业生产的废弃物转化为另一过程的资源或原料。企业之间通过废物交换和共享资源来最大化地利用资源，减少废物产生和能源消耗。

例如，苏州工业园区积极采取绿色低碳的发展理念，推广清洁生产，鼓励循环经济，优化能源结构，大力发展绿色建筑，构

---

① 工业固废的产生强度通常是通过计算单位产量产品所产生的固废量来度量的。总量则直接反映了一定时间段内，这些行业所产生的工业固废的数量。

建生态工业系统，实现经济社会和环境的协调发展。例如，园区内设有废弃物分类处理系统，通过回收和再利用减少废弃物产生，保护了环境并节约了资源。

### 2. 工业资源综合循环利用

工业资源的综合利用主要指的是对工业废弃物、工业副产品、工业废气、工业废水等进行再利用，以实现资源的最大化利用，减少环境污染。

第一，资源回收。一些工业固体废弃物中含有一定的资源，如金属、非金属等，可以通过回收技术进行提取和利用。第二，能源化利用。一些工业固体废弃物可以用作能源，如废旧轮胎、废塑料等，可以通过热解、气化等技术进行能源回收。第三，物料回收。一些工业固体废弃物可以用作原材料，如废石膏、废旧建筑材料等，可以通过物料回收技术进行再利用。

### 3. 轻量化与减量化

轻量化和减量化是当今工业生产中的重要发展趋势，也是实现可持续发展、节约资源和保护环境的重要途径。轻量化主要指通过材料科学和工程技术，研发和使用密度低、强度高、功能优越的新型材料，以减轻产品的重量。例如，在汽车制造、航空航天等领域，已广泛使用高强度钢、铝合金、镁合金、碳纤维复合材料等轻质材料。轻量化可以有效减少资源能源消耗，降低环境污染。

减量化主要指通过改进设计、优化工艺、提高材料利用率等手段，减少材料的使用量。例如，采用精细化设计和高精度加工技术，可以减少零部件的尺寸和重量；应用新型结构和布局，可以降低材料浪费；推广再制造和循环利用，可以减少新材料的需求。减量化有助于节约资源，减少废弃物产生，推动循环经济发展。

在工业制造过程中，从工艺选择、设备配置到产品设计，每一个环节都应秉持减少资源消耗和废物产生的重要原则。工艺选择，应当优先考虑那些能够在生产过程中最大限度地降低资源耗用的工艺；设备配置环节，应优先选择那些在使用过程中能够降低能源消耗、减少排放、增加生产效率的设备；产品设计时，也应当尽可能地采用易回收、易拆解、易降解，以及无毒无害或低毒低害的材料和设计方案。

## （三）推进四大工程实施力度，实现工业资源高效循环利用闭环管理

通过资源分类回收体系建设工程、工业固废综合利用提质增效工程、再生资源高效循环利用工程和工业资源综合利用能力提升工程等四大工程，实现资源的高效利用和循环利用，减少废弃物的产生，保护环境，推动相关产业的发展，带动经济的持续健康发展。

### 1. 资源分类回收体系建设工程

建立完善的资源分类标准。为确保资源分类回收的有效性，

需要制定和执行一套清晰明确的资源分类标准。这些标准应包括对不同类型的废弃物如何分类、如何存储、如何处理等问题的具体指导。

加强对资源分类回收的监管，保证资源分类回收工作的正常进行。对违反规定的行为，应进行严厉的惩罚。政府应制定一系列的政策，鼓励和支持资源分类回收。这些政策可能包括税收优惠、资金支持、优先采购等。

### 2. 工业固废综合利用提质增效工程

将继续推动工业固废规模化高效利用的步伐。将重点关注提高工业固废综合利用水平的薄弱环节和产业堵点，努力提高对复杂难用固废的综合利用能力。例如，将加强推动磷石膏综合利用量和效果同步提升，同时提高赤泥的综合利用水平。此外，还将通过推动技术升级和优化产业结构，以减少工业固废的产生。

### 3. 再生资源高效循环利用工程

将继续推动再生资源规范化利用，重点推动再生资源的高值化利用。为解决当前社会关注的热点难点问题，将完善废旧动力电池的回收利用体系，深化废塑料的循环利用，探索固废综合利用的新路径。这些工作的实施，将促使再生资源得到更好的利用，为保护环境和推动绿色经济发展作出贡献。

### 4. 工业资源综合利用能力提升工程

将从多个方面提升行业发展能力。首先，强化跨产业、跨地区的协同利用，推动工业装置协同处理城镇固废，这将有助于资源的有效利用和环境的保护。其次，推进关键技术的研发、示范和推广，这将提高工业资源综合利用的技术水平和效率。最后，加强数字化赋能和示范引领，以提升整个行业的管理效率和创新能力，从而为工业资源综合利用的持续健康发展提供强有力的支撑[①]。

## 三、全面推进工业资源节约工作

### （一）加强工业资源节约的政策法规建设

不断优化和完善相关法律体系，提高资源利用法规的系统性和协同性，确保法律能真正发挥其应有的引导和规范作用。

#### 1. 完善工业资源利用、保护和节约的基本法律规范

修订和完善《循环经济促进法》，将其升级更名为《循环经济法》，作为我国资源节约集约循环利用的基础性、全局性的法

---

① Magdalena Rusch, Josef-Peter Schöggl, Rupert J. Baumgartner. Application of digital technologies for sustainable product management in a circular economy: A review, Volume32, Issue3 Special Issue: Circular Disruption: Concepts, Enablers and Ways Ahead, Business Strategy and the Environment, March 2023, pp.1159-1174.

律。这是我国工业资源节约法律体系的核心组成部分，对推动工业资源利用效率提高具有引领作用。从全生命周期的角度出发，遵循源头减量、过程控制、循环产业链构建、废弃物再生利用、绿色消费等原则，对资源利用进行全链条管理，从而使工业资源利用的全过程更加高效、节能和环保。

统筹考虑各种类型工业资源开发过程中的节约集约利用。对于大宗固体废物，应积极推动其综合利用，实现废弃物的资源化。在城市垃圾处理方面，优先考虑资源化利用。对于报废汽车、废家电等典型消费品，应加强再生利用，减少环境污染，节省资源。

完善法规标准体系。设立工业资源综合利用行业的标准化技术组织，以加速行业标准的制定和修订。

## 2. 进一步构建以全面工业资源节约和循环利用为核心的法律法规体系

法律法规体系是推进工业资源节约和循环利用的重要保障。梳理并统筹制修订我国在资源节约集约循环利用方面的法律法规，填补当前法律在规范对象和措施上的空白，完善工业固废综合利用、再生资源回收利用、垃圾资源化等方面的法律法规；研究和制定工业资源综合利用的管理方法，鼓励地方政府出台地方性法规。形成覆盖全面、科学规范、严格有效的工业资源全面节约的制度体系，为我国工业资源全面节约工作提供有力法律保障。

### 3. 建立绿色产业鼓励政策和能耗"双控"制度政策协同

完善高耗能项目的评定标准，这涉及对行业分类、产品分类、原材料以及能源使用情况、能效水平和生态环境效益的综合考虑。当进行能耗总量控制指标调整时，应适当向再生资源加工生产等行业倾斜，这将进一步提升资源的使用效率。

要明确地将再生资源行业定位为绿色产业，那些被列入《产业结构调整指导目录》中的"环境保护与资源节约综合利用"类别，以及被纳入《绿色产业指导目录》中的产业，将不再受到"两高"或高耗能相关政策的限制。

优化再生资源行业在增值税、财政补贴、绿色金融等方面的优惠政策，完善再生用品标识等制度，加大政府采购的力度，引导社会消费。充分利用国家和地方的资金、金融渠道以及社会资本，支持工业资源综合利用项目的建设，以及强化土地保障。落实资源综合利用的税收优惠政策，以进一步鼓励资源的综合利用。推动国内再生资源行业的快速发展，从而实现全面提升资源利用效率的目标。

## （二）重点推动大宗固体废弃物综合利用

大宗固体废弃物指单一种类年产生量在 1 亿吨以上的固体废弃物，包括煤矸石、粉煤灰、尾矿、工业副产石膏、冶炼渣、建筑垃圾和农作物秸秆七个品类，是资源综合利用重点领域。2021年，国家发展改革委联合九部门印发《关于"十四五"大宗固体废弃物综合利用的指导意见》，明确了新时期大宗固废综合利用的主要领域和目标要求，提出了统筹推进大宗固废综合利用效率稳步提升、绿色发展全过程推进、技术模式创新发展的重点任务，提出了实施资源高效利用行动，全力推动资源综合利用实现新进步。

## 1. 加大尾矿、共伴生矿、非金属矿、废石等资源的高效利用

尾矿及共伴生矿的处理和利用是一个重要工业资源利用问题。这些资源，虽然在原有的生产过程中被视为副产品或废弃物，但是在适当的处理和利用下，它们可以变成宝贵的原料，对工业生产和环境保护都有重大的意义。

第一，加大尾矿替代水泥原料、协同生产建筑材料、沥青路面替代材料的力度。对于尾矿、共伴生矿、非金属矿、废石这些工业副产物，可以进行有用组分（如硅酸盐、铝酸盐）的高效分离提取以及高价值的利用，不仅减少对原有资源的消耗和环境影响，也为建筑材料行业提供新的原料来源。

第二，推广低成本高效的胶结充填技术。该技术可以用于尾矿的回填和尾矿库的复垦，有效地减少了尾矿库的占地面积，减轻了对环境的压力。也可以改善矿区的环境，提高土地的利用率。

第三，鼓励利用尾矿、废石生产砂石骨料。这是一种实现工业副产物再利用，推动绿色、可持续发展的有效方式。

第四，探索尾矿在生态环境治理方面的无害化利用及增值。

例如，某些尾矿中含有的铝、钛、铅、锌、镍、铁、铜等[1]，可以通过特殊的处理方法，如化学沉淀、生物吸附等进行尾矿再开采，它对于减少环境破坏、从废物中获取有价值的关键矿物质[2]，促进更可持续的循环利用和尾矿处置方法至关重要。这既是对资源的最大化利用，也是为我国环境治理提供了新的工具和途径。

**2. 煤矸石资源化利用**

与煤炭开采活动相关的煤矸石累计量大幅增加，成为最大的工业废弃物之一。煤矸石是煤炭开采和洗选过程中产生的固体废物，约占煤炭总产量的10%~15%[3]。2022年，中国煤炭产量55亿吨，煤矸石约8亿吨，累计量超过60亿吨。煤矸石长期以来被视为环境污染的重要源头，但随着科技的发展，煤矸石的资源化利用已经成为可能。

着力开展煤矸石的多元素、多组分的梯级利用，将煤矸石转化为高附加值的产品，进而推进其高值化利用。第一，开展煤矸

---

[1] Vaughan J, Tungpalan K. Parbhakar-Fox A et al Toward closing a loophole: recovering rare earth elements from uranium metallurgical process tailings. 2021, 39-53. https://doi.org/10.1007/s11837-020-04451-7.

[2] Vitti, C., Arnold, B.J. The Reprocessing and Revalorization of Critical Minerals in Mine Tailings. Mining, Metallurgy & Exploration 39, 2022, pp.49-54. https://doi.org/10.1007/s42461-021-00524-6.

[3] Jiayan Li, Jinman Wang. Comprehensive utilization and environmental risks of coal gangue: A review [J]. Journal of Cleaner Production, 2019, Volume 239.

石生产净水材料、胶结充填专用胶凝材料以及煤矸石制备陶粒等高附加值产品研发。这些产品既具有广泛的市场需求，也符合环保、高效、创新的发展方向。特别是在净水材料和胶凝材料，为提高煤矸石的利用率注入新的活力。第二，加大采空区煤矸石回填、煤矸石充填和筑基修路的力度，有效解决煤矸石的存放问题和煤矸石的资源化利用问题。探索煤矸石在建筑材料和绿化复垦领域的应用。第三，推进煤矸石生产新型墙体材料、复垦绿化等规模化利用方式。

煤矸石的资源化利用是一个系统工程，需要政府、企业和科研机构的共同努力，实现从煤矸石的资源回收到产品研发和市场应用的全链条推进。目前，煤矸石产品在市场上的竞争力较差，需要政府给予一定的政策支持。

### 3. 粉煤灰资源化利用

针对粉煤灰的资源化利用，在风险可控的前提下，采取一系列行动，最大限度地发挥其潜在价值。第一，积极探索推动粉煤灰有用组分的提取，特别是将其应用到农业领域。这不仅能够利用粉煤灰的有益成分改善土壤条件，还能减轻粉煤灰对环境的潜在影响。第二，扩大粉煤灰在建材领域的应用规模，开发应用大掺量粉煤灰混凝土技术。通过将粉煤灰用于混凝土制造，不仅可以显著减少混凝土生产过程中的碳排放，也能提高混凝土的耐久性和强度。第三，改造提升粉煤灰生产砌块等新型建材产品的技术水平和产品质量。通过改进生产工艺和提升技术能力，提高粉煤灰制品的质量和性能，使其更好地满足市场需求。第四，积极培育市场和专业化企业,大幅提高粉煤灰规模化应用比例。通过提供政策支持、技术指导和市场推广等方式,帮助企业增强粉煤灰资源化利用的能力。

### 4. 冶炼渣的资源化利用

冶炼渣的资源化利用是一个重要的工业资源利用领域。第一,积极倡导对高炉渣、钢渣、尾渣进行分级利用,实现规模化应用。通过对冶炼渣根据其成分和性质进行分类,为其寻找最适合的利用方式,实现废物的减量化和资源化。例如,高炉渣可以用于生产水泥,而钢渣则可以用于制造混凝土。第二,推动钒钛冶金渣提取有用组分和含重金属冶金渣无害化处理利用工作。这项工作有助于从这些废弃物中提取出有用的元素,如钒和钛,同时也将有效地控制和管理这些渣中可能存在的重金属污染,从而防止其对环境造成潜在的危害。第三,推广技术先进、能耗低、耗渣量大、附加值高的产品,实现钢渣的"零排放"。

### 5. 工业副产石膏的资源化利用

工业副产石膏的资源化利用是一种符合环保和可持续发展理念的产业发展模式。在环境和资源约束下,工业副产石膏的资源化利用尤为重要。第一,推广脱硫石膏、磷石膏等工业副产石膏替代天然石膏的利用,推动副产石膏分级利用,扩大副产石膏生产高强石膏粉、纸面石膏板等高附加值产品规模。第二,鼓励工业副产石膏综合利用产业集约发展,通过集约化发展,可以进一步提高资源利用效率,降低生产成本,提高产品竞争力。第三,政府相关部门应加强对工业副产石膏资源化利用的政策支持和技术引导，加大科研力度，开发新的副产石膏利用技术和产品，推动产业发展。通过上述途径，可以有效推动工业副产石膏的资源化利用，实现经济效益和环境效益的双重提升。

## （三）推动废旧塑料、报废可再生能源设备和快递包装资源化利用

### 1. 废旧塑料资源化利用

废旧塑料资源化利用是工业资源利用的重要内容。物理回收、化学回收、能源回收和生物降解是废旧塑料资源化利用的主要方式。第一，物理回收是废旧塑料利用的最常见方式，主要是将废旧塑料经过清洗、粉碎、熔融、造粒等步骤，生产出可供制造新塑料产品的再生塑料颗粒。这种方式适用于纯度较高的废旧塑料，但对于包含多种类型塑料的混合废塑料处理起来较困难。第二，化学回收是将废旧塑料通过化学反应转化为基本的化学原料，如石油、气体或者单体等。主要方式有裂解、气化、水解等。与物理回收相比，化学回收可以处理更复杂的废塑料，如多层复合塑料、塑料和纸的复合物等。第三，能源回收是通过燃烧废旧塑料来生成热能或电力。这种方式的优点是可以处理大量废塑料，而且适用于质量较差的废塑料。但燃烧废塑料可能会产生有害的空气污染物。生物降解是一种利用微生物分解塑料的方式。目前这种方式主要适用于生物降解塑料，对常见的塑料如聚乙烯、聚丙烯等效果有限。

为了提高废旧塑料资源化利用，一要鼓励实施废旧塑料的分级分类回收制度，提高废旧塑料的回收率，减少废旧塑料的环境污染。二要鼓励废旧塑料产生者、回收者、处理者和再生塑料制品生产者等构建合作网络，形成废旧塑料资源化利用的产业链。推进废旧塑料回收和再利用技术的创新，提高废旧塑料资源化利用的效率和质量。三要推广使用再生塑料制成的产品，通过市场机制推动废旧塑料资源化利用的发展。

**2. 报废光伏设备资源化利用**

随着全球光伏市场的迅速扩张，由于光伏电池板的平均寿命为20～30年，很快就会产生大量光伏电池板废料[1]。光伏确保能源的清洁和可再生，这对于可持续发展的社会至关重要。虽然光伏发电对人类有益，但当其使用寿命到期时，就会对环境造成危害。光伏设备报废后，会形成包括太阳能电池板、逆变器、硅片、玻璃等废物。其中，太阳能电池板和逆变器等电子设备中含有大量的有价值的元素，如硅、银、铜、铝、锂等。如果能有效地回收和再利用这些元素，不仅可以大大降低光伏产业的环境影响，而且可以大幅度降低新设备的生产成本，进一步提升光伏产业的经济性。据估计，到2050年，从报废太阳能光伏板中回收材料的技术潜力可能超过百亿美元。

如何有效地资源化利用这些废旧光伏设备，减少环境污染，

---

[1]　S. Kim et al. Closed-loop supply chain planning model for a photovoltaic system manufacturer with internal and external recycling [J]. Sustainability, 2016.

至关重要[①]。为此建议：

第一，建立废旧光伏设备的回收体系。制定强制性的光伏设备回收法规，或者通过设置回收目标和激励机制来鼓励回收。政府和企业需要共同努力，建立起一个高效、规范的废旧设备回收网络。第二，鼓励技术研发，提高回收技术的水平。这包括专门的设备拆解和材料分离技术，以及安全、高效的材料再利用或处置技术。发挥高校和研究机构的作用，为实现光伏废旧设备的高效回收和再利用提供技术支持。第三，推动光伏设备在设计时就考虑其可回收性。在光伏设备设计阶段，应该考虑如何在报废后更方便地回收和再利用设备中的各种材料。这可能需要设计出新的设备结构，或者选择新的材料。第四，推动报废光伏设备中的玻璃的再利用。光伏电池板的主要部分是玻璃，可以通过回收和再利用这些玻璃，大幅度减少新玻璃的生产，从而节约能源，减少环境污染。

### 3. 加快废旧锂电池资源化利用

新能废旧锂电池的产生与新能源产业和电动汽车产业发展密切相关。废旧物资主要来自三个方面：一是电池材料厂的边角料和实验料，这些是生产过程中的剩余物料，虽然数量不大，但是其含有的稀有元素如锂、钴等有很高的回收价值。二是电芯厂生

---

① Xintong Wang, Jingguo Xue, Xueliang Hou. Barriers analysis to Chinese waste photovoltaic module recycling under the background of "double carbon" [J]. Renewable Energy, 2023, Volume 214. pp.39-54.

产过程中的正负极片边角料和残次品，这些是生产过程中的废弃物，其含有的有价元素同样有很高的回收价值[1]。三是终端市场的退役电池，如报废的电动汽车、手机、电动自行车等的废电池，这部分废旧锂电池的数量大，如果能有效回收利用，既可减少环境污染，又能节约宝贵的矿产资源[2]。

为了加快废旧锂电池的资源化利用，我国需要在政策、技术和市场等多方面进行努力。政策方面，应加大对废旧锂电池回收的扶持力度，比如提供税收优惠、补贴等，同时严格规定并监督废旧锂电池的回收处理[3]。技术方面，应加大对废旧锂电池回收技术的研发投入，提高回收的效率和效果[4]。市场方面，应建立健全废旧锂电池的回收网络和体系，提供便捷的回收服务，鼓励更多的人参与到废旧锂电池的回收利用中来。

**4. 加大快递包装废物的资源化利用水平**

推动快递包装废物的资源化利用，应从以下几个方面实现。

---

[1] Wang B, Lin X Y, Tang Y, et al. Recycling $LiCoO_2$ with methanesulfonic acid for regeneration of lithium-ion battery electrode materials [J]. Journal of Power Sources, 2019, 436: 226828.

[2] 张英杰，宁培超，杨轩，等. 废旧三元锂离子电池回收技术研究新进展 [J]. 化工进展，2020, 39 (7): 2828-2840.

[3] 中国有色金属工业协会. 2021 年中国废旧锂电池资源化利用报告. 2021.

[4] Recovery of valuable metals from spent lithium ion battery and the resynthesis of $Li(Ni_{1/3}Co_{1/3}Mn_{1/3})O_2$ materials [J]. 化工进展，2019, 38 (5): 2499-2505.

第一，鼓励快递公司回收包装材料。纸箱和塑料袋是快递包装废物的主要组成部分，这些都可以通过回收再利用的方式进行处理。纸箱可以被回收并转化为再生纸或纸浆，塑料袋也可以被回收并转化为再生塑料。一些塑料袋和填充物可以通过生物降解的方式进行处理。生物降解塑料在一定条件下可以被微生物分解，变成水、二氧化碳和生物质，从而减少对环境的影响。第二，促进绿色包装的使用。推广使用可降解或可再生的材料等替代传统的包装材料。例如，使用玉米淀粉制成的可降解塑料袋替代传统的塑料袋，或者使用可再生纸箱替代传统的纸箱。第三，在设计阶段就考虑到包装废物的资源化利用。例如，优化包装设计，减少包装材料的使用，或者设计易于拆卸和分离的包装，便于回收和再利用。第四，强化法规和政策引导。对包装废物的产生、回收和处理进行规范，鼓励企业和个人参与到包装废物的资源化利用中来。

## （四）推动工业资源节约创新

### 1. 创新工业资源节约技术和装备

加强对钒钛磁铁矿、有色金属、贵金属等矿产中的共伴生元素的综合回收利用方面的科技攻关，致力于研发能源有效且环保的技术和装备。这些技术应侧重于实现多源固废的源头减量和减害，同时追求其高值利用，以提高经济效益并减小对环境的影响。

鼓励企业发挥其技术和市场优势，建立重点实验室、技术创新中心、产业技术创新联盟等研发平台。这些平台可以集聚多方力量，加强研究和开发，推动新的技术和产品的出现。

倡导产学研用融合的发展模式，将研究成果转化为实际应用，将理论知识运用到生产实践中，推动技术进步和产业升级，实现可持续发展。

### 2. 创新工业资源节约模式

创新工业资源节约模式可以下几个方面展开。第一，积极鼓励多个产业之间的协同利用，以达到资源共享和互补的目的。尤其是大宗固废综合利用产业，应与上游的煤电、钢铁、有色金属、化工等产业形成紧密的协同发展关系，共享资源，减少废弃物，增强综合效益。第二，以"梯级回收＋生态修复＋封存保护"为重点，从源头减少废弃物的产生，同时提高废弃物的资源化利用率，并对废弃物产生的环境破坏进行有效修复，以保护生态环境。这种方式不仅提高了资源的利用效率，同时也保护了生态环境，符合绿色矿山建设的理念。第三，推动钢铁冶金行业实施"固废不出厂"的全量化利用模式。这种模式要求企业将产生的所有固废在厂内进行全面的综合利用，不仅可以有效减少固废的外排，也可以大大提高资源的利用率，从而实现资源的最大化利用，推动循环经济的发展。

### 3. 建立健全相关的法律法规和标准体系

为推动工业资源节约创新，政府应健全与之相关的法律法规体系，制定一系列与资源节约及环境保护相关的政策标准。比如，可以设定各类工业生产对能源和资源消耗的上限、废弃物处理及再利用的最低标准等，同时加大对环境违法行为的法律制裁力度。此外，政府也可通过设立绿色信贷、税收减免、补贴等政策，对那些积极实践节约资源的企业进行奖励和鼓励。

### 4. 加强国际合作

在技术和资源利用上开展广泛的国际合作，学习和引进国际先进的资源节约和环保技术，同时分享我们的成功经验和模式。我们可以在资源利用、环保技术、环保产品等领域与其他国家和地区进行深度合作，共享技术和市场，推动全球的环保进程。

## 第三节　全面加强建筑领域资源节约工作

### 一、推进城乡建设用地节约集约，提升土地资源利用效率

城乡建设是推动绿色发展、建设美丽中国的重要载体。党的十八大以来，我国人居环境持续改善，住房水平显著提高，同时仍存在整体性缺乏、系统性不足、宜居性不高、包容性不够等问题，大量建设、大量消耗、大量排放的粗放建设方式尚未根本扭转。2021年10月，中共中央、国务院印发的《关于推动城乡建设绿色发展的意见》中明确提出：推进城市更新行动、乡村建设行动，加快转变城乡建设方式，促进经济社会发展全面绿色转型，为全面建设社会主义现代化国家奠定坚实基础。

#### （一）城乡建设用地节约集约利用现状及形势

土地资源是人类赖以生存和发展的根基，是重要的生产生活要素，也是生态文明建设的重要内容。城乡建设用地是城市

（镇）建设用地和农村建设用地的总称，主要包括城镇工矿用地和农村居民点用地。我国城乡建设用地由城乡建设部门按照批准的城镇规划，实施统一的规划管理。按规定办理征用、划拨、使用的审批手续。

### 1. 我国城乡建设用地节约集约利用现状

依据 2021 年公布的全国第三次土地调查结果显示，2019 年末全国建设用地总量（包括城乡建设用地、交通水利设施用地、其他建设用地）为 6.13 亿亩[①]，较"二调"时期（2009 年末）增加 1.28 亿亩，增幅为 26.5%。同期国内生产总值从 33.53 万亿元增长至 99.08 万亿元，增长幅度接近两倍，常住人口城镇化率从 48.34% 提高到 62.71%[②]，10 年来全国建设用地总量的增加与经济社会发展的用地需求总体相适应。

从"三调"数据分类看，全国 2019 年末城乡建设用地达到 4.84 亿亩，较"二调"时期（2009 年末）增长了 0.88 亿亩，增幅为 22.2%。其中城镇建设用地总规模达到 1.55 亿亩，节约集约程度不够问题依然突出，一些地方存在大量低效闲置土地。全国农村建设用地总规模达 3.29 亿亩，总量较大，布局不尽合理。城乡建设用地盘活利用具有较大潜力。

### 2. 城乡建设用地面临的形势

当前，随着我国社会经济的快速发展与绿色转型，我国城乡

---

① 第三次全国国土调查主要数据公报（2021 年 8 月 25 日）.
② 2020 年全国经济统计年鉴.

建设用地面临着新的形势。

**（1）建设用地供应进入需求导向、增存并举的转型期。**"十四五"时期我国深度工业化和城镇化的空间依然广阔，经济社会发展对土地资源的需求仍然旺盛，但受全球经济增长乏力影响，建设用地需求增速放缓。在全球产业链和分工格局调整重构的影响下，我国加快新旧动能转换和形成国内市场驱动的发展模式，将带来土地资源需求结构的重大调整。工矿仓储等传统生产性用地需求呈现下降趋势，战略性新兴产业、新基建等领域的用地需求呈现上升态势，生活性、生态性用地需求日益增加。与此同时，过去几十年来我国工业化和城镇化快速发展产生了大量存量建设用地，闲置和低效利用情况突出。据 2020 年初统计，全国共有 2017 年底前批而未供土地约 1450 万亩、闲置土地 240 余万亩；截至 2019 年 4 月，全国认定城镇低效用地 862.2 万亩[①]。在需求结构升级和生态环境约束趋紧的双重压力下，加快土地资源供给侧结构性改革、建立高质量供给体系的要求更加迫切，土地资源供应将进入结构调整、存量挖潜、提质增效的新阶段。

**（2）土地开发保护格局进入深度调整的关键期。**"十四五"时期，区域经济发展分化态势明显，全国经济重心进一步南移，发展动力极化现象日益突出，经济和人口向大城市及城市群进一步集聚，同时乡村振兴战略深入实施，部分地区开始出现逆城镇化，城乡人口双向流动，将使区域、城乡土地资源供需不平衡呈现不断分化、持续扩大趋势。同时，城市内部空间结构不平衡的

---

① 2021 年自然资源统计公报．

问题依旧突出，多年来我国工矿仓储用地占建设用地供应总量的比重保持在20%以上，东部7个省份平均工矿仓储用地占城市建设用地比例超过30%最高限规划标准，相比发达国家城市用地结构中工业用地一般仅占15%，东京（3.5%）、纽约（3.8%）、伦敦（4.7%）、新加坡（6.8%）等世界性城市比重不足7%[1]。随着国家区域协调发展战略、以人为核心的新型城镇化战略的深入推进，优化土地利用结构和布局的要求更加迫切。

（3）**生态保护与土地开发进入协同推进的窗口期**。我国生态文明建设正处于压力叠加、负重前行的关键期，生态系统质量持续好转但治理成效并不巩固，全面推动绿色发展对土地节约集约利用提出了更高要求。"十四五"时期城乡建设用地总量还将进一步增长，各类开发建设活动带来的资源消耗和污染物排放增加了生态保护和治理的压力和难度。目前我国土地资源粗放利用和浪费现象依然突出，2018年全国人均城镇工矿建设用地面积为146平方米、人均农村居民点面积为317平方米，远超过国家标准上限，距绿色生产和生活方式的要求仍有不小差距。随着新发展理念的贯彻落实，经济社会发展全面实现绿色转型，必须更加注重生态保护与土地资源开发的协同推进。

（4）**提升土地资源治理能力进入攻坚期**。土地资源管理制度改革持续深入推进，但重点领域和关键环节改革任务依然十分繁重，束缚和阻碍市场充分发挥作用的体制机制性障碍仍未根本消除，制度建设和法治建设还不能满足治理体系现代化的要求，防

---

[1] 石忆，邵范华. 产业用地的国际国内比较分析[M]. 北京：中国建筑工业出版社，2010.

范化解土地财政等重大矛盾风险的任务更加繁重。同时，全球新一轮科技革命正处于实现重大突破的历史关口，我国创新驱动发展战略深入实施，加强信息、材料、生物等新技术与土地资源保护和开发利用相融合，开展节地技术和节地模式等领域科技攻关，是实现土地资源治理体系和治理能力现代化的时代要求与重要保证。

## （二）推进城乡建设用地节约集约利用工作进展

自然资源部（原国土资源部）一直持续推进土地的节约集约利用工作，尤其是2014年《节约集约利用土地规定》（中华人民共和国国土资源部令61号）发布以来，相关制度和政策体系不断健全完善，全社会节约集约用地意识逐步增强，各地实践经验不断创新积累，城乡土地节约集约利用取得了比较显著的进展。

### 1. 建立完善约束机制，遏制新增建设用地无序扩张

近年来，随着我国经济平稳健康运行，各地对于基础设施建设、产业发展、公共设施公益事业的用地需求依然比较大。同时，个别地方由于错误的政绩观影响，盲目追求形象工程、工程建设贪大求全，宽马路、大广场情形时有发生。对此，自然资源部重点抓了两方面的工作。

一是建立和完善建设用地"增存挂钩"机制。2018年印发了《自然资源部关于健全建设用地"增存挂钩"机制的通知》（自然资规〔2018〕1号），将批而未供土地和闲置土地的处置消

化情况，作为下达新增建设用地指标的重要依据。引导地方将各类建设由新增为主，转向新增与存量并重。增存挂钩实施以来，2018—2019年两年消化存量土地近900万亩，相当于2019年全年新增建设用地指标500万亩的1.8倍。二是不断健全和完善土地使用标准控制制度。制定了公路、铁路、机场等13个土地使用标准，印发了工业用地控制指标，建立了《禁止用地项目目录》和《限制用地项目目录》，各类项目建设不得突破上述土地使用标准，促进项目建设节约集约使用土地。

### 2. 不断完善各类产业用地政策，促进高质量发展

节约集约用地体现在支持产业发展上，就是要通过转变土地利用方式和提高土地利用效率释放更大的用地空间，保障新产业新业态发展和民生服务设施建设需求。2019年，《自然资源部办公厅关于印发〈产业用地政策实施工作指引（2019年版）〉的通知》（自然资办发〔2019〕31号），重点对土地用途管制、土地供应、地价管理、集体建设用地管理等方面政策的要点做了说明，加强对地方节约集约用地工作的指导和支持。鼓励节约集约用地的具体政策包括：一是鼓励利用未利用地及存量建设用地等，不占或少占耕地，严格保护永久基本农田。光伏、风力发电项目使用戈壁、荒漠、荒草地等未利用土地的，对不占压土地、不改变地表形态的用地部分，可按原地类认定。二是支持土地复合利用。鼓励开发区、产业集聚区规划建设多层工业厂房、国家大学科技园、科技企业孵化器，供中小企业进行生产、研发、设计、经营多功能复合利用。三是鼓励地下空间开发。对新建建筑

充分利用地下空间，超过停车配建标准建设地下停车场，并作为公共停车场向社会开放的超配部分，符合规划的，可不计收土地价款。

**3. 充分调动各类市场主体积极性，支持低效用的开发利用**

实现高质量发展，从土地要素保障的角度来讲，一方面要防止新增建设用地的无序扩张，另一方面要加大存量低效土地的盘活力度。低效用地主要是城市发展、产业升级到一定阶段，产生的布局散乱、利用粗放、用途不合理、建筑危旧的存量建设用地。这一类存量用地，盘活利用的问题主要在于：一是土地权利关系复杂，需兼顾平衡各方利益，协调难度大、周期长、成本高。二是激励措施不够，在土地取得方式、用途认定、价款缴纳等方面缺少鼓励优惠政策，各方参与积极性不高，一些社会资本"望而却步"。三是部分土地历史遗留问题多，特别是经济发达地区，由于早前集体经济发展迅速、"三来一补"（来料加工、来样加工、来件装配和补偿贸易）等加工贸易蓬勃兴旺，不少空置破败的旧厂房用地手续不全，需要既依法依规又实事求是地加以解决。为推动低效用的开发利用，原国土资源部于2016年印发了《关于深入推进城镇低效用地再开发的指导意见（试行）》，着重从5个方面提出针对城镇低效用地的再开发鼓励措施，包括：鼓励原国有土地使用权人自主或联合改造开发；积极引导城中村集体建设用地改造开发；鼓励产业转型升级优化用地结构；鼓励集中成片开发；加强公共设施和民生项目建设。文件印发后，各地积极推动工作，结合本地实际制定完善政策，广东、江苏、浙江等地工作成效比较显著。如广东自2008年开始启动"三旧改造"，至2019年年底先后出台《关于三旧改造实施的意见》等相关政策80余项，累计改造面积80.04万亩[①]。

### 4．鼓励改革创新，加强示范引领

从全国情况看，节约集约用地工作差异还是很大，各地发展阶段、工作重点不同。2012年开始，由自然资源部（原国土资源部）牵头，开展国土资源节约集约示范省共建、节约集约示范县（市）创建、节地技术模式推广应用等工作，支持地方在用地政策上改革创新，不断总结典型经验做法，加强推广应用，发挥示范引领作用。先后批准广东、江苏、浙江、湖北、山东开展节约集约示范省创建工作，结合省情，探索差异化的改革政策。节约集约示范县（市）创建活动10年来，通过指标引导、考评促动、典型示范，在全国树立了451个先进典型。2017年至今先后印发三批节地技术和节地模式目录，共总结推荐46个典型案例供各地学习借鉴。

## （三）城乡建设用地节约集约利用的实施路径

2022年党的二十大报告明确提出了"加快构建新发展格局，着力推动高质量发展；推动绿色发展，促进人与自然和谐共生"

---

[①] 广东累计实施"三旧"改造面积达80.04万亩. https://qingyuan.focus.cn/zixun/343af695105313bd.html.

的战略目标。报告指出："要坚持以推动高质量发展为主题，加快建设现代化经济体系，着力提高全要素生产率。推动经济社会发展绿色化、低碳化是实现高质量发展的关键环节。要加快推动产业结构、能源结构、交通运输结构等调整优化。实施全面节约战略，推进各类资源节约集约利用，加快构建废弃物循环利用体系。"

土地是最基础的资源和经济要素。党的二十大报告为今后一段时期推进节约集约用地，提高土地资源利用效率和效益促进社会经济高质量工作指明了方向。依据经济社会发展态势和资源需求变化，综合运用经济、行政、法律等手段开展土地供给管理，科学配置城乡土地资源，是深入贯彻二十大报告精神、深化供给侧结构性改革的基本遵循，是深入推进新型城镇化，推动形成绿色发展方式和生活方式的重要举措，也是提升自然资源治理水平、实现社会经济高质量发展的现实要求。

**1. 夯实法律保障**

通过完善法律法规体系保障节约集约用地管理有力实施。一是结合《土地管理法实施条例》等法规修订，进一步完善建设用地使用权转让、出租、抵押二级市场管理办法，丰富农村集体建设用地产权权能体系，细化宅基地管理和集体经营性建设用地入市政策规定，探索突破不同所有权土地置换、产业用地产权分割等法规空白或限制。二是结合《国土空间规划法》立法工作，进一步明确"五级三类"空间规划体系范畴，细化对存量建设用地再开发、地下空间开发利用等相关专项规划的编制实施要求。三是加快推进地下空间开发利用相关立法工作，建立完整的地下空间权利体系，厘清地下空间与地表空间权利关系，明晰集体建设用地地下空间所有权，以及完善地下空间使用权的取得、登记和转让等规定。

### 2. 强化规划引导

充分发挥空间规划对土地节约集约利用的战略引领和刚性管控作用，通过五级三类国土空间规划制定，从源头上推进建设用地控制总量、优化增量、盘活存量、释放流量、实现减量。一是注重在详细规划层面科学引导开发建设，加强控制性详细规划对新产业新业态混合用地和不同产业用地类型合理转换的引导，加强村庄规划对农村建设用地拆旧、建新、保留、保护等科学预测和安排，建立规划留白机制赋予规划弹性空间，减少规划预期与现实发展之间的偏差。二是健全存量建设用地盘活利用、地下空间开发利用等专项规划体系，完善相关规划理论与技术体系，明确规划思路、技术路线、成果要求等标准规范，并加强与国土空间总体规划、详细规划的衔接。

### 3. 完善政策体系

从规划管理、土地管理、开发建设管理、产权登记等全流程出发，健全节约集约用地的政策支撑体系。一是用地准入环节，重点明确新产业新业态准入条件、用途混合的兼容类型和比例等要求。二是土地供应环节，健全工业用地弹性年期出让和续期管理办法，与分阶段出让、土地租赁等供应政策协调配合；针对新产业新业态用地和城镇低效用地再开发，加强论证放开协议出让的可行性和相关要求。三是土地价款征收环节，制定新产业新业态用地地价计收指引，规范低效用地在开发过程中地价补缴标准，进一步激发市场活力。四是土地转让环节，着力解决交易规则不健全、交易信息不对称、权能不完整和监管缺位等问题，重点完善存量建设用地盘活利用相关配套政策，健全多途径低效用地退出机制，明确产业用地产权分割转让的政策要求。五是健全集体建设用地开发利用制度体系，完善宅基地用途转换审批备案制度和宅基地退出制度，完善盘活集体经营性建设用地入市路径，健全集体土地增值收益调节和分配制度。六是针对地下空间开发利用，加快制定统一的规划准入、土地供应、方案审查、工程审批、在建监管和复核验收等全过程管理办法。

### 4. 修订标准规范

制定完善全国统一的节约集约用地相关管理标准和技术规范。一是加快推进《工业项目建设用地控制指标》修订工作，适应新发展阶段工业用地和新产业新业态发展需求，综合体现精细化管理、底线管控和地方特色等要求。二是探索出台《工业用地出让年期指南》，研究制订适合不同区域、不同行业和不同规模企业发展特点的工业用地年限标准体系，提高全社会对弹性年期出让的接受度和认可度。三是尽快出台农村集体土地估价技术规程，推动各省加快建立集体建设用地和农用地基准地价体系；探索建立分层设立地下空间建设用地使用权的公示价格体系。四是加快其他相关用地标准和技术规范的升级完善，在《国土空间调查、规划、用途管制用地用海分类指南（试行）》的基础上，明确新产业新业态类型与土地用途分类的对应关系，建立符合乡村土地利用特点的集体建设用地分类标准；修订《土地使用标准汇编》，制定轨道交通地上地下空间综合开发相关用地标准，建立集体建设用地利用控制标准；鼓励各地细化制定城镇低效用地和闲置宅基地的认定标准。

### 5. 优化管理机制

健全完善政府和市场统筹的节约集约用地管理机制。一是加快建立城乡统一、一级和二级市场协调联动的现代土地市场体系，完善土地二级市场管理制度，加快土地二级市场平台建设，探索构建混合所有权用地入市交易的专项管理制度，推进国有土地公共资源交易平台和农村集体资产交易平台互联互通。二是优化土地供应方式，在全国重点城市鼓励推广工业标准的"在线"供地；制定出台轨道交通沿线和上盖物业与场站同步出让、差别化供应的配套政策。三是完善土地供应后监管机制，建立由属地政府牵头、多部门参与的联合监管和定期考评机制，健全配套惩处措施。四是优化存量土地再开发审批流程并强化监管，参照用地审批权下放办法，将城镇低效用地再开发的省级审批权限下放到市、县级行使；加强再开发全过程尤其是土地转让、指标交易等环节的监管，建立存量用地用途转换公示制度。

### 6. 加强部门联动

建立与发改、工信、住建、财税、生态环境、科技等多部门的协同联动机制，全面引导推进土地资源节约集约利用。一是联合相关部门共同制定工业项目建设用地控制指标体系和标准，新产业新业态混合用地供给、地下空间开发利用等配套政策实施细则和技术规范。二是推动金融财税配套政策制定，加大对弹性年期供应的工业用地、存量建设用地盘活利用的融资支持，根据用地效益制定实施差别化的税收政策，倒逼低效用地主体实施再开发或退出用地，对低效用地再开发项目给予一定的税收减免政策扶持。三是建立部门联合会商与审批机制，打通存量建设用地盘活利用的审批流程，优化审批环节，保障相关激励约束政策有效落地。四是实行多部门联合监管，充分利用信息技术手段，搭建全要素的产业用地统一监管平台，推动基础信息部门共享，协调相关部门参与产业用地项目准入、监管与退出的全过程监管。

### （四）城乡建设用地节约集约利用重点工程

#### 1. 城乡存量建设用地盘活利用工程

从国家改革要求来看，盘活存量建设用地是推进生态文明建设和高质量发展的需要，是完善资源总量管理和全面节约制度、加快要素市场化配置改革的重点任务，是推进新型城镇化建设、城乡融合发展和乡村振兴的重要内容。2020年中央《关于构建更加完善的要素市场化配置体制机制的意见》中明确要求"充分运用市场机制盘活存量土地和低效用地，研究完善促进盘活存量建设用地的税费制度。以多种方式推进国有企业存量用地盘活利用。深化农村宅基地制度改革试点，深入推进建设用地整理，完善城乡建设用地增减挂钩政策，为乡村振兴和城乡融合发展提供土地要素保障。"《关于建立健全城乡融合发展体制机制和政策体系的意见》《关于实施乡村振兴战略的意见》等文件中也多次提及要盘活存量，"鼓励农村集体经济组织及其成员盘活利用闲置宅基地和闲置房屋""优化村庄用地布局，有效利用乡村零星分散存量建设用地""对利用收储农村闲置建设用地发展农村新产业新业态的，给予新增建设用地指标奖励"。

**（1）健全存量用地盘活利用规划管控制度**。一是转变国土空间总体规划以增量用地为主的传统土地资源配置模式，将城乡存量建设用地盘活利用纳入国土空间规划的分级管控体系中，对再开发的总体目标和规模、空间布局与项目安排等进行统筹考虑。二是健全城镇低效用地再开发专项规划体系，探索建立多层级规划编制、审批和实施管理模式，细化完善规划技术要点和标准规范，规划编制与国土空间总体规划、详细规划充分衔接，城镇低效用地管理数据库纳入国土空间规划基础信息平台。三是加强村庄规划编制的前瞻性和科学性，探索设置存量建设用地利用效率提升控制指标，科学引导农村产业结构优化与存量集体建设用地优化整合。

**（2）完善引导市场参与的相关配套制度**。完善产权、地价、收益分配、税费等制度和政策，充分调动原土地权利人和市场盘活的积极性。一是完善土地产权体系，扩大低效用地土地使用权人收益权和部分处分权，如实行低效用的使用权与经营权"两权"分离，鼓励产业项目类节余用地分割转让等；进一步明确宅基地、集体经营性建设用地、农村公共设施用地的产权内涵、权能、实现形式。二是健全土地出让、土地征收等法规政策，将自行改造项目的土地协议出让定性为对原出让合同的调整，或者划拨用地补办出让手续，而不是一个重新出让的行为，避免法规政策争议；试行推广广东省的"返地"政策，允许"属政府收购储备后再次供地的，必须以招拍挂方式出让，其余可以协议出让"；探索城中村集体建设用地改造开发免予征收、自愿申请转为国有土地的新路径，赋予集体经济组织"准所有权人"的法律权能，简化报批程序、避免征地风险。三是完善和创新地价计征政策，鼓励地方制定低效用地再开发补交地价优惠政策，如补交地价可分期付款，提供公共服务设施的项目可给予补交地价折扣，探索以退还用地面积来代替补缴地价款等；建立健全集体建设用地基准地价体系，为闲置宅基地盘活利用和集体经营性建设用地入市提供价值评估依据。四是完善存量用地盘活收益分配制度，优化国家与地方收益分配、地方政府与市场收益分配、相关权利人收益分成机制，向地方、社会放权让利，激发再开发动力；根据不同盘活模式，可灵活采取契约、分红、股权等合作方式，让农民分享更多的土地增值收益。五是降低转让交易门槛和制度性交易成本，针对投资额未达25%的闲置土地限制转让问题，探索实行"预告登记转让制度"等方式；改革涉地税制，降低再开发和转让环节的税负并增加持有环节税负，允许各地建立与利用效率相挂钩的城镇土地使用税弹性税率制度。

（3）**完善城乡建设用地增减挂钩政策**。一是放活管理模式，打破"拆旧"与"建新"的一一对应的管理模式，建立集体建设用地整理产生指标所蕴含的建设用地空间规模、新增建设用地指标、补充耕地指标等权益属性分离交易制度。二是拓展指标交易范围，逐步放开省域范围内的建设用地指标交易限制，跨省交易仍由国家统筹。三是完善交易规则和平台，建立省级统一的建设用地和耕地占补平衡指标交易平台，制订交易规则、交易指标等级备案制度、指标定价规则、交易收益分配细则等规则体系。交易方式可采取协商、挂牌、竞价等方式，交易主体为市县人民政府，交易收益可按一定比例分配给县级财政、镇级财政、土地所有权人和土地使用权人，更多考虑增加乡村财产性收入。

（4）**强化对地方政府的激励与约束**。地方政府是盘活存量用地的管理主体，必须强化对地方政府的激励和约束机制。一是建立公益优先机制，要求改造主体必须安排一定比例用地用于公益设施建设，来调动地方政府的积极性。二是优化"增存挂钩"倒逼机制，既要扩大"存"的范围，将城镇低效用地、农村集体存量建设用地、历史违法用地处置等都纳入增存挂钩机制中，又要扩大"增"的条件，不仅与新增建设用地指标相挂钩，还与新增建设用地报批，开发区升级、扩区、调区等相挂钩。三是完善考核机制，定期通报各地城乡低效用地再开发实施绩效，将供地率、闲置土地处置率、低效用的开发规模等指标纳入政府年度工作责任目标考核体系，同时完善问责机制。

（5）**优化审批服务、强化全过程监管**。一是明确城乡存量用地再开发的管理程序和审批流程，联合发改、建设、消防等部门简化审批程序、优化审批环节、加快审批速度，重点加强规划和土地审批流程的梳理整合，涉及规划调整的，尽可能简化程序、缩短调整时限。二是建立项目全生命周期管理制度，以土地出让合同为基础，将项目建设、运行质量与综合效益等相关要素纳入土地出让合同管理，实施全程监督；或在出让合同以外同时签订监管协议，明确相关权利和义务，将落实监管协议约定内容作为办理相关行政审批手续的依据。三是推动信息化服务和监管，针对存量土地供需信息不对称的问题，以土地二级市场建设为契机，逐步建立全国或省市层面统一的存量土地网上交易平台；对存量建设用地退出以及再开发参与主体、组织形式、资金来源和利益分配等进行全流程监管，纳入部土地市场动态监测与监管系统。四是构建多部门共同监管机制，相关部门在项目审批、核准、备案、土地交易以及融资抵押等方面，依据职责分工对约定事项实施监管，形成联合制约机制。

### 2. 工业用地节约集约和高效配置工程

工业是国民经济的最基础产业。党的二十大报告明确指出："建设现代化产业体系，坚持把发展经济的着力点放在实体经济上，推进新型工业化。"中央文件中也多次强调"深化供给侧结构性改革"，要求改善以土地资源为主的资源供给体系的效率和质量。经济新常态背景下工业用地应该以"集约高效"为主要原则，提高工业用地配置效率是促进和显化产业发展效益、协同提升工业化和城市化质量的重要方式。2020年《中共中央 国务院关于构建更加完善的要素市场化配置体制机制的意见》明确要求"健全长期租赁、先租后让、弹性年期供应、作价出资（入股）等工业用地市场供应体系"，通过深化要素市场化配置提高土地资源配置效率。

**（1）坚持市场导向，完善工业用地供应方式**。一是坚持以招拍挂等公开方式供地，尽快完善工业用地长期租赁、先租后让、弹性年期供应等多种工业用地供应政策，灵活确定工业用地供应方式和使用年限，研究制定分地区、分行业工业用地价格体系，有效降低企业成本。二是实施工业项目招商引资的遴选机制，参照赣州、深圳、厦门等地做法，在土地公开供应环节，设置产业经济和综合效益等竞争条件。

**（2）完善工业项目建设用地标准管控机制**。一是建立多层级、多部门联合的用地控制标准体系。上海市在各地实践探索的基础上，对《工业项目建设用地控制指标》（国土资发〔2008〕24号）进行了修订研究，对本市提出了"3+X"控制指标体系（3是固定资产投资强度、亩均税收、建筑容积率，X是单位能耗标准、单位排放标准、环保要求、安全生产管控指标等）建议，作为地区核定项目用地规模、实施项目准入或退出评估的工作指引。建议部联合发改、工信、商务、生态环境、科技等部门进一步细化明确相关指标控制标准，并推动地方制定适合本地区的工业项目用地标准。二是建立全要素、全过程的标准使用管控机制。在准入环节，推荐通过"标准地出让+承诺制""标准地出让+协议"等方式，缩短用地审批流程，进一步提升资源配置和利用效率。在项目使用环节，实施项目用地全生命周期监管，确保符合《控制指标》及产业发展、空间规划、环境保护、安全生产等各项要求。三是建立标准监管和定期修编机制。部及各级主管部门需对下级部门制定的标准及实施效果进行监管，构建《控制指标》定期修编机制，建议国家层面每五年进行一次修编，各省市可自行确定地方标准的更新周期。

（3）**完善工业用地弹性年期出让政策体系**。一是构建工业用地弹性出让年期设定体系。按供需主导类型、企业规模和行业分类构建的分地区、分类型、分规模的"推荐值＋调整值"的弹性出让年期设定体系，制定全国层面的工业用地出让年期指南。允许各地在统一政策指导下结合产业政策和地方实际进行差别化探索。二是明确弹性年期出让的价格核算办法，修订全国工业用地出让最低价标准，修改或调整有关工业用地出让最低价不得低于土地取得成本、前期开发成本和按规定收取的相关费用之和的规定，释放弹性出让政策更大红利。三是推动制定金融配套支持政策，建立健全抵押融资政策，适度放宽对弹性年期出让土地抵押融资的限制。

（4）**加强工业用地二级市场建设与管理**。一是建立"交易＋登记"一体化服务的土地二级有形市场，加快土地二级市场平台建设，提供交易信息的归集、发布、数据管理、数据交互、资金监管等服务，畅通企业获取土地市场信息的渠道。二是加大对工业用地二级市场的改革力度，完善工业用地二级市场出租、转让和抵押管理办法，规范工业用地二级市场管理。三是加快土地要素价格市场化改革，缩小工业用地一级市场和二级市场的价格差异，遏制企业投机性的"囤地"和"圈地"行为，促进土地资源的节约集约利用。

（5）**积极推进存量低效工业用地再开发**。一是规划修编审批权限适度下放，允许地方根据低效工业用地现状和盘活潜力，自行确定相应的规划流量指标，用于城镇开发边界内工业产业集聚发展，整合优化工业用地布局。二是积极运用财政补贴、地价支持、增存挂钩、增容不增价、分割出让和税收优惠等激励和约束政策，引导用地单位以多种方式盘活利用。三是建立多途径低效工业用地退出机制。支持企业主动腾退，对于企业因转型或破产等原因主动退出的，可以减免土地闲置费用并给予一定补偿；严格强制性退出，除了严格按照合同约定的要求执行外，可采取在出让前设定投产达产后低效运行、产业调整等方面的强制性退出要求；鼓励土地回购，建议尽快制定统一的回购标准，鼓励各地储备机构对企业腾退用地进行回购。

（6）**完善工业用地监管考核机制**。一是加强工业用地监管的顶层设计，充分利用信息化手段，加强工业用地出让及批后监管工作。明确监管责任主体和部门分工，建立健全多部门综合监管机制，建立监测监管信息平台，推动部门协同执法。二是建立以提高全要素生产率为核心的企业综合评价考核机制，加快推动投资项目在线审批监管平台与公共信用信息服务平台的对接，提高事中事后监管的效力。三是加快布置新一轮企业用地市场信用体系建设试点，建立从信息收集、信用评价、信息使用到失信联合惩戒以及责任追究的全链条市场信用体系，推进市场监管的落实。

### 3. 节地技术和节地模式推广应用工程

节地技术是指能够在减少土地占用、提高土地利用效率方面达到高于社会平均节地水平效果的工程技术，其本质是资本、科技等要素对土地要素的替代。节地模式是人们在节约集约利用土地实践中所采取的一系列先进技术、规划理念、管理手段和政策措施在时空上的优化组合形式。

党中央、国务院高度重视节地技术和模式推广应用工作。2016年3月，国家《国民经济和社会发展"十三五"规划纲要》提出："推进建设用地多功能开发、地上地下立体综合开发利用，促进空置楼宇、厂房等存量资源再利用。"并将"推广应用节地技术和节地模式"列入"资源节约集约循环利用重大工程"。自2017年以来，国土资源部（现自然资源部）先后于2017年11月、2020年1月和2022年2月，公布了三批不同类型的节地技术和节地模式再开发典型案例共46例。这些节地技术、节地模式典型案例对指导各地提高土地利用效率和效益起到了很好的示范引领作用，在社会上引起了很好的反响。

（1）**城市立体空间开发节地模式**。城市立体空间开发的本质是通过地上、地下多层次的垂直组织架构，打造集交通、文化、娱乐、休闲和购物等城市功能的综合体，满足人群的出行、购物休闲、商务居住等多维度的需求。通过平面节地（向地面集中要密度）和立体开发节地（向地上地下立体空间要高度、深度），提高土地整体利用强度。

（2）**TOD导向的轨道交通建设节地模式**。TOD（Transit-Oriented Development）模式是指一种以公共交通为导向的开发模式，是规划一个居民区或者商业区时，使公共交通的使用最大化的一种非汽车化的规划设计方式。当前我国城市立体空间开发节地模式多以公交、地铁、高铁等交通枢纽为核心来进行综合开发。从城市空间节约集约利用的角度讲，以TOD为导向，大力推动城市轨道交通地上地下空间综合开发利用，鼓励"轨道＋物业"一体化综合开发节地模式，能有效带动沿轨道线区域的城市有机更新、产业聚集和城市品质提升。

（3）**新能源环保产业节地模式**。在风能、太阳能等新能源产业、垃圾、污水处理等环保产业建设中，通过采用先进节地设备，科学规划建筑设施结构等措施，实现土地节约集约利用。

（4）**乡村土地复合利用节地模式**。促进农村一、二、三产业融合，推进农业与旅游休闲、教育文化、健康养生等深度融合，发展观光农业、体验农业、创意农业、休闲农业与乡村旅游等新业态已成为郊野地区未来转型发展的主要方向，也是一种新型的乡村土地复合利用节地模式。

（5）**基础设施建设节地技术**。主要是指在铁路、公路、水利等基础设施建设中采取先进的设计理念和科学的建造技术，实现节约土地的目的。铁路、公路在功能布局上尽可能"线网统筹"，打造"混合型客运枢纽车站综合体"，将站点与其他生产单位集中布置，在线路走向上尽量并行既有铁路、公路等通道，减少对城市的分割和干扰，在线路平纵断面设计上尽量减少高填、深挖和长路堑等产生大量土方的工程；在线路设计上采用"以桥代路"，在隧道设计上尽量避免开挖大量土地；水利设施渠系建筑物在保证安全耐用前提下，尽量采用轻、薄、巧的结构形式来缩减占地。

（6）**城郊地下空间开发利用节地模式**。在地下空间开发的区域区位上，由注重城市地下空间开发利用实现向郊外、近郊、浅山区地下空间开发利用的转变，进一步拓展地下空间开发利用的视野和内涵。

"十四五"时期是节地技术和节地模式推广应用的重要窗口期。一是要加大节地技术和节地模式的调研、总结和应用推广，不定期滚动发布《节地技术和节地模式推荐目录》和《存量用地盘活典型案例》。二是要开展重点领域节地技术与模式政策研究，完善用地取得、供地方式、土地价格等激励机制，及时推广各地好的经验做法，继续推广一批重点城市、重点领域和重要地类节地技术和模式，发挥节地技术和节地模式的示范引领作用，营造良好的节约集约用地舆论氛围，提高土地利用效率和效益。三是要以建立推广应用示范基地为平台，以技术方法研究为辅助，以信息化管理为工具，构建节地技术和模式推广应用工作网络平台。同时将节地技术和节地模式推广应用作为重要内容，纳入节约集约示范县（市）创建工作，并作为示范省或示范市的创建和评估考核的重要内容。

## 二、大力发展绿色低碳建筑，助力碳中和目标实现

过去的近 200 年，人类向大气层排放了数万亿吨二氧化碳，导致的气候变化对全球的生态平衡构成了严重威胁。2020 年，中国首次提出了"碳达峰""碳中和"概念，全国层面拉开了"双碳战略"贯彻落实工作的帷幕，各地正以城市为主体中心，精心设计减碳的路线图、施工图与时间表。据统计，建筑全生命周期的碳排放约占我国碳排放总量的 50%，建筑节能技术和可再生能

源在建筑中的应用将成为减碳的重要环节。2022年2月24日，住房和城乡建设部副部长张小宏在推动住房和城乡建设高质量发展发布会上明确表示，要大力发展绿色建筑，加快推进既有建筑节能改造，因地制宜推进建筑可再生能源应用，优化城市建设用能结构，推进绿色低碳建造。随着可再生能源、信息通信、新型节地节能技术、新型建材等新技术的加速发展与应用，现代建筑科技正面临着一场新的革命。

## （一）低碳经济与绿色低碳建筑概念

### 1. 低碳经济

所谓低碳经济（Low-Carbon Economy），是指在可持续发展理念指导下，通过技术创新、制度创新、产业转型、新能源开发等多种手段，尽可能地减少煤炭、石油等高碳能源消耗，减少温室气体排放，达到经济社会发展与生态环境保护双赢的一种经济发展形态。"低碳经济"最早见于2003年的英国能源白皮书《我们能源的未来：创建低碳经济》政府文件。2007年9月8日，国家主席胡锦涛在亚太经合组织（APEC）第15次领导人会议上，明确主张"发展低碳经济"，在2009年8月12日的国务院常务会议之上，温家宝首次提出我国要把低碳经济培育当作新增长点，大力建设低排放为主体的交通、建筑以及工业体系。

新一届中国政府对低碳经济发展非常重视。习近平总书记一直强调"中国坚持走生态优先、绿色低碳的发展道路"。2021年10月14日，习近平总书记以视频方式出席第二届联合国全球可持续交通大会开幕式并发表主旨讲话，他在讲话中指出，"建立绿色低碳发展的经济体系，促进经济社会发展全面绿色转型，才是实现可持续发展的长久之策。"10月30日，习近平总书记又以视频方式出席二十国集团领导人第十六次峰会，发表了"践信守诺，携手各国走绿色、低碳、可持续发展之路"的主旨讲话。他强调，"中国一直主动承担与国情相符合的国际责任，积极推进经济绿色转型，不断自主提高应对气候变化行动力度。中国将力争2030年前实现碳达峰、2060年前实现碳中和。"

### 2. 绿色低碳建筑

绿色低碳建筑（Low-Carbon Construction），简称绿色建筑。是指在建筑材料与设备制造、施工建造和建筑物使用的整个生命周期内，减少化石能源的使用，提高能效，降低二氧化碳排放量，节约资源、保护环境，为人们提供健康、适用、高效的使用空间，最大限度地实现人与自然和谐共生的高质量建筑。绿色低碳建筑主要包括绿色低碳材料和绿色低碳建筑技术两个要素。20世纪90年代以来，绿色低碳建筑已逐渐成为国际建筑界的主流趋势，而中国当前也正在朝着这个方向不断努力，尤其是2011年以来，我国低碳发展进入快车道，绿色低碳建筑成为各个地方的重点工作，包括天津、浙江、山东、广西等多地政府陆续出台相关政策，推动当地绿色低碳建筑的发展与建设。有专家预测，到2035年，中国大城市（一、二线城市）新建建筑中绿色低碳建筑的比例将达到80%以上，中小城市低碳建筑占比将达到40%甚至50%以上，农村地区的低碳建筑建设也将会有实质性的进展。[1]

绿色低碳建筑是低碳经济的重要组成部分，是建筑领域资源节约的关键环节，同时也是未来建筑行业的可持续发展的必然要求。我国已经出台并颁发了一系列的能源节约法律法规，有效地推动了建筑新技术和新材料研发，各种各样的高效密封材料、保温材料、节能设备、保温管道都被广泛应用到低碳建筑之中，从而更好地推动建筑行业的可持续发展。

## （二）绿色低碳建筑的理念与特征

目前，环境问题依然是世界范围内高度关注的焦点，相应地，城市绿色低碳发展对建筑业发展提出了更新、更高的要求，而绿色低碳建筑正体现着城市绿色发展的方向与目标。

### 1. 绿色低碳建筑的基本理念

**（1）充分利用有限的资源环境要素**。充分利用有限的资源环境要素，使绿色低碳建筑通过科学的规划设计与合理布局，更好地满足人类生理、心理、精神、卫生、文化、健康、习俗、爱好等多方面的需求。

一是强调土地的综合利用。即"在土地利用规划时，把工作、居住和其他服务设施结合起来综合考虑。使人们能够就近入学、就近工作、就近享用各种服务设施，缩短人们每天的出行距

---

[1] 张建国，谷立静. 我国绿色建筑发展现状、挑战及政策建议［J］. 中国能源，2016（12）.

离，减少能源消耗，降低碳排放量"。

二是强调自然通风和采光。自然通风可以在不消耗能源的情况下，带走内部空间的热量、湿气和污浊空气，从而降低室内温度，并提供新鲜的自然空气，并有助于减少人们对空调的依赖，防止空调病，节约能源，减少碳排放。

（2）**绿色生产，减轻对周边环境的破坏**。"绿色生产"意味着在建筑项目建设的全生命周期中实现绿色化。在项目的决策阶段，充分考虑社会、环境、经济等各方面的利益，使项目建设过程中的建设风险降至最低。

在规划设计阶段，通过对建筑环境的细致勘察研究，充分考虑当地的生态环境与建筑环境相结合，对建筑物的结构、间距等进行设计，合理利用当地的传统建筑资源，减少施工过程中对环境的破坏。

在选址阶段，绿色建筑选址"尽量避免占用农田和从未开发过的处女地，避免洪水淹没区，濒危动物栖息地、湿地等，鼓励使用棕地和现有的设施，包括道路等城市基础设施。还应注重减少潜在的风险，避免不稳定的坡地、对相邻地段的不良影响、减少对场地上现有植被、树木的影响和破坏等"。这些选址措施较大地保护了濒危物种、湿地、文化遗产、自然区域等不受影响和破坏，同时"通过利用棕地进行开发，对过去破坏的地段进行补救"。

在建设施工阶段，运用绿色的建筑施工方法、标准，遵循"3R 原则"（减量化、再利用和再循环利用）或"5R"原则（在"3R 原则"的基础上，加上再思考、再修复），减少施工活动对环境造成的负面影响。包括要求控制水土流失，场地雨水净流量以及使用可持续性景观绿化等方法，减少破坏自然植被等，绿色建筑在使用期间内，要求控制光污染，减少对高功率照明灯具的依赖，采用太阳光等，避免对动物夜间栖息地的破坏等。在建筑选材方面，尽可能选用无污染、易降解、可再生的绿色建筑材料。

在运营维护阶段，运用科学的方法降低能耗、减少废弃物产生、减少浪费，以及确保设备的安全运行，提高工作效率。

（3）**倡导绿色消费**。消费是建造的目的和动力，一个社会的整体消费偏好，决定了这个社会的建造建筑的方向[①]。"人民对美好生活的追求永远在路上"。因此，绿色建筑始终要以人类生活方式为导向，倡导"以满足人的基本需要为目标，以提高生活质量为中心，以合理消费、适度消费为主要特征"的绿色消费生活方式。相应地，人类生活的绿色转型，也将有效引导在全社会建立起绿色化的建筑建造模式，有利于实现整个建筑行业的健康发展。

### 2. 绿色低碳建筑的主要特征

（1）**绿色低碳建筑的经济性**。一是节约建设成本，建筑物的初始成本主要包括平整土地、规划设计、建设施工或改造，以及购买各种基础设施和设备等前期投资。与传统建筑相比，绿色建筑在设计过程中通过"优化建筑选址和建筑物的朝向，再利用或

---

① 肖巍. 绿色发展研究［M］. 北京：高等教育出版社，2018.

更新现有建筑物和构筑物，采用可回收利用建筑材料，充分发挥整体设计优势，减少不必要的建筑装饰和元素，优化水、电、燃气等各个建筑子系统"等系列举措，有效降低建设成本。

二是节约能源成本。绿色建筑通过采用新型节能墙体和屋面的保温、隔热技术；集中供热和热、电、冷联产联供技术；建筑照明节能技术、空调制冷节能技术等先进技术，尽可能减少能源消耗，在降低能源成本的同时，为使用者提供舒适的居住环境。此外，大部分绿色建筑采用循环水利用系统、超低流速的淋浴和水龙头等节水设备，能大幅度地减少水的使用。据估算，与传统建筑物相比，绿色低碳平均每年可节约近30%～50%的水电成本。

三是节约维修费用。首先，绿色建筑多采用经久耐用、优质环保的建筑材料、采用先进的设备技术、建筑物整体本身使用寿命周期长，不易损坏；其次，绿色建筑注重对建筑附属设备的定期检测、维护，加强对设备管理技术培训，这也使得在整个建筑生命周期内维修成本大幅节省。

此外，绿色低碳建筑还会产生一些间接的经济效益。包括绿色建筑更具保值、增值功能，具有较高的转售价值；一些企业或工厂通过建设绿色建筑，为员工提供更高的舒适感和满意感，进而能够有效促进员工工作、生产效率的提高，也能够更好地吸引新员工入驻。

**（2）绿色低碳建筑的"人本性"。**"以人为本"是一些生产和建设的出发点。无论哪种类型的建筑，都必须是以人的利益为本，不断提升人的舒适感、满足感和幸福感。在此基础上，绿色建筑还强调在物质上适度消费，倡导一种物质生活简朴，而精神生活丰富的新生活方式。绿色建筑的"人本性"有别于当前不少西方国家"人类中心主义"的自然观、价值观和高消耗、高消费的建筑观念，在中国具有一定的现实意义。

一是保障使用者的健康。研究表明，"建筑环境对使用者的健康影响主要通过人体的呼吸、皮肤、神经和视觉系统产生影响来体现"[1]。绿色建筑物通过改善室内通风条件、有效控制室内温度、采用先进采光照明技术、装配多级灰尘控制系统，采用低挥发率和循环再生的室内装饰材料和家具等措施，创造良好舒适的室内环境，为人们提供健康安全的生活，以及提高工作效率。

二是提升使用者的舒适、满意度和幸福感。特定的绿色建筑特点如日光风向、和谐的生态环境、高质量的室内空气、个人可以控制的采光、冷热舒适度和促进社会交往的空间等，具有积极的心理和社会效益。与传统建筑物相比较，绿色建筑的使用者对所在室内环境更高的舒适感和满意度，总体上更具有幸福感。

三是扩展社区和社会效益。绿色建筑对人们的生活质量产生的影响是直接的。绿色建筑物的使用者会在使用过程中，将一些积极信号及时传递给所在社区乃至整个社会，因而绿色建筑对社区和社会的效益是间接的、长远的。例如，绿色建筑注重回收利用、减少废物、节能、节水的施工方式和运营方式，最终会减少对新的垃圾填埋场，发电厂、电源输送设施、天然气输送管道和

---

[1] 沈清基. 城市生态环境：原理、方法与优化 [M]. 北京：中国建筑工业出版社，2011.

污水处理厂等重大基础设施的需求，进而减少修建这些大型设施对社区带来的负面影响。

## （三）我国绿色低碳建筑发展历程及存在问题

### 1. 主要历程

我国正式开展绿色低碳建筑建设的历史并不长，从 20 世纪 80 年代初到现在前后仅 40 余年，但这 40 多年也正是中国城市化快速发展的阶段。回顾我国绿色建筑行动的发展历程，大致可分为四个阶段。

**（1）萌芽阶段（20 世纪 80 年代初）**。20 世纪 80 年代初，全国范围内掀起建筑热潮，但当时建设的城镇住宅，由于缺少科学指导，建设能力较弱的缘故，其中很大一部分建筑热工性能很差、能耗相当高。国内不少学者开始关注节能建筑并开展相关研究，如吴良镛在其所著《人居环境科学导论》中，就对我国东北地区建筑的能耗进行了测算，认为平均建筑物本体的能耗质变在 $35 \sim 60 W/m^2$，折合成单位建筑面积的煤耗量，每年每平方米在 $17 \sim 30 kg$ 标准煤之间，并提出了节能环保建筑的相关理念。在此期间，我国重心主要放在建筑的速度和效率上，对建筑节能关注度不高，但已经有了一些学者开始关注建筑的节能环保，有了思想和认识的萌芽。

**（2）启程阶段（20 世纪 90 年代）**。随着国外绿色建筑概念和技术的引入，我国针对绿色建筑的理念，技术标准、评价体系等研究也逐步兴起，但仍以学术界活动为主。1992 年联合

## 中国式现代化资源节约之路

国环境与发展大会在巴西里约热内卢召开，中国政府随后相续颁布了若干相关纲要、导则和法规，大力推动绿色建筑的发展。1994年我国发表《中国21世纪议程》，同时启动《国家重大科技产业工程——2000年小康型城乡住宅科技产业工程》，1996年发表《中华人民共和国人类居住发展报告》，对进一步改善和提高居住环境质量提出了更高要求和保障措施。这期间，我国从国家层面已经开始重视并推动，1997年开始，上海、江苏、广东等经济发达地区陆续出台了绿色节能建筑的相关计划文件，表明我国绿色建筑发展已经做好了"启程准备"。

（3）**实践阶段（2001—2010年）**。在政策实践上，2001年出版的《绿色生态住宅小区建设要点和技术导则》《中国生态住宅技术评估手册》，2003年发布的《绿色奥运建筑评估体系》，为绿色建筑的发展奠定了坚实的建筑技术基础。同时，2005年国家颁布了《中华人民共和国可再生能源法》，2007年《中华人民共和国节约能源法》，为推进建筑节能、可再生能源应用以及绿色建筑的发展提供了法律依据。在建筑实践上，上海建筑科学研究院生态办公楼和清华大学超低能耗实验楼等绿色低碳建筑相继落成或认证。2006年，我国首个《绿色建筑评价标准》（GB/T 50378—2006）出台，《国家中长期科学和技术发展规划纲要（2006—2020）》中，将"建筑节能与绿色建筑"作为城市化发展的重点领域项目。2008年4月，我国正式开始实施"绿色建筑评价"标识制度，表明我国低碳建筑逐渐步入规范化发展和实践操作的轨道。

（4）**快速发展阶段（2011年至今）**。从2011年开始，我国经济较发达地区出现积极建设并申报绿色建筑的局面，绿色建筑已从建筑层面涉及城市层面。2012年，财政部、住房和城乡建设部印发《关于加快推动我国绿色建筑发展的实施意见》（财建〔2012〕167号）。该意见提出"切实提高绿色建筑在新建建筑中的比重，到2020年，绿色建筑占新建建筑比重超过30%"。并首次从国家层面提出将对绿色建筑进行财政补贴。2014年和2019年，住建部先后发布了更新版本的《绿色建筑评价标准》。2020年我国"双碳战略"提出并实施以来，中央层面密集发文，鼓励发展绿色建筑，2021年10月21日，中共中央办公厅、国务院办公厅印发《关于推动城乡建设绿色发展的意见》，提出建设高品质绿色建筑等多项举措推进城乡建设绿色发展。2021年10月24日，国务院印发《2030年前碳达峰行动方案》，2021年9月22日，中共中央、国务院发布《关于完整准确全面贯彻新发展理念做好碳达峰碳中和工作的意见》，针对提升城乡建设绿色低碳发展质量，提出推进管理模式低碳转型、大力发展节能低碳建筑、加快优化建筑用能结构等工作意见。全国各地积极响应，出台相关文件支持发展绿色建筑，目前已基本形成了目标清晰、政策配套、标准完善、管理到位的推进体系，我国绿色建筑产业发展进入快车道。

## 2. 存在问题

我国绿色低碳建筑发展已经进入了新的历史阶段，动力强劲，有着非常好的前景。但是，我国的低碳建筑发展起步晚，很多地方都是在摸索着前进，与国外发达国家相比还存在较大的差距，当前依然面临着不少问题，主要表现在以下几个方面。

一是我国关于绿色低碳建筑相关的政策法规、规范标准体系还不够完善。虽然我国的绿色建筑产业已进入发展的快车道，但是一些政策法规和机制还处于不断探索阶段，对于一些施工单位所出现的碳排放量还缺乏有效的解决对策，缺少统一的行业规范与标准，不同地方的标准参差不齐，导致绿色建筑建设的各个环节缺乏明晰的论证，进而导致监管缺乏依据和抓手。

二是绿色建筑缺乏技术和功效保障。由于近年来中央和地方政府的大力推动，绿色建筑项目往往比较容易获得政策、资金上的支持和扶助。不少开发商、建筑单位在利益驱使之下，积极申请项目，一些建筑单位打着绿色建筑的旗号，建起来的不一定是真正的绿色建筑，部分绿色建筑因在绿色设计时就存在瑕疵，导致未能达到绿色建筑效果；部分绿色建筑相关技术、设施在实际施工过程存在打折扣现象，未被采用实施；物业缺乏绿色运营意识和知识技能，绿色物业脱节。比如有的绿色建筑安装有滴灌系统，但是人工浇水还在使用；少数绿色建筑有雨水回收系统，但从未启动过。市场上存在着部分追求噱头、形式片面、盲目进行技术堆砌倾向。不仅造成了高额的投资成本，实际上也带来了很多不必要的节能设备运行能耗浪费，上述实质并不符合绿色建筑本身原有理念。

三是市场化程度不高。通常来说，绿色建筑初始投资成本相比非绿色建筑要高。虽然从长期来看，绿色建筑的额外收益大于初始投入的增加，但是当前我国绿色建筑仍处于发展阶段，需求端对绿色建筑的认识还不高，导致了供给端对未来收益的不确定性增加，因此绿色建筑发展的市场动力不足。目前绿色建筑建造主要为国家对政府投资建筑、保障性住房、大型公共建筑等实行强制性要求，以及政府财政对二、三星级标识绿色建筑奖励支持相结合的方式自上而下推动发展，市场化机制尚未形成。

四是缺乏绿色金融支持。我国绿色建筑的发展长期主要依靠行政力量和财政资金，而绿色金融对于绿色建筑领域才刚刚起步，各金融机构开始探索相关的金融产品和工具，包括支持绿色建筑的绿色信贷、绿色债券、绿色CMBS、类REITS等证券化产品、绿色建筑保险产品试点、绿色建筑主题的基金等。从目前市场规模来看，支持绿色建筑最主要的产品是绿色信贷和绿色债券。2016年以来，我国绿色债券发行量大幅提升，2016—2020年，我国每年发行绿色债券规模在2000亿~3000亿元[①]。但主要集中在清洁能源、减排技术、碳交易等重点领域，用于绿色建筑领域的较为有限，而且除浙江、江苏、上海等少数省份外，其他地区规模都很小。2022年来，湖北、河北、山东等省份也开始加快推动绿色金融支持绿色建筑产业的步伐，但总体来看，绿色金融对绿色建筑的支持不够。

五是绿色建筑信息化管理与大数据分析能力尚未形成。目前，只有少数地区实现了绿色建筑标识项目的网上申报与评审，相关数据的采集方式还停留在人工手段，数据采集不够及时，且内容还仅仅局限在标识项目备案信息和强制执行项目完成情况的

---

① 史祎. 中国绿色债券市场发展现状与前景. https://www.163.com/dy/article/HGK4ESUT0519PVA0.html.

基本信息，数据统计与分析能力有限，信息获取与公布相对滞后，尚未开辟公众查询项目情况的公开渠道，衡量绿色建筑发展水平还仅仅依靠数量、面积等基本指标，科学性和实效性不高，与"大数据"和"互联网+"时代的要求不相适应。

### （四）绿色低碳建筑健康发展的创新思路——基于浙江实践

#### 1. 浙江省绿色低碳建筑发展概况

浙江省属于我国东部经济发达省份，地处亚热带中部，属于季风性湿润气候，气温适中，四季分明，光照充足，雨量丰沛。年平均气温在15~18℃之间，年日照时数在1100~2200小时之间，年均降水量在1100~2000毫米之间。1月、7月分别为全年气温最低和最高的月份，5月、6月均为集中降雨期。因受海洋和东南亚季风影响，浙江省冬夏盛行风向有显著变化，降水有明显的季节变化，气候资源配置多样。在我国气候分区中，浙江省属于夏热冬冷地区，在省内又分为南区（台州市、温州市、丽水市）和北区。北区建筑节能设计同时考虑夏季供冷和冬季供暖，南区建筑节能设计主要考虑夏季供冷，兼顾冬季供暖。

（1）浙江省绿色低碳建筑发展背景。"十三五"期间，浙江省绿色建筑建设规模迅速增长，截至2020年底，全省累计建成节能建筑面积12.4亿平方米，累计实施绿色建筑面积9.9亿平方米。浙江省在全国率先建立起一套完整的绿色建筑发展制度，形成了覆盖规划、设计、施工、竣工验收、运营等全过程的具有浙江特色的绿色建筑监管体系。通过完善节能评估审查制度，规范民用建筑竣工能效测评、建筑能耗监测等制度，实现建筑节能全过程闭环管理，城镇建筑节能水平稳步提高。应用建筑能效提升相关的激励政策、强制标准加以落实，既有建筑节能改造持续推进。全省要求各地在工程建设中充分利用太阳能等可再生能源，可再生能源应用逐步扩大。装配式建筑和住宅全装修迅速发展，全省装配式建筑占新建建筑的比例达到30%。

2021年5月，人民银行杭州中心支行联合浙江省银保监局、浙江省发展改革委、浙江省生态环境厅、浙江省财政厅发布《关于金融支持碳达峰碳中和的指导意见》，借鉴全国首个绿色建筑和绿色金融协同发展试点"湖州经验"，推进全省绿色金融和绿色建筑协同发展，以绿色金融支撑碳达峰碳中和。2021年6月，浙江省委科技强省建设领导小组印发《浙江省碳达峰碳中和科技创新行动方案》，依据"4+6+1"总体思路，提出了具体的技术路线图和行动计划，初步构建浙江省绿色低碳技术创新体系，高质量支撑浙江省实现碳达峰碳中和。

自此，浙江省已全面启动建筑领域的碳达峰行动，以提高建筑能效和优化建筑用能结构为重点，以降低公共建筑运行能耗和建筑业能耗为测算标准，重点围绕标准提升、绿色建造、可再生能源应用、既有公共建筑能效提升、绿色生活五大领域，开展建筑领域碳达峰五大行动，推动建筑全过程低碳转型，促进建筑领域绿色低碳高质量发展。

（2）**浙江省绿色低碳建筑发展的重点内容**。2021年以来，浙江省加快推进绿色建筑创建行动，要求新建民用建筑全面执行绿色建筑标准要求，提高大型公共建筑和政府投资公益性建筑的绿色建筑标准要求。修编绿色建筑专项规划，推行绿色建造方式，实行工程建设项目全寿命周期内的绿色建造。推进绿色建筑与建材协同发展，完善绿色建材产品标准和认证评价体系，装配式建筑率先采用绿色建材。推广可再生能源建筑一体化应用，提高可再生能源在建筑领域的消费比重。加大既有建筑绿色节能改造，提升既有建筑能效水平。

2021年底，浙江省颁布了《公共建筑节能设计标准》DB33/1036—2021、《居住建筑节能设计标准》DB33/1015—2021、《绿色建筑设计标准》DB33/1092—2021。另外，《浙江省绿色建筑专项规划编制导则》《民用建筑项目节能评估技术规程》《民用建筑可再生能源应用核算标准》也编制和修订完毕，即将发布。浙江省目前正在构建绿色低碳建筑全流程实施与数字化管控的标准规范体系，2022年起，全省新出让（划拨）的国有建设用地上新建民用建筑项目均要执行综合节能率75%的低能耗建筑设计标准。

绿色低碳规划。"十三五"以来，浙江省通过实施绿色建筑专项规划，全省绿色建筑相关工作已完成由点到面、由单体到区域的全覆盖发展。浙江省绿色建筑专项规划将绿色建筑与建筑工业化相关要求全面落实到各地土地与规划条件中。一些重点片区开始打造绿色生态城区，绿色生态城区集中规划建设高品质绿色建筑，既能体现资源协调、开放共享的理念，也能为当地绿色建筑相关工作开展树立示范标杆效应。接下来全省各地市结合当地实际情况，编制实施建筑领域二氧化碳排放达峰专项行动方案，并通过绿色建筑专项规划修编将低碳绿色建筑发展指标落实到规划单元，稳步推进绿色低碳建筑实施与发展。同时，浙江省通过颁布《浙江省绿色建筑条例》（2016），落实绿色低碳规划，新建建筑全面实现绿色建筑，高星级绿色建筑占比也逐年提高。

节能评估机制。浙江省自2011年开始实施民用建筑节能评估审查制度，根据民用建筑节能相关法律法规、规章、政策和建筑节能设计、绿色建筑设计等相关工程建设强制性标准，对省内新建、改建、扩建，除农民自建住宅外的民用建筑项目进行设计方案科学性、合理性的分析与评估，提出提高能源资源利用效率、降低能源资源消耗的对策和措施，并编制相关报告，由建设主管部门依法组织进行审查，在项目竣工阶段应组织能效测评。《浙江省绿色建筑条例》（2016）规定，未通过节能评估审查的项目不得核发建设工程规划许可证，未通过建筑能效测评的项目不得通过竣工验收。通过节能评估与能效测评，在建设全过程中保证和落实项目绿色建筑与建筑节能要求。

绿色建造技术。浙江省积极发展装配式建筑，推广钢结构住宅与装配式装修，推广应用绿色建材，推动建材循环利用，加强建筑垃圾管理和资源化利用，逐步推动源头减量、产生、排放、收集、清运、处置利用等全生命周期监管和分类管理。坚持以科技创新引领建筑业转型，支持建筑领域新材料、新技术、新能源等科技研发创新，推广应用BIM（Building Information Modeling，建筑信息模型）技术，加快构建BIM全流程应用体系等建筑领域科技创新体系。

装配式建筑技术包括装配式建造和设计，以及装配式装修技术，对于减少材料和人工浪费，提高建筑项目质量，减少建设项目碳排放，具有重要意义。按照相关计划，在"十四五""十五五"期间，浙江省装配式建筑占新建建筑比例分别将达到35%、40%以上。

绿色建材应用包括绿色建材的产品选用、新型建材研发等，将对促进绿色建筑品质提升、减少材料污染环境产生巨大的作用，为绿色建筑和绿色建材促进建筑品质提升，提供理论与实践基础。

浙江省目前还是全国钢结构住宅与政府投资项目绿色建材推广试点地区，其中杭州、宁波、绍兴、湖州等主要试点城市及试点项目，将为全省乃至全国高质量绿色发展积累宝贵的经验。

可再生能源应用。发展可再生能源是推动能源生产和消费革命、加快能源转型升级、应对气候变化、实现绿色发展的重要途径和举措。浙江省为国家首个清洁能源示范省，在建筑领域也积极推广可再生能源利用，浙江省全面推行生态文明建设，继续推进分布式光伏发电应用，在城镇和农村，充分利用居民屋顶，建设户用光伏；在特色小镇、工业园区和经济技术开发园区以及商场、学校、医院等建筑屋顶，发展"自发自用，余电上网"的分布式光伏；在新建厂房和商业建筑等，积极开发建筑一体化光伏发电系统。同时，大力推广空气源热泵热水技术，条件适宜的地区鼓励采用地源热泵热水系统。

浙江省《民用建筑可再生能源应用核算标准》DB33/1105—2014提出可再生能源应用强制性要求，新建民用建筑应安装太阳能系统。其中对于公共类建筑，要求旅馆建筑、商业建筑和综合医院建筑可再生能源综合利用量应达到$9kW \cdot h/(m^2 \cdot a)$，其他建筑不低于$7kW \cdot h/(m^2 \cdot a)$。居住建筑应为全体住户配置太阳能热水系统或者空气源热泵热水系统。"十四五"期间浙江省新建建筑可再生能源利用率力争达到8%。

绿色金融协同。浙江省湖州市作为全国首个绿色建筑和绿色金融协同发展试点城市，在坚持"房住不炒"和"发展绿色建筑"的前提下，探索优化绿色金融支持绿色建筑投融资的体制机制，构建诚信体系，引入保险机制，创新绿色金融产品与服务，引导金融资源向绿色建筑配置，构建多元化的绿色金融供给体系，从而激发市场主体活力，推动绿色低碳建筑高质量发展。

2021年，湖州市正式发布《绿色建筑项目贷款实施规范》，先后推出"零碳建筑贷""低碳提效贷""绿色建筑贷"等20余款产品，2021年以来，全市共发放"绿色建筑贷"53.56亿元，发放"低碳提效贷"6.5亿元助力"三低"企业转型。其中，"强村光伏贷"已覆盖南浔区、吴兴区、安吉县德清县等区县的80多个村集体，惠及辖内企业超100家，折合碳减排6.32万吨。

此外，全面推广"保险＋服务＋信贷"绿色建筑性能保险，保障绿色建筑从绿色设计真正走向绿色运行。通过"政、保、企"多方联动，吴兴区诸葛小学建设工程、正黄·和锦府项目、滨江半岛项目和湖州绿色新材厂房项目获得了近340万元绿色保费支持，覆盖绿色建筑面积达38.7万平方米。

数智平台建设。当前浙江省正处在全面推进数字化改革、打造全球数字变革高地的关键期，通过打造"数据多源、纵横贯通、高效协同、治理闭环"的碳达峰碳中和数字化应用场景，以数字化手段推进建筑领域改革创新、制度重塑，也是推动建筑领域绿色低碳发展的重要途径。

## 中国式现代化资源节约之路

根据浙江省相关政策，新建国家机关办公建筑、政府投资和以政府投资为主的公共建筑及总建筑面积 1 万平方米以上的其他公共建筑全部纳入能耗监管平台的监管，超过 10 万平方米的居住建筑预留能耗监测通信接口，对接入能耗监管平台项目的建筑实施动态管理。浙江省将在各地市建设公共建筑能耗监管平台，并与省级公共建筑节能监管平台对接，逐步扩大公共建筑用能监管覆盖范围，加强公共建筑用能监察，健全浙江省公共建筑节能监管体系，为未来实现"双碳目标"奠定基础。

### 2. 绿色低碳建筑健康发展的创新思路

推进我国绿色低碳建筑发展，需要从观念、技术、体制等三个维度进行创新。在观念创新层面，倡导生产、生活绿色化，倡导绿色发展理念；在技术创新层面，重视绿色建筑的设计整体性并加大技术支持、发展绿色建筑材料及技术；在体制机制创新层面，完善政府管理体制、完善绿色投融资体制，完善绿色建筑市场体系等。浙江省的绿色低碳建筑发展实践，为我国其他地区提供了一个可供借鉴的好样板。

**（1）观念创新——树立绿色消费理念，倡导绿色生活**。生态环境的恶化，大多是人类的行为失范所致。怎样克服生态环境的不断恶化，进行有计划、有节制的开发，实现绿色发展，这不仅需要"他律"，更需要道德的"自律"行为。因此，在城市建设的决策、规划、设计、施工、评价、运行等过程中，绿色建筑应当具有适配发展的道德规范及发展观念。推进绿色变革，必须理念先行。用与"绿色发展"相适应的思维方式，同时平衡好发展与保护的，公平与正义，责任与义务的关系。显然绿色建筑是建筑领域对绿色发展理念的响应，是实现城市永续发展的重要手段之一。绿色发展与建筑的契合，不仅是保证了城市居民的健康，同样在城市建筑领域中起到了至关重要的作用。

强化绿色发展，还需要进一步培育环保产业（绿色建筑、绿色交通、绿色建材等）的成长，公民的生态观念，平衡公共利益、生态利益、经济利益、社会利益和环境利益等。另外，政府还应转变以往的治理模式，构建以绿色 GDP 导向的治理模式，完善体制、加强引导，并鼓励全民参与；企业不再依赖资源和环境，而是从生态效益入手，追求低碳和循环发展，实现低投入、高产出；消费者减少环境破坏污染，增加绿色需求，提高生活质量，树立绿色消费理念，倡导绿色生活。

（2）**技术创新——推进绿色技术革命**。大力发展绿色建筑技术。加大科研与资金投入，切实提升具有自主知识产权的绿色建筑关键技术的产品、软件以及设备等的自主研发能力，争取在绿色建筑结构体系设计技术、楼宇智能化技术、智慧工地建设等重点领域先进技术的应用以及绿色建筑技术集成平台建设等方面有所突破，推动绿色建筑工业化和信息化融合发展。并结合我国不同地区地貌、气候等特征，因地制宜，在建设过程中积极推广应用各类生态绿化技术、空间设计技术、建筑节能技术等先进适宜技术，有效推进绿色建筑的产业化进程。

坚持使用绿色建材。绿色建材是实现绿色建造的原料基础，是提升建筑居住环境和品质、推动建筑业转型升级的重要保障。首先，在绿色建筑的全生命周期内，尽可能使用具有"节能、减排、安全、便利和可循环特征"的绿色建材产品；其次，在绿色建材生产制造过程中采用节能低碳技术、清洁生产技术等，促进废弃资源利用。

优化绿色建筑规划设计。绿色建筑规划设计是以现有自然资源环境条件为基础，以绿色、生态、低碳为理念指导，以降低建筑对环境的负面影响为重点目标进行的规划与设计。一是合理的建筑选址，在进行建筑选址时，应须选择较好的地形与环境，例如向阳的平地或者山坡上，并且尽量减少冬季冷气流的影响。二是合理的建筑布局。在绿色建筑布局中，宜采用单元组团式布局，形成较封闭、较完整的庭院空间，充分利用和争取日照，避免季风干扰，组织内部气流，利用建筑外界面的反射辐射，形成对冬季恶劣气候条件有利防护的庭院空间，建立良好的气候防护单元。

推进绿色节能、节水、节地技术应用。绿色建筑节能技术方面：近年来，在全世界范围内可再生能源得到迅速发展，一些可再生能源技术的市场和产业，如光伏发电、地热、风电等被大量应用于绿色建筑中，可再生能源技术已成为实现绿色建筑发展的重要技术；绿色节水技术方面：建筑节水系统应严格遵循当地用水卫生安全及环保等要求，充分应用循环水利用、喷灌滴灌技术、采用减压阀、节流塞等先进设备，建立科学完善的绿色节水系统；绿色节地技术方面：主要包括建设用地多功能复合利用、地上地下立体综合开发、原址旧建筑物再利用等节地技术，通过科学规划设计与合理布局，提高土地利用效率和集约利用程度。

（3）体制创新——科学谋划，完善制度，培育市场。加强整体谋划，科学制定远景发展规划。以国家生态文明建设发展规划为指导，部署针对绿色建筑的建造原则及未来路线，尤其是针对"新区绿色规划，重点推动各级机关、学校和医院建筑，以及影剧院、博物馆、科技馆、体育馆等执行绿色建筑标准；在商业房地产、工业厂房中推广绿色建筑"等的规划、建设，形成更为具体和高效的规定。同时，开展新建建筑、大型公共建筑、既有建筑（包括城市老旧小区绿色化改造）等不同类型的绿色建筑建设规划路线。以及不同的地区需要以国家政策为主要根据，结合地域性特征，形成与国家标准同等或更高的绿色建筑发展计划。北京、上海、重庆、深圳等地，都相继开展地方绿色建筑推广工作，包括制定地方绿色建筑设计导则、地方绿色建筑标准等。

建立健全城市绿色建筑发展相关法律政策。进一步加快城市绿色建筑相关法律政策体系建设步伐，促进绿色建筑产业健康与规范化发展。如在《建筑法》《环境保护法》以及《节约能源法》等相关法律法规中，明确绿色建筑相关建设要求和管理规定，探索制定不同星级标识绿色建筑，在规划、设计、建设、运营等过程中环保、节能、节地等应达到的量化标准。针对绿色建设工程项目在规划设计、施工建设与验收等阶段中，须严格执行《民用建筑绿色设计标准》《建设工程绿色施工规范》等，明确建设单位、设计单位、施工单位、监理单位在建设活动过程中的责任义务。

营造高效可行的绿色建筑评价标准体系。我国目前由国家和地方出台的关于绿色建筑评价标准，多为推荐性标准，缺乏强制性、适用性，因此，需要进一步健全绿色建筑评价体系。如在节能、节水、节地、污染排放等方面，可以考虑设置一些具体的量化评价指标，明确评价技术方法与程序；其次，对不同星级绿色评价标准所要求的绿色建材最低使用率实行强制性要求，在建材环保性方面形成评估认证，并根据功能水平、健康程度以及生态环境等方面设置不同等级。

完善绿色建筑产业投融资机制。积极筹建绿色产业融资机构，发展绿色投资基金，探索将绿色建筑应纳入国家和地方财政预算中，根据年度绿色建筑工作计划统一划拨到绿色建筑专项资金中，在时机成熟条件下，可以考虑成立绿色建筑产业投融资决策中心，采取积极措施，筹措社会资金，建立绿色建筑产业投资基金，赋予各绿色企业的投融资自主权，把绿色建筑企业推向市场，鼓励并支持绿色企业发行股票、债券，使企业拥有投融资功能，成为真正的绿色建筑的投资主体，切实承担绿色投资风险与责任，建立起企业投资主体自求发展、自觉协调、自我约束、讲求效益的责权利紧密结合的投资微观运行机制。

大力培育绿色建筑市场。2011年以来，我国绿色建筑发展取得了突破性进展，而且在未来十年乃至二十年仍将保持迅猛发展态势，新型城镇化的发展将会带动绿色建筑产业链不断延长，高质量绿色建筑将成为市场中独特的吸引力。据央视网2021年8月21日发布报道，到2025年，我国绿色建筑市场规模有望达到6.5万亿元[1]。绿色建筑市场潜力巨大，需要通过引导市场绿色

---

[1] 到2025年我国绿色建筑市场规模有望达到6.5万亿. 央视网（cctv.com）. https://finance.cctv.com/2021/08/26/ARTIbP22qjzRoztCnsNT47Ls210826.shtml.

消费导向、制定优先发展绿色建筑的金融政策、协助解决中小企业融资困难等多种途径，不断培育绿色建筑市场。

推进绿色建筑信息化建设。推进绿色建筑云管理系统建设，利用5G移动互联网、大数据等信息化技术，收集绿色建筑从设计到施工到运行管理各个环节的数据，从而构建大数据库，在AI智能算法的协助下，在项目运行的不同阶段，向每个相关方推送有需求的数据，实现绿色建筑数字化辅助设计、施工管理、验收审查、后期运维、能耗监测等全生命周期综合管理，有效提升项目管理的效率，为加快新型建筑工业化、现代化发展打下基础。

# 第四节　全面加强交通领域资源节约工作

## 一、交通行业主要资源利用现状

　　走循环经济之路、建设节约型社会，是解决我国资源和环境问题、实现经济社会高质量发展的有效途径，也是关系人民群众根本利益、关系中华民族生存和长远发展的根本大计。党的二十大报告提出，中国式现代化是人与自然和谐共生的现代化，人与自然是生命共同体，无止境地向自然索取甚至破坏自然必然会遭到大自然的报复。"要坚持可持续发展，坚持节约优先、保护优先、自然恢复为主的方针，像保护眼睛一样保护自然和生态环境，坚定不移走生产发展、生活富裕、生态良好的文明发展道路，实现中华民族永续发展"。要"实施全面节约战略，推进各类资源节约集约利用，加快构建废弃物循环利用体系"，走出一条具有中国特色的节约型发展道路。

　　交通行业是国民经济的基础性、先导性产业，同时又是资金、资源密集型行业，建设节约型交通行业是节约型社会建设的重要内容和必要条件。近年来，我国公路水路交通实现了跨越式发展，取得了举世瞩目的成就，但发展中各种约束性矛盾已经开始凸显，交通发展所需关键资源的供给形势日趋严峻：土地资源供给更加紧张，石油资源制约日益趋紧，港口岸线特别是深水岸线资源短缺、原材料供给不足等。因此，要从根本上缓解交通发展面临的资源约束和环境生态压力，切实保障交通强国建设目标的实现，就必须坚持以习近平新时代中国特色主要思想为指导，走资源节约型交通发展之路，实现交通全面协调可持续发展。

## （一）节约型交通行业的概念和内涵

### 1. 节约型交通行业的概念

节约型交通行业没有统一的概念。一般认为，节约型交通行业是指在建设、运输、管理等环节，建立健全节约资源的体制和机制，调整运输结构，推进科技进步，加强法制建设，完善政策措施，形成有利于资源节约的交通供给和消费方式，充分发挥各种运输方式在综合运输体系中的比较优势，实现交通发展对资源的少用、用好和循环用，以尽可能少的交通运输资源满足最大的运输需求。

### 2. 节约型交通行业的内涵

建设节约型交通行业的根本目的是实现行业的可持续发展。在今后相当长一段时间内，加快发展仍是交通工作的第一要务。面对繁重的发展任务，资源、能源制约的矛盾越来越突出，成为影响交通发展的主要因素。我们建设节约型交通行业，就是采取有效的手段，实现交通发展对土地、岸线等的集约利用，在能源等方面厉行节约，走运输安全型、质量效益型、资源节约型、环境友好型的交通可持续发展之路。

建设节约型交通行业的基本理念是在发展中走资源节约之路。未来的5~10年是交通发展的重要机遇期。交通要发展，但在发展的同时不可避免地要消耗资源。要把节约资源的理念自觉贯穿于交通工作的方方面面，公路建设中要考虑合理选择和利用线位资源；节约利用土地特别是耕地资源；港口建设中要考虑合理利用岸线；运输生产中要努力降低能源消耗。在交通发展中主动保护、合理开发和节约使用各种自然资源，在发展中走资源节约之路。

建设节约型交通行业的内在要求是交通增长方式由粗放型向集约型转变。交通行业是一个资源、资金密集型的行业，对土地、岸线、能源、原材料等资源的占用与需求巨大。建设节约型交通行业要求在保持交通基础设施规模、运输车船装备总量适度增长的同时，不断优化基础设施、车船装备的结构，大力提升建设工程的质量，全面提高运输安全与服务水平，实现速度与结构、质量的统一，实现交通增长方式由粗放型向集约型的转变。

建设节约型交通行业的外在特征是实现资源的"低投入、高产出、低消耗、少排放、能循环"。建设节约型交通行业从宏观上看，要从综合运输的角度进行结构调整，从微观上看，要在基础设施建设、养护、运输、管理等环节以不断提高交通运输资源的生产率和能源利用效率为目标，实现交通运输资源的低投入、高产出，降低能源消耗，减少废弃物的排放，提高资源的重复使用率，减少对不可再生资源的利用，发展交通循环经济，实现交通行业的可持续发展。

建设节约型交通行业的实施范围是全领域、全寿命、全资源的节约。建设节约型交通行业，要将节约的理念贯穿于整个交通基础设施的全过程，在规划、勘察设计、建设、维护、运输、管理等环节，实现全领域的节约；控制建设成本，充分考虑维护和管理成本，追求整体最优，实现全寿命成本的节约；对土地、岸线、能源、建筑材料等资源实行节约和集约利用，充分发挥资源的综合效应，发展交通循环经济，实现全资源的节约。

建设节约型交通行业的实现途径是市场调节与政府引导相结合。节约型交通行业建设是一项艰巨的战略要务，需要调动各种力量共同努力。既要通过政府制定政策、法律法规、标准规范等进行资源调控，形成有利于资源节约的体制和机制；更要充分发挥市场配置资源的基础性作用，通过经济手段提高资源使用效率，以尽可能少的交通运输资源满足最大的运输需求，实现交通行业的可持续发展。

## （二）交通行业主要资源利用现状

公路水路交通行业是国民经济和社会发展的基础性、先导性、战略性和服务性行业，同时也是资金、资源密集型行业，对土地、岸线、能源和建筑材料等资源的依赖性较强。根据国家建设节约型社会有关工作部署，选取土地、岸线、能源作为交通行业资源节约的主要分析对象。

## 1. 土地资源

交通用地主要以公路用地为主，其他交通方式占地很小，因此以代表性的公路用地进行测算分析。

（1）**用地现状**。根据国土资源部《中国国土资源公报》中交通运输用地统计（该公报2017年以后取消了交通运输用地的统计），2014—2017年的交通用地情况如下表。根据国务院第三次全国国土调查领导小组办公室、自然资源部、国家统计局2021年8月25日发布的《第三次全国国土调查主要数据公报》，2019年的交通用地为14329.6万亩。根据趋势外推原则对2018年、2020年的交通用地数据进行了推算得到。具体数值如表2-4-1所示。

表2-4-1 交通运输用地及公路交通用地情况

| 年份 | 交通运输用地（万亩） | 公路交通用地（万亩） |
| --- | --- | --- |
| 2014 | 12963.6 | 12028.9 |
| 2015 | 13097.2 | 12137.4 |
| 2016 | 13273.2 | 12275.1 |
| 2017 | 13616.4 | 12530.8 |
| 2018 | 13968.4 | 12835.1 |
| 2019 | 14329.6 | 13192.0 |
| 2020 | 14700.1 | 13205.8 |

数据来源：1.《中国国土资源公报》，2017年后没有相关统计，结合调查数据推算得出。2.《第三次全国国土调查主要数据公报》（2021年8月25日），国务院第三次全国国土调查领导小组办公室、自然资源部、国家统计局。

**（2）用地特点。**

第一，集约用地趋势明显

高等级公路特别是高速公路土地资源利用的集约效益显著。按设计通行能力进行测算，以六车道高速公路为基准，完成单位交通量所占用土地面积的比值，六车道、四车道高速公路，一级、二级、三级公路，以及双车道、单车道四级公路占地面积的比值分别为1∶1.7∶2.4∶3.2∶6.4∶8.2∶41.0。也就是说，等级公路中六车道高速公路同单车道四级公路相比，相同用地面积的设计通行能力要高出40多倍。过去20年间，我国交通基础设施快速发展，高速公路通车里程18万千米，二级以上公路的里程比重明显增加，路网结构日趋合理化、技术等级不断提升，以相对较少的占地，大幅提升了路网的通行能力，极大地促进了公路用地的集约化程度。

第二，土地利用效率逐年提高

"十三五"以来，我国公路运输单位周转量用地面积呈逐年下降趋势见表2-4-2。2014—2018年，单位总客货换算周转量的用地面积由0.208下降到0.178亩/（吨/千米），降幅达14.4%，土地利用效率明显提高。2019年后由于统计口径发生变化，和以前的数据不具有可比性。

表2-4-2　2016—2019年公路单位周转量占用土地发展情况

| 年份 | 2014 | 2015 | 2016 | 2017 | 2018 | 2019 | 2020 |
| --- | --- | --- | --- | --- | --- | --- | --- |
| 旅客周转量（亿人千米） | 10996.8 | 10742.7 | 10228.7 | 9765.2 | 9279.7 | 8857.1 | 4641.0 |

续表

| 年份 | 2014 | 2015 | 2016 | 2017 | 2018 | 2019 | 2020 |
|---|---|---|---|---|---|---|---|
| 单位旅客周转量占地面积（亩/人千米） | 1.094 | 1.130 | 1.200 | 1.283 | 1.383 | 1.489 | 2.845 |
| 货物周转量（亿吨千米） | 56846.9 | 57955.7 | 61080.1 | 66771.5 | 71249.2 | 59636.4 | 60171.9 |
| 单位货物周转量占地面积（亩/吨千米） | 0.212 | 0.209 | 0.201 | 0.188 | 0.180 | 0.221 | 0.219 |
| 总周转量（亿吨千米） | 57946.6 | 59030.0 | 62103.0 | 67748.0 | 72177.2 | 60522.1 | 60636.0 |
| 单位总周转量占地面积（亩/吨千米） | 0.208 | 0.206 | 0.198 | 0.185 | 0.178 | 0.218 | 0.218 |

数据来源：《中国交通运输年鉴》，2014—2020年。

## 2. 岸线资源

（1）利用现状。目前尚未有全国港口岸线资源的规范统计，现采用单位货物吞吐量占用码头泊位长度间接分析岸线开发利用总量及其使用效率。"十三五"以来，我国港口岸线资源开发速度较快，岸线开发利用状况见表2-4-3。

表2-4-3 全国港口生产用岸线开发利用状况

| 年份 | 2016 | 2017 | 2018 | 2019 | 2020 |
|---|---|---|---|---|---|
| 全国港口码头泊位长度（千米） | 2253.0 | 2108.9 | 1992.0 | 1977.5 | 1985.0 |

续表

| 年份 | 2016 | 2017 | 2018 | 2019 | 2020 |
|---|---|---|---|---|---|
| 其中：沿海港口 | 839.0 | 850.3 | 863.4 | 869.9 | 882.4 |
| 内河港口 | 1414.0 | 1258.6 | 1128.5 | 1107.7 | 1102.6 |
| 全国港口货物吞吐量（亿吨） | 132.0 | 140.1 | 143.5 | 139.5 | 145.5 |
| 其中：沿海港口 | 84.6 | 90.6 | 94.6 | 91.9 | 94.8 |
| 内河港口 | 47.5 | 49.5 | 48.9 | 47.6 | 50.7 |
| 全国港口岸线利用效率（米/万吨） | 17.1 | 15.1 | 13.9 | 14.2 | 13.6 |
| 其中：沿海港口 | 9.9 | 9.4 | 9.1 | 9.5 | 9.3 |
| 内河港口 | 29.8 | 25.4 | 23.1 | 23.3 | 21.7 |

资料来源：《中国交通运输年鉴》，2016—2020年。需要说明的是，自2019年起，对港口统计范围进行调整，由规模以上港口调整为全国所有港口。

2016—2020年，全国港口生产用码头泊位长度由2253千米减少至1985千米，降低幅度为11.9%（见图2-4-1）。其中：沿海港口增长幅度为5.2%，年均增长率为4.6%；内河港口增长幅度为10.1%，年均增长率为1.9%。

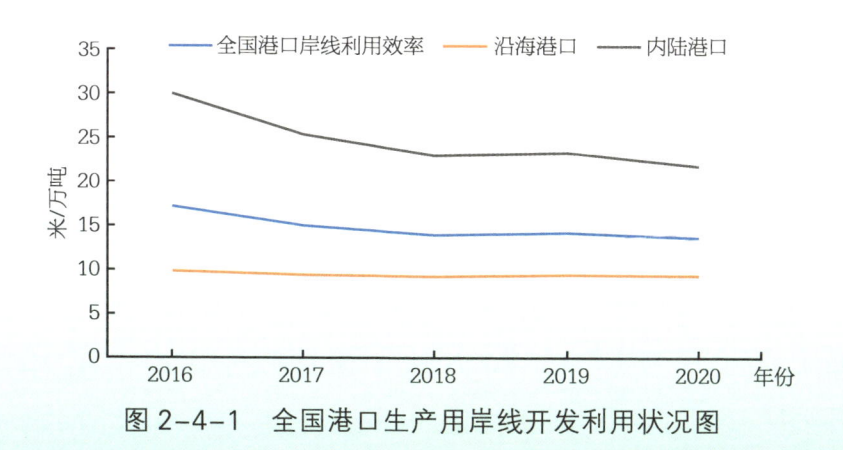

图2-4-1 全国港口生产用岸线开发利用状况图

**（2）利用特点。**

①岸线开发利用效率显著提高

全国港口生产用码头岸线利用效率逐年提高，单位货物吞吐量占用码头泊位长度呈逐年下降趋势。2020年全国港口的每万吨货物吞吐量占用的码头泊位长度比2016年减少8.8%，其中沿海和内河港口同比分别减少6.1%、27.2%。究其原因在于港口泊位大型化、专业化趋势加快，岸线资源利用集约效应显著。

②主要港口特别是沿海主要港口集约利用岸线作用明显

总体来说，沿海港口生产用码头岸线利用效率大大高于内河港口。一方面是因为沿海港口泊位大型化形成的规模效应显著，另一方面是因为沿海港口的专业化、信息化智能化水平提高，促进了岸线使用效率的提高。全国主要港口的岸线利用效率要大大高于全国平均水平。以2020年为例，全国主要港口以38.2%的码头泊位长度承担了全国港口79.7%的吞吐量，主要沿海港口更是以占全国沿海72.2%的码头泊位长度承担了沿海港口97%、全国港口59%的吞吐量，岸线利用集约效应十分显著。

### 3. 能源

**（1）消耗现状。** 交通运输是能源的三大重点领域之一，主要包括汽油、柴油、电力、天然气等。"十三五"以来我国能源消费量、交通运输能源消费量呈现快速上升的趋势，全国能源消费量从2016年的44.1亿吨上升到2020年的49.8亿吨，交通运输的能源消费由2016年的3.99亿吨上升到2020年的4.13亿吨，交通运输能源消耗占全国能源消耗的比重为9左右，如表2-4-4所示。

表 2-4-4　我国能源消费量、交通运输能源消费量

|  | 2016 | 2017 | 2018 | 2019 | 2020 |
| --- | --- | --- | --- | --- | --- |
| 全国能源消费量（万吨） | 441492 | 455827 | 471925 | 487488 | 498314 |
| 交通运输能源消费量（万吨） | 39883 | 42140 | 43617 | 43909 | 41309 |
| 占全国能源消费量比例（%） | 9.03 | 9.24 | 9.24 | 9.01 | 8.29 |

数据来源：《中国能源统计年鉴》综合能源平衡表。

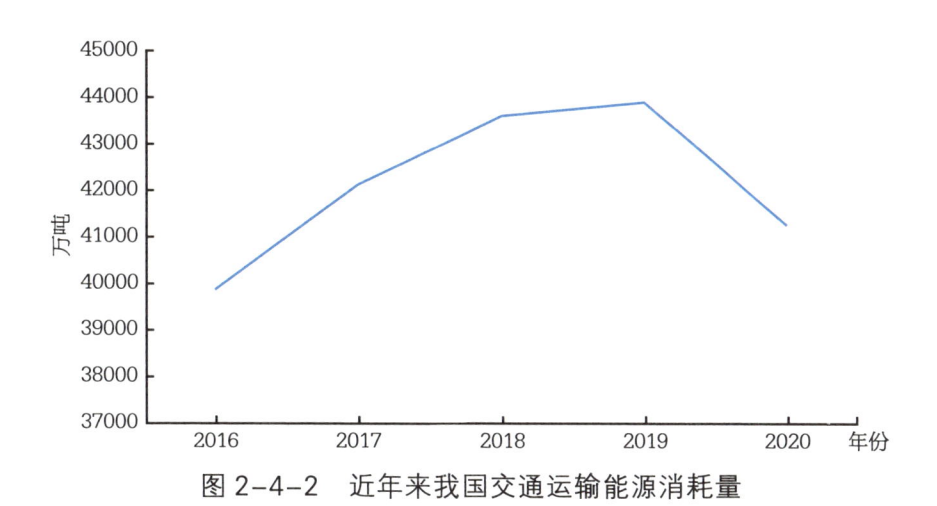

图 2-4-2　近年来我国交通运输能源消耗量

如图 2-4-2 所示，我国能源结构的特点是多煤少油，而交通运输的能源消耗大多与石油及其制品有关。全国石油消费量由 2016 年的 5.8 亿吨增长到 2020 年的 6.5 亿吨，交通运输的石油消费量 2016 年为 2.1 亿吨，2017 年、2018 年持续增长，2019 年后由于疫情略有下降，2020 年交通运输石油消费量为 2.05 亿吨（见图 2-4-2）。全国、交通运输石油消费量统计见表 2-4-5。

表 2-4-5　全国石油消费量、交通运输石油消费量占比

| 年份 | 2016 | 2017 | 2018 | 2019 | 2020 |
|---|---|---|---|---|---|
| 全国石油消费量（万吨） | 57692.9 | 60395.9 | 62245.1 | 64506.5 | 65369.1 |
| 交通运输石油消费量（万吨） | 21146.1 | 22075.8 | 22738.6 | 22109.6 | 20481.4 |
| 占全国石油消费量的比例（%） | 36.65 | 36.55 | 36.53 | 34.27 | 31.33 |

数据来源：《中国能源统计年鉴》，2016—2020 年石油平衡表。其中交通运输包括：交通运输、仓储和邮政业。

（2）消耗特点。

①交通运输能源消费量持续上升

我国交通运输能源消费量 2016 年为 4.0 亿吨，2017 年、2018 年、2019 年增长为 4.21 亿吨、4.36 亿吨、4.39 亿吨，2020 年由于疫情影响略有下降，为 4.13 亿吨，"十三五"期间交通运输的能源消费量都稳定在 4 亿～4.4 亿吨之间波动，消费量巨大。

②单位能耗的运输效率有所上升

单位运输能耗呈下降趋势，运输效率有所上升。2016 年单位运输周转量的能耗量为 0.642 吨/（万吨/千米），2017 年、2018 年分别下降为 0.622、0.604 吨/（万吨/千米），2019—2020 年由于疫情影响，略有上升，如表 2-4-6 所示。

表 2-4-6　交通运输能源消耗效率分析

| 年份 | 2016 | 2017 | 2018 | 2019 | 2020 |
|---|---|---|---|---|---|
| 交通运输能源消费量（万吨） | 39883 | 42140 | 43617 | 43909 | 41309 |

续表

| 年份 | 2016 | 2017 | 2018 | 2019 | 2020 |
|---|---|---|---|---|---|
| 总周转量（亿吨/千米） | 62103.0 | 67748.0 | 72177.2 | 60522.1 | 60636.0 |
| 单位周转量能源消耗[吨/（万吨/千米）] | 0.642 | 0.622 | 0.604 | 0.726 | 0.681 |

4. 综合评价

近年来，交通运输行业秉承节约资源、保护环境的发展理念，实现了交通的快速发展，其中有许多成功的经验。主要是：

（1）**高速公路建设大幅度降低运输成本，节约运输时间，实现了土地资源的集约利用**。高速公路具有显著的集约性效益，通行能力大、行车速度快、运输成本低、安全舒适，能够集约利用土地、降低能源消耗、减少环境污染，提高交通安全。据分析，一条四车道高速公路是一条二级公路通行能力的4倍，可节约15%的运输成本，节约50%的时间，可降低50%的安全事故，可减少1000%的死亡人数。近年来，我国公路通过提升公路路网技术等级、优化路网结构，实现了土地资源的集约和节约利用，取得显著成效。

（2）**公路交通的发展提高了土地的开发利用效率，更好地发挥了土地的价值**。公路建设一方面必然要占用一部分土地，另一方面也是对土地资源的利用和保护。经济发展落后而自然资源富集的地区，建成通向外界的公路后，就可以使该地区的资源开发成本大幅度下降，资源的利用效率大幅度上升，推进沿线资源的开发。特别是高速公路极大地改善了沿线的投资环境，加快区域城镇化进程，城际高速公路的发展改变了旅客运输和货物运输的时空限制，改变了人们选择居住和工作地点的传统观念，使人们的生活更加丰富多彩。

（3）**内河航运的快速发展，促进了资源利用效率的提高**。内河航运具有运能大、占地少、能耗低、污染小等优势，是一种资源节约型和环境友好型的绿色运输方式。通过重点航道整治和高等级航道网建设，长江、珠江、京杭运河等黄金水道在经济社会中的作用日益突出。据有关专家测算，长江黄金水道的运量相当于9条京广铁路；京杭运河苏南段年运输总量超过1亿吨，是沪宁铁路单线货运总量的3倍。内河航运以极少的占地、较低的能源消耗，完成了较高比重的运输量，特别是为能源、原材料等大宗货物运输提供了基础保障，极大地促进了整个交通行业资源的高效利用。

（4）**港口大型化、专业化、现代化趋势明显，岸线资源利用效率大大提高**。近年来，全国港口特别是沿海港口的单位货物吞吐量所占用的码头泊位长度呈显著下降趋势。据初步匡算，仅2016—2020年，倘若按照2016年全国港口的每万吨吞吐量占用生产用码头泊位长度维持不变（17.1/万吨），要完成2020年145.5亿吨货物吞吐量，所需占用的生产用码头泊位长度将达2488千米，将比2020年实际开发建设的码头泊位长度（1985千米）多出503千米。通过加快港口大型化、专业化发展，大大提高了岸线利用效率，集约和节约利用了岸线。

（5）**运输组织和管理水平的提高，降低了行业能耗水平**。按照"宜水则水、宜陆则陆、宜空则空"的原则，提高铁路、水路在综合运输中的承运比重，降低运输能耗强度。大力发展多式联运，促进铁路、公路、水路、民航和城市交通等不同交通方式之间的高效组织和顺畅衔接，加快形成便捷、安全、经济、高效的综合运输体系。优先发展公共交通，大幅提高公共交通出行分担比例，引导公众绿色出行。加快发展绿色货运和现代物流，加强城市物流配送体系建设。

这些成绩的取得，主要得益于：一是重视战略规划，为实现资源的综合开发和合理利用提供指导。注重科学决策，合理规划，以土地、岸线资源的集约利用为指导思想，编制了《国家高速公路网规划》《全国沿海港口布局规划》等全国性规划，实现国土资源的综合开发和节约保护。二是加强政策法规建设。《公路法》《港口法》等行业龙头法中，明确保护耕地和节约土地、严格保护岸线的法律地位。配合国家《节约能源法》实施，制定了交通行业的实施细则，实施节能产品（技术）产业目录管理。三是初步建立了资源节约的标准规范体系。制定发布了公路建设项目用地指标、水运工程节能设计规范、公路工程节能管理规定等。四是积极调整和优化运输结构。加快淘汰老旧车船，实现运输节能降耗；大力推进船舶大型化、专业化、标准化进程；推动车辆大吨位多轴方向发展，提高厢式货车、拖挂甩挂列车、集装箱车的比重。五是依靠科技进步，着力提高资源节约能力。积极吸收引进并大力研发推广新技术、新材料、新工业、新产品；大力研发和推广节能运输装备、替代能源；大力发展数字化和智慧交通等现代信息技术，用信息化提升传统交通运输业。

尽管我国在节约交通资源方面开展了大量的工作，但目前仍然存在基础设施总量不足、质量不高，运输服务结构性问题仍未得到彻底解决、效率较低等问题。在资源的使用方面主要表现在：在交通基础设施建设领域，过于注重经济性因素，而对于资源特别是土地、岸线等不可再生资源的节约重视不够；公路建设用地需求较大，节约、集约利用土地仍需提高；一些地方为追求政绩工程，贪大求洋，任意扩大项目的标准和规模，造成资源和投资的浪费；路面早期破损严重，达不到设计寿命，频繁地挖补和维修作业，既影响通行能力，也增加了成本，还降低了投资效益；内河航运资源丰富，但开发不足、保护不够，内河航运优势没有得到充分开发，水资源综合效益尚未得到充分显现；在运输消费领域，对数字化、智慧交通等利用还不是很充分，运输的组织效率有待进一步提升等。产生这些问题的主要原因是：资源节约意识薄弱、节约型发展理念尚未深入人心，节约资源的技术支撑体系尚未建立，资源市场化改革的体制和机制还没有形成，资源有偿使用的政策、法规、标准尚需完善，交通运输资源开发利用尚未形成统一的规划和管理、高效率的综合运输体系需要加快建立，交通循环经济发展模式需要尽快形成等。

## 二、未来交通主要资源供需形势和国外经验

### （一）土地资源

人多地少，后备资源不足，是我国的基本国情。在为社会经

济发展提供足够的建设用地资源的同时，更为有效地保护耕地，是我国土地资源供需矛盾中的关键。各类用地的供需平衡，更加突出地反映在对耕地需求的平衡。

以公路用地代表未来交通用地。2020年全国旅客周转量为4641亿人·千米，货物周转量为60171.9亿吨/千米，根据中共中央、国务院印发的《国家综合立体交通网规划纲要（2021—2035年）》，预计2021至2035年旅客出行量（含小汽车出行量）年均增速为3.2%左右，货物运输需求稳中有升，预计2021—2035年全社会货运量年均增速为2%左右，邮政快递业务量年均增速为6.3%左右，见表2-4-7。

表2-4-7　未来全国公路用地需求预测

| 全国公路用地需求 | 2020年 | 2035年 |
| --- | --- | --- |
| 旅客周转量（亿人/千米） | 4641 | 5432.6 |
| 货物周转量（亿吨/千米） | 60171.9 | 66434.6 |
| 总货物周转量（亿吨/千米） | 60636 | 66977.9 |
| 用地面积（万亩） | 13205.8 | 14601.2 |

注：按照2020年的用地效率0.218亩/（吨/千米）测算。

交通运输作为国民经济和社会发展的基础性、先导性和战略性行业，要立足于满足未来日益增长的、多样化运输需求，必须加快发展。而交通发展不可避免地要占用一定的土地和耕地资源，根据前面公路用地需求分析，要实现交通强国的发展目标，2035年公路建设用地面积约14601万亩。如果不采取节约型的交通发展模式，贯彻落实最严格的耕地保护政策，土地资源的有限供给将成为公路建设的重要制约因素，甚至使交通发展既定目标无法实现，国民经济和社会发展的运输需求无法得到有效保障。

## （二）岸线资源

岸线资源分为内河岸线和沿海岸线，相对来说，沿海岸线稀缺程度更加严重，供应紧张形势尤为普遍，其影响程度也更大。

一段理想的宜港岸线资源，不仅需要良好的水域条件，也需要优越的陆域拓展空间。我国海岸线总长约 3.2 万千米，但宜港岸线资源并不富足，宜港岸线资源特别是深水岸线资源极其珍贵。目前，我国一些沿海主要港口都已普遍面临岸线资源特别是深水岸线的紧张困境，岸线的节约具有重大战略意义。与此同时，全国港口吞吐量快速增长，相对于经济和社会发展旺盛的运输需求，港口有效通过能力仍然不足，对岸线资源的需求较大。特别是未来我国沿海港口主要货种仍将以煤炭、矿石、原油、粮食等大宗散货以及集装箱货物为主，港口建设对岸线资源的需求主要集中于可建十万吨级以上泊位的深水岸线。

为适应沿海港口吞吐量的迅猛发展，我国大型专业化深水泊位建设取得显著成绩，使得单位货物吞吐量占用码头长度大幅下降。但到 2035 年，我国沿海港口货物吞吐量仍将稳步增长，倘若单位货物吞吐量占用的生产用码头泊位长度得不到显著降低，对港口岸线特别是深水岸线新增需求旺盛，在当前主要沿海港口岸线特别是深水岸线普遍已出现紧张局面的情况下，岸线资源承载能力难以为继。因此，必须继续深化岸线资源的集约型开发模式，实现内涵式增长。

## （三）能源

我国能源结构的特点是多煤少油，因此交通燃油消耗对于我国石油能源问题的影响更加突出。随着我国经济不断增长，我国油气需求持续增加。近10年来，我国石油消费量从2012年的4.67亿吨，增长到2021年的7.07亿吨，增长了51.49%，年均增速达4.2%。天然气消费量2012年的1497亿立方米，增长到2021年的3726亿立方米，增长了近1.5倍，年均增速达9.5%。

受自身油气资源禀赋限制，我国油气对外依存度较高。国内石油消费量增速远高于产量的增速，需求缺口呈逐步扩大趋势。石油对外依存度从2012年的58.1%，增长到2021年72.5%，增长了14.5个百分点。天然气对外依存度从2012年的28.1%，增长到2021年45.0%，增长了16.8个百分点（见表2-4-8）。

表2-4-8　2012—2021年我国油气消费量、进口量及对外依存度

| 年份 | 石油消费量（万吨） | 石油进口量（万吨） | 石油对外依存度（%） | 天然气消费量（亿立方米） | 天然气进口量（亿立方米） | 天然气对外依存度（%） |
|---|---|---|---|---|---|---|
| 2012 | 46679 | 27103 | 58.1 | 1497 | 421 | 28.1 |
| 2013 | 48652 | 28174 | 57.9 | 1705 | 525 | 30.8 |
| 2014 | 51597 | 30837 | 59.8 | 1871 | 591 | 31.6 |
| 2015 | 54788 | 33550 | 61.2 | 1932 | 611 | 31.6 |

续表

| 年份 | 石油消费量（万吨） | 石油进口量（万吨） | 石油对外依存度（%） | 天然气消费量（亿立方米） | 天然气进口量（亿立方米） | 天然气对外依存度（%） |
|---|---|---|---|---|---|---|
| 2016 | 57126 | 38101 | 66.7 | 2078 | 746 | 35.9 |
| 2017 | 59402 | 41957 | 70.6 | 2394 | 946 | 39.5 |
| 2018 | 63004 | 46189 | 73.3 | 2817 | 1246 | 44.2 |
| 2019 | 67268 | 50568 | 75.2 | 3060 | 1332 | 43.5 |
| 2020 | 73186 | 54201 | 74.1 | 3228 | 1403 | 43.5 |
| 2021 | 70716 | 51298 | 72.5 | 3726 | 1675 | 45.0 |

数据来源：国家统计局，天然气进口包括液化石油气。

未来一段时间内油气需求仍将持续增长，能源安全形势依旧严峻。我国处于工业化中后期和城镇化快速推进期，未来一定时期内能源需求仍将保持增长。在可再生能源完成规模化替代前，油气仍然不可或缺。根据《十四五石油天然气发展规划》，预计到2025年，我国石油消费量达7.4亿~7.6亿吨，4300亿~4500亿立方米。根据中国石油经济技术研究院的预测，石油消费与天然气消费将先后在2030年和2040年达峰，峰值分别约7.8亿吨和6500亿立方米。

石油消费将于2030年前后达峰，主要受到交通运输燃料需求的影响。到2027年，中国交通运输石油需求将由目前的2.8亿吨左右增长到4.0亿吨左右。其中，随着新能源车辆的普及，汽油消费量将2025年后持续下降；考虑到公路货运领域新能源车辆技术路径还不成熟，柴油依旧是最主要的货运燃料，但消费增长空间已非常有限。

交通运输燃油消费在全国石油消费中占有突出位置。我国正逐渐步入机动化社会，交通燃油需求将成为未来石油需求增长的最主要动力。如果不能大幅提高能效，将会对我国的能源安全带来负面影响。

## （四）国外交通节约型发展对我国的启示

### 1. 国外交通节约型发展的主要阶段分析

从国外交通发展的状况看，发达国家虽未明确提出清晰的节约型交通发展的理念，但从其发展历程来看，却体现了不断向节约型发展的特点。从节约型发展的角度，纵观发达国家交通运输的发展过程，可以归纳为三个主要阶段："粗放扩能阶段""节能降耗阶段"以及"集约利用阶段"。

（1）**粗放扩能阶段**。20世纪40—70年代前后，随着战后经济的迅速恢复，主要发达国家经济进入大力发展石油化工、钢铁冶金和机械制造等重化工产业的阶段，此时社会经济和运输需求处于快速增长时期。交通基础设施和运输发展以增量为主，对能源等认识不是很充分，发展方式属于粗放型，以扩能增量为主要目标。此阶段国外在技术角度适当采取了一些节约做法：如改进公路和港口等的设计、采用新的施工工艺、采用新材料、采用新的建设技术和施工方法等，主要从经济角度降低建设成本。

（2）**节能降耗阶段**。20世纪70年代后，随着两次石油危机的爆发，发达国家开始了大规模的产业结构调整，一些能耗大、

### 中国式现代化资源节约之路

污染严重的重化工产业及产品不再继续发展，并开始向发展中国家转移，技术密集、资金密集的产业和产品受到重视，发展很快。此时能源的使用在国民经济发展和国际合作中体现着越来越大的重要性，交通中能源的有效使用和节约问题逐步引起国家政府的重视。此时交通发展重在优化运输结构，在节约上的特点是注重节能，大力开展节能方面的研究和应用。

（3）**集约利用阶段**。进入20世纪90年代，出现了全球经济"一体化"的新动向。此阶段公路运输采用了高新技术特别是智能运输技术，水运和铁路等运输方式也出现了高速铁路客运和重载货运、远洋大型集装箱运输等高新技术运输形式，各种运输方式之间在发展速度和市场份额上的差距逐步缩小。在此阶段，发达国家强调加强运输组织管理，大力促进智能交通、综合运输一体化，特别是集装箱多式联运，有效提高了运输系统的整体效率，降低运输成本，同时减少了对资源的占用和依赖度。

以1992年的联合国环境与发展会议为标志，发达国家政府更加注重的交通发展方向则是发展环境友好型交通，实现可持续发展、保护环境为目的的节能和提高能源效率。此阶段以计算机技术、现代通信技术、全球定位技术为代表的高新技术迅速崛起，为交通的发展提供了有效手段和支撑。

### 2. 对我国节约型交通发展的启示

发达国家的交通发展在节约方面经历了一个从不自觉到自觉、边实践、边总结的漫长历史过程，从最初的简单降低建设成本到节能降耗、提高能源利用效率，再到注重提高交通运输整体效率，发展环境友好型和资源节约型交通，从而最终达到有限资源的充分利用和集约利用下的高效运输，实现可持续交通的发展目标。透过发达国家交通运输的发展特点，我们可以从不同角度，来探寻发达国家交通运输业在节约方面发展的轨迹，从而为我国节约型交通发展在理念上带来启示。

（1）**科学决策是最大的节约**。交通基础设施建设投资巨大，属于资产沉淀性行业。一旦出现问题，直接经济后果和间接社会影响极其严重，因此，在基础设施建设过程中，科学决策十分重要。不科学、不合理的决策，将给社会带来巨大的损失，而科学的决策，是最大的节约。这要求在规划、设计、建设一项工程时，既要考虑初始建设费用，也要考虑后期养护费用、再利用价值及道路使用者成本，考虑设计使用周期的全寿命成本。

（2）**适应功能性要求的高起点建设是一种节约**。国外经验表明，适应功能性要求而非仅仅依据交通量确定规模的高起点建设是一种节约。美国依据道路所提供的交通服务特点（如短途或长途、城市道路或是旅游道路等）确定其功能，不同功能类别的公路在提供机动性和居民出入服务方面是有着本质的区别。干线公路提供高水平的机动性和严格的出入控制，地方道路虽然提供进入邻近区域的便利性，但机动性较差。集散道则在机动性与居民出入方面处于平衡。基础设施的高起点建设包括所采用技术和材料的先进性，以及决策、规划和设计中的高标准，在可能的条件下，宁肯先期投入大一些，也要减少后期养护费用，以延长使用寿命，提高综合服务水平。通过注重工程建设的适当高起点，从而降低全寿命成本，全过程节约的目的。

**（3）科学确定符合区域特点的设计标准和指标是节约的重要途径**。美国高速公路的立法和规范统一由联邦政府制定，而其设计标准则根据各州的实际情况确定。设计人员应该以规范为指导，创造性地去解决问题。在美国没有编制规划的单一程序，每个州有不同的规划指导方针。"科学确定符合区域特点的设计标准"，其关键在于合理运用技术指标，即根据公路所处的自然条件，并充分考虑地域的特殊与差异，在各项技术指标值的高限、低限范围内进行选择与组合，从而最大限度达到节约的目的。这就要求设计者应具有相应专业技能和熟悉相关技术标准和规范，应避免设计的随意性。

**（4）提高工程质量和耐久性是降低工程全寿命成本的有效手段**。交通基础设施的质量越高，耐久性越强，使用交通设施的边际成本就越低，就越是节约。美国学者用"五倍定律"形象地说明了耐久性的重要性，如果工程的功能和安全性得不到有效保证，要进行改造和修复，势必带来巨大的经济损失和浪费。1997年召开的第十六届国际混凝土路面会议，提出路面设计不仅要提出平均强度要求，还应提出耐久性要求。一些国家要求结构物的设计使用寿命为 100 年或更长。

**（5）技术进步是实现交通节约型发展的最有力推动**。人类不可能通过无限制地扩张设施和服务满足运输需求，挖掘潜力提高效率，才能克服空间约束性的局限。科学技术的不断进步，可以不断催生和提供交通事业发展的新的增长点和新动力，极大提高了交通运输资源的配置效率和效益，以及使用效率和效益，进而推进交通事业的可持续发展。第一，不断改善汽车性能，可以提高能源利用效率，降低能源消耗。第二，加强对替代燃料和可再生能源的研究，可以降低传统能源依存度。第三，努力提高公路的整体技术水平尤其是路面铺筑水平，可以降低机动车行驶的能量损耗。第四，充分利用信息技术提高运输效率，可以实现少占用交通运输资源。通过发展智能交通，推进信息化建设，进一步完善交通系统的管理，包括交通的组织、交通网络的优化、交通监控等，可以有效提高现有设施的使用效率。

（6）采用交通需求管理可以实现节约交通运输资源的目的。交通需求管理是通过收费等手段影响交通参与者对交通方式、时间、地点、路线等的选择，使需求时间、空间均衡化，以保持一定的供需平衡。实施有效的交通需求管理，可以提高现有路网的利用效率。在出行方式的选择上，交通需求管理政策主要是对某些交通方式实施刺激或抑制政策，将出行方式由低容量向高容量转移，具体措施有汽车合乘；改善换乘设施，促使出行者向高容量的公交系统转移采取汽车及汽油消费税收、城市和交通高峰期支付拥挤价格、高停车费等经济政策，强制共乘和城区通行许可证等行政干预手段来抑制公路使用需求，以解决交通拥挤带来的环境和能源问题。国外成功实例表明，道路拥挤收费是一种有效的交通需求管理政策和措施。

（7）有序竞争、完善综合的运输体系可以实现交通运输资源的节约。根据各种运输方式的特点，充分发挥各自优势，在市场竞争中逐步形成并完善综合运输体系，提高运输效率和服务水平，可以实现交通运输资源占用的节约。

### 3. 由国外经验看我国节约型交通发展道路

发达国家交通发展在经历了"粗放扩能阶段""节能降耗阶段"后已经进入"集约利用阶段"。目前所注重的交通可持续发展主要是强调交通运输要走资源节约型和环境保护型发展道路，既要降低能源消耗，加强环境保护，减少环境污染；是在陆路交通网络的大规模建设已经结束，从"国土开发"转为"国土管理"和保护阶段的节约，是充分发展后的全面协调发展。

而我国现阶段交通行业发展具有以下不同特点：

（1）**发展质量仍然不高**。我国国民经济的迅速发展产生了巨大的交通运输需求，交通基础设施的数量得到一定的提升，但发展质量不足，发展不平衡、不充分的问题仍然存在，运输组织水平有待提高。因此现阶段交通发展必须努力提高交通供给的数量和质量，改善交通服务，保证交通安全、畅通和高效，发展仍然是第一要务。与发达国家在充分发展后的全面协调发展相比较，我国交通是在低水平、不全面、不平衡发展的基础上，寻求节约型之路的。

（2）**人均资源占有量少，制约明显**。国外交通大发展时期，无论是发达国家还是发展中国家，交通基础设施都必须具有一定的规模。不同国家交通发展所走的路径不尽相同，有的国家土地资源供应相对富足，并没有突出对土地的节约。而我国人口众多，资源相对短缺，土地、岸线、能源、建筑材料等资源对交通行业发展的约束明显。能源对外依存度的持续走高将对我国和平崛起之路带来挑战。

**（3）体制机制不健全。**与国外大规模交通基础设施建设时期相比，我国交通发展的投资体制、管理体制、产业政策、法律法规、技术水平等方面还不完善，对交通行业的发展也有一定的制约。

根据国外不同交通发展阶段的特点，我国交通行业现在正处于高质量发展时期，发展任务繁重，资源制约明显。一方面要抢抓战略机遇期，加快发展；另一方面要强调节约、集约利用资源，不能走国外先粗放式发展、再进行节约和治理的道路。为实现高质量发展和两个一百年的奋斗目标，交通行业必须在发展中走资源节约道路。

## 三、节约型交通行业发展的思路、原则、目标和重点

### （一）总体思路

我国节约型交通行业发展的总体思路是：以习近平新时代中国特色社会主义思想为指导，紧紧围绕实现交通增长方式和消费方式的根本性转变，以大幅度提高资源利用效率为核心，以节约土地、岸线、能源、材料，实现资源综合利用与发展交通循环经济为重点，加快调整运输结构，推进交通科技进步，创新体制和机制，完善政策措施，实现交通发展对资源的少用、用好、循环用。

具体来说，包括以下几个方面：

少用，就是根据减量化原则，通过采用新的规划设计理念、因地制宜灵活实用的标准和技术规范，在满足交通设施增量需求的前提下，少占用土地、岸线等资源；通过宣传、教育和经济手段，引导全社会形成健康的交通消费理念，在满足人民群众出行需求的前提下，减少对交通运输资源的使用。

用好，就是要充分发挥各种运输方式在综合运输体系中的比较优势，实现以最小的交通运输资源满足最大的交通运输需求；依靠科技进步，提高运输装备节能技术水平、运输组织管理水平和运输效率，充分发挥公路水路存量交通运输资源能力，尽量减少对交通运输资源的占用和对能源的消耗。

循环用，就是采用符合循环原则的技术手段和管理方式，实现资源的再生利用。能用旧的，不用新的；能用可再生的，不用不可再生的。通过提高资源的重复使用率，最大限度发挥资源效能。

## （二）指导原则

### 1. 在发展中节约的原则

抢抓战略机遇期，加快发展仍是第一要务。把资源节约的理念贯穿于行业大发展进程中，实现行业的节约型发展。

### 2. 远期与近期结合的原则

在近期交通快速发展阶段，重点推进对资源利用的减量化，远期实现交通运输资源的综合利用和循环经济。

### 3. 局部与整体结合的原则

从系统论的角度综合考虑建设成本、维护成本和运营成本，实现整体和局部的协调，达到资源利用的总体最优。

### 4. 行业内外结合的原则

加强与其他部门在决策、规划、政策等方面的协调和衔接，内外并举，形成合力。

### 5. 软环境与硬技术结合的原则

一手抓政策、法规、体制、机制等软环境建设，一手抓行业科技进步，提升资源节约能力，两手都要硬。

### 6. 市场与政府结合的原则

以市场经济手段为主进行资源配置，结合政策、法律法规、标准规范等进行调控和引导。

## （三）未来工作重点

节约型交通行业发展的战略目标是：树立交通行业节约型发展理念，实现基础设施耐久化、运输结构合理化、资源利用高效化，降低增量资源的使用和基础设施全寿命周期成本，提高运输供给能力和资源的使用效率，为交通全面协调可持续发展提供有力保障。近期以减量化原则为主，远期构建交通循环经济。

### 1. 战略重点

节约型交通行业建设的战略重点是：在建设交通强国的过程中，大力节约土地，节约岸线，节约能源，节约建筑材料，开展资源的综合利用，发展交通循环经济。

（1）**节约土地**。节约土地，就是要贯彻和落实中央提出的最严格的土地保护政策，按照节约和集约利用土地的要求，在交通行业基础设施规划、建设、养护和管理过程中，严格执行公路建设项目用地指标，调整路网等级结构以提高交通行业对土地的利用效率，加强对交通基础设施建设临时用地的管理，积极推进土地复垦制度，完善土地占补平衡体系，实现对土地的节约和集约利用。

（2）**节约岸线**。节约岸线，就是要充分考虑经济社会发展对港口岸线的需求，贯彻落实港口岸线"深水深用、浅水浅用"的原则，结合港口功能和发展规划，合理开发岸线资源，在条件许可的情况下，推进近水岛屿岸线开发，在确保生态平衡和可持续发展的基础上，优化近岛岸线资源综合开发利用。

（3）**节约能源**。节约能源，就是要加大政府宏观调控、经济调节力度，实现交通行业对能源的节约利用。通过营运车辆市场准入、出台燃油经济性标准和燃油税费改革，促进节能交通工具的推广应用，鼓励交通节能产品的利用。利用现代信息技术和手段，加强运输组织管理，降低空驶率，提高运输效率，节约能源。

**（4）开展资源综合利用，发展交通循环经济**。开展资源综合利用，发展交通循环经济，就是要在交通行业发展过程中，实现对土地、岸线、能源和其他资源节约利用的同时，通过资源的再生回收利用和循环利用，尤其是通过推广沥青路面的再生、废弃道路复垦、废旧钢材的循环利用、废旧轮胎的再生等项目，实现资源的综合利用，发展交通循环经济。

## 2. 近期工作重点

建设节约型交通行业是一项重要战略任务，需要统筹规划、分步实施。近期的重点工作如下。

**（1）科学决策，合理规划**。以交通需求为出发点和着力点，优化交通运输资源配置，提高运输效率和效益。根据交通发展所需各类资源和资源供给状况，坚持适度超前与资源合理利用的统一，坚持政策引导与破除体制性障碍的探索，科学规划高速公路网、航道网、港口发展布局、深水岸线开发，客观分析交通项目的建设、运营、管理对生态环境造成的影响。加强公铁联运、公水联运的有效供给方式，统筹考虑港站、枢纽、服务设施的配套衔接，合理安排营运和管理方式。

**（2）合理运用技术指标，创新设计**。区别对待我国交通基础设施建设的强制性标准和推荐性标准，因地制宜地创新设计。充分考虑地区之间、不同地理条件之间的发展差别和不同情况，坚持针对工程项目所处的自然、地理、地质条件的特点，尊重每一个区域的特殊性和差异性，在满足安全性、功能性条件下，通过对工程方案和技术经济的比选，科学确定技术标准，合理运用技术指标。

### 中国式现代化资源节约之路

**（3）建设优质耐久工程，降低全寿命周期成本**。树立全寿命周期成本理念，将资源节约工作贯穿在整个交通基础设施工程项目的全过程，尤其要在项目建成后的运营维护阶段得到体现和落实。从勘察设计工作开始，统筹考虑规划、建设、养护、运营的全过程，系统解决工程结构的耐久性、安全性、养护维护的可行性、防灾减灾的有效性，以及环境景观的协调性等问题。高度重视现有工程构造物的养护与管理，在控制建设成本的基础上，充分考虑养护与管理成本，追求工程项目全寿命成本最佳。提高施工队伍的专业化水平和技术素质，加强对重大工程和关键环节的监测、监督。

**（4）提高创新能力，推广新材料、新技术、新工艺**。大力推进理念创新、技术创新、管理创新和制度创新。借鉴国外经验，探索具有中国特色的节约型交通发展理念。加快消化和吸收国内外先进技术和经验，形成具有自主知识产权的新技术，解决制约和影响资源节约利用的关键技术。改进管理手段和管理方式，完善相关法规标准和技术规范，使交通发展与资源节约制度化、规范化、法治化。大力研究推广新材料、新技术和新工艺，通过提高技术含量，转变交通供给方式，实现交通可持续发展。

**（5）提高运输装备节能水平，加强能源替代工作**。大力推进运输装备节能水平的提高，将运输工具的节能性能作为运输市场准入的一项重要考核标准；通过经济性手段，加大对高能耗、低效率运输工具的使用限制。出台法规标准，加快淘汰老旧车船。加大交通能源替代工作，提升交通燃油的效率，加大新能源基础设施的建设力度，实施交通网和能源网的融合，推广纯电动、氢燃料动力等新能源运输装备。

（6）**加强运输组织管理，发展现代物流**。加快交通数字化和智慧化建设，优化运输组织管理，推进物流信息平台建设。继续鼓励有条件的大型运输企业积极组织开展现代物流的资源整合工作，探索传统运输企业向现代物流企业转型的方法和途径；鼓励民营运输企业进入物流市场，扩展经营服务领域，增加物流服务功能，尽快建立起全国性或区域性的经营网络，提高市场竞争水平，大力发展现代物流。

## 四、建设节约型交通行业的建议

### （一）倡导并推广节约型交通发展理念

#### 1. 树立在发展中节约的理念

广泛宣传未来一段时间内交通行业的主要任务仍将是发展，不断深化行业内外对交通发展阶段与我国基本国情的认识，树立交通行业在发展中注重节约与集约利用资源的理念。各级交通主管部门要牢固树立"发展是第一要务，在发展中节约"的理念，统一思想、形成合力。

#### 2. 促进经验交流与推广

开展节约型交通行业发展的理论研讨会和经验交流会，加大不同地区、不同技术领域、不同层面人员的技术交流和经验交流，加深认识，形成共识。积极推广节约型交通行业建设中的新理念、新技术、新经验，相互学习在节约型发展中的好政策、好做法。

### 3. 引导健康的交通消费理念

在中小学教育中，将节约型交通行业发展的教育知识融入节约型社会的知识之中，使其从小接受健康的、节约型的交通消费理念的熏陶。通过宣传材料和媒体，加大对公众的宣传力度，引导公众形成合理的交通消费观念。

## （二）构建节约资源的技术支撑体系

### 1. 加快基础设施建设技术进步

推广公路基础设施的建设、维修和养护技术，保持路网的服务水平，提高设施的耐久性，延长使用寿命。研究开发特殊地理、地质、环境条件及经济发展特点的交通基础设施建设关键技术，并与资源节约利用相结合，广泛开展相关的交通基础设施建设技术研究和推广应用。

研究开发深水港口建设技术，降低建港成本、缩短施工工期，延长港口使用寿命。开发推广港口码头改造新技术和内河水运主通道建设新技术，提高水运资源利用效率。

### 2. 加快数字化和智慧化建设

研究开发先进的运输组织方式和管理方式，推动交通数字化智慧化建设，优化运输工具的配载和运输线路，提高物流运输效率。

加快交通客运信息技术平台建设，确保交通信息资源在供、需、政务三者之间的共享。加快交通货运信息技术平台建设，实现交通运输信息与外界信息的相互沟通，提高货运车辆的实载率。

### 3. 加快节能和可替代产品的技术进步

开发研制节能性能好、大型、高效的专业化运输工具，优化车、船队构成。加大对交通节能技术自主创新、集成创新的投资力度，推动行业节能技术创新。加大车船节能改造，降低交通运输工具的能源单耗，减少交通行业发展对能源的需求。

研制交通基础设施建设中紧缺资源的可替代材料，开发易再生材料使用的新技术，加大新工艺和可替代材料的推广和应用。

### 4. 加快资源循环再生技术进步

加大科技投入，支持交通运输资源循环再生的共性和关键技术研究与开发。积极引进和消化、吸收国外先进的技术，组织开发交通运输资源循环再生、综合利用技术，提高交通循环经济技术支撑能力和创新能力。及时向社会发布有关交通循环经济的技术信息，开展信息咨询、技术推广、宣传培训。

## （三）建立节约资源的体制机制

### 1. 建立资源节约体制

建立责权分明、分工合作、高效运转的交通基础设施建设体制和养护管理体制，加强在基础设施建设、养护管理中对资源的节约利用。

充分发挥行业协会在节约型研讨会、培训班、经验交流、办展览、出刊物、开展服务竞赛、制定行规行约等方面的作用,协助政府交通部门加强节约型行业管理与监督,实现政府、中介组织、企业、社会之间有效的合作。

### 2. 形成资源节约机制

形成资源节约决策机制。建立健全交通规划、建设、运营、管理与服务相协调的综合决策机制,完善专家咨询和社会公示制度,将重大交通政策及交通规划制定中的资源节约,作为专家论证的一个焦点层面,必要时举行听证会,听取社会公众意见。

形成资源节约协调机制。加强交通行业规划中各运输方式之间的衔接,做好交通规划与城市规划、区域经济规划等规划的协调,实现不同规划之间的统筹安排和考虑。

强化工程质量监督机制。建立"政府监督、社会监理、企业自检"三级质量保证体系,以及年度工程质量检查制度。要全面落实设计、施工、监理和业主单位的质量责任制、工程质量终身负责制,做到分层管理,逐级负责。建立健全工程监理机构,坚持质量检查制度,增加监理人员数量,提高监理人员素质。建立完善的建设企业市场信用评价体系,以多指标反映建设企业的实力和信誉。严格执行交通工程检验标准和竣工验收标准。

加强交通统计工作。如按照道路的车流量、细分各种道路运输货类等方式确立新的交通统计方法;完善道路运输行业、水路运输行业以及港口企业的能源消耗统计指标体系。

## （四）完善节约资源的政策

### 1. 实行最严格的耕地保护政策

公路建设要合理确定线位方案，在工程量增加不大的情况下，优先选择能够最大限度节约土地、保护耕地的方案，充分利用荒山、荒坡地、废弃地、劣质地；要尽量减少占用耕地，避让基本农田和经济作物区；在环境与技术条件可能的情况下，采取低路堤和浅路堑方案，减少高填深挖，鼓励采取降低路堤填土高度和填挖平衡，选择合理的防护工程型式等措施节约用地；合理设置取、弃土场，把施工取土、弃土与改地、造地、复垦等综合措施结合起来，进行土地恢复、改造；尽量采用符合技术标准的工业废料、建筑废渣填筑路基，减少取土用地。

对交通基础设施建设中，为少占耕地而采取的开山凿隧予以合理补偿，降低工程施工单位承担由于节约土地、保护耕地而带来的造价增加；对需要临时占用耕地的，可先将耕地表层土剥离，集中堆放，取土后及时将表层土恢复。

加强交通基础设施建设中工程通信、监控、供电等系统管线的统筹设计，在符合技术、经济和安全要求的条件下，共沟架设，并尽可能在交通基础设施用地范围内布置。

### 2. 优化运输结构政策

通过政策引导、税收优惠等政策措施，大力发展货物多式联运、旅客联程运输；优化船舶运力结构，推进船舶专业化进程，提高船舶吨位；加速老旧、高耗能车船的折旧和淘汰；加强物流场站建设，完善运输节点的合理分布；实行废弃道路的复垦制度，加快老码头改造等。

### 3. 节能财税政策

对采用新型、节能运输工具的企业，给予税收优惠。加快对燃油添加剂的推广应用，提高交通行业的燃油效率。对交通节能产品的生产型企业予以资助和扶持，对使用交通节能产品的企业予以奖励。对研发交通基础设施建设可替代材料的企业予以政策扶持和补贴，鼓励研发和推广。

## （五）完善节约资源的法规标准体系

### 1. 加强资源节约的法规建设

加紧制定节约资源的法律法规，在交通发展对土地、岸线、能源、建筑材料、资源综合利用与交通循环经济方面制定相应的法规和规定，为节约型交通行业发展提供制度基础。加强交通行业在规划、建设、工程质量、安全和环境等方面的法律法规建设，为交通行业节约型发展创造良好的保障条件。

### 2. 加快制定燃油经济性标准

建立和实施机动车燃油经济性申报、标识、公布三项制度；制定不同类型、不同规模港口的能耗标准和燃油经济性标准，在港口建设的工程可行性研究、初步设计等中，明确港口的燃油经济性和节油达到的目标，尤其是尽快出台港口大型装卸设备的燃油经济性标准。

## （六）发挥比较优势，构建综合运输体系

### 1. 大力发展内河航运

加快内河航运基础设施建设。大力开展内河航道的整治工程，为内河航运的健康发展奠定坚实基础；通过政府引导等措施，推进地主港等多种有利于港口发展的投资、经营和运作模式，促进内河港口基础设施的快速发展。

促进内河航运快速发展。积极引导内河航运企业间联盟，实现内河航运企业的规模化经营；通过税收和优惠政策，合理引导内河沿线大宗物资运输，鼓励内河航运的发展。

### 2. 优先发展公共交通

完善城乡间公交体系。对城乡结合区域、新扩城区的旅客交通方式等进行统筹规划、合理布局，确保城乡间公交体系与城市公交体系协调发展；在城乡结合区域，对营运车辆给予相应的政策优惠。

促进城际间交通的公交化。合理规划城际交通运输网络和发展模式，加快运输通道建设，提高城际交通运输系统效率；在经济比较发达、运输需求较大的区域，积极开展城际间交通的公交化，使大容量交通方式充分发挥作用。加快推进城乡交通一体化建设。

### 3. 发展综合交通

发展综合运输枢纽。做好客货运运输网络的建设和形成，加大疏港公路、铁路的规划与建设；加紧出台不同运输方式有效衔接的技术标准和大交通信息平台建设，加强衔接点的组织管理，实现"无缝衔接"和"零换乘"。

建立综合交通管理体制。综合经济部门根据各种运输方式的特点和优势，对交通行业进行统筹规划和建设，实现整体的节地、节线、节能、节材和交通循环经济；理顺交通管理部门的职能，以及中央与地方的分工，减少内部关系不顺造成行政成本的增加和资源的浪费；组织研究并适时推进综合交通管理体制建设，为节约型交通行业的发展提供制度和组织保障。

## （七）推进资源综合利用，发展交通循环经济

### 1. 实现交通用地的综合利用

加大公路建设施工中临时性用地的复垦制度，并在竣工验收中制定相关的检验标准；公路建设中充分开展废弃旧路的复垦，不能复垦尽量绿化；农村公路要遵循"规划先导、因地制宜、量力而行、分步实施"的原则，严格控制改建标准和规模，充分利用旧路资源，尽量在原有路基上加宽改造，安全利用原有桥隧，避免大改大调或大填大挖；加强航道吹填造陆方面的研究，大力推动航道疏浚开发和综合利用。

## 2. 综合开发利用岸线资源

遵循"深水深用、浅水浅用"的原则，集约使用岸线资源建设港口；结合区域特点和岸线情况，合理开发近海岛屿岸线，优化岛屿岸线的综合利用和开发。根据航道沿线地形、地物和地质的实际情况，通过技术、经济比选，确定航道护岸型式及材料选用，同时做到保护、改善环境与生态，完善配套绿化、美化等工程。

## 3. 加大资源的循环利用

在沥青公路的养护、大修中，推广沥青路面再生技术，按照企业使用废旧沥青混凝土的数量，政府以吨为单位给予适当的优惠或支持，弥补对废旧沥青混凝土的再生加工所需要添置加工设备等成本的增加。适时引导废旧船舶的淘汰，加大对废旧船舶钢材的循环再生利用，缓解国内钢材不足。在有条件的地区，推广废旧轮胎的无害加工处理，实现资源的循环利用。

节约型交通行业建设不仅需要公路水路交通部门的努力，还需要动员全社会力量共同参与，加强相互协调与合作。中央、地方交通主管部门和其他相关部门要密切配合，加强领导，统一部署，形成合力，既集中精力研究和解决节约型交通行业发展的全局性、战略性和前瞻性重大问题，又积极推进，分步实施，量力而行，注重实效。

国家综合经济管理部门和财政主管部门要对节约型交通行业建设的税收优惠、补偿政策以及实施推行燃油税费改革等进行研究和组织实施，运输装备制造业主管部门要积极配合推广低油耗、小排量的运输工具，提高运输工具的节能性能，国家科技主管部门要积极支持信息技术和节能技术的研发，其他交通运输方式主管部门要在运输规划、政策等方面进行有效沟通和密切配合，城建部门要在城郊、城乡公交一体化等方面加强协作。

## 第五节　构建资源型循环经济及其产业体系

2022年9月6日，中央全面深化改革委员会第二十七次会议审议通过《关于全面加强资源节约工作的意见》，习近平总书记在主持会议上再次提出"全面加强资源节约"重要论述，同时强调"把节约资源贯穿于经济社会发展全过程、各领域"。在党的二十大报告中，把"新发展理念"和"推动绿色发展"以及"促进人与自然和谐共生"界定为实现"中国式现代化"必由手段。这也意味着，我国在未来几年甚至更长时间内，节约资源是我国的基本国策，是推进我国生态文明建设和推动高质量发展以及实现"双碳"目标的一项重大任务。

党的十八大以来，党中央在全面资源节约领域已经进行了一系列决策与部署，在大幅降低能源、水、土地利用强度领域以及在工业、农业、能源、建筑、交通等重点领域大力发展循环经济、促进生产领域节能降碳等推动资源节约集约高效利用工作，已经取得了积极和较大的成效，但在社会发展实践中仍然存在不足，为此，深刻理解循环经济及其产业构成内涵基础上，围绕《关于全面加强资源节约工作的意见》当中有关"推进能源、水、粮食、土地、矿产、原材料一体化节约、全过程管理和全链条节

中国式现代化资源节约之路

约"主题,对如何抓好资源节约、如何构建相应的"资源循环型产业体系""废旧物资循环利用体系""农业循环经济"等现实问题进行探讨,对我们正确处理好利用和节约、开发和保护、整体和局部、短期和长期的关系以及促进资源科学配置与节约高效利用,对实现我国经济高质量发展、"双碳"目标和中国式现代化具有在深刻的现实意义。

中国人口众多、自然资源相对短缺,目前仍面临着严峻的资源和环境问题,而这些问题已经成为制约我国当今经济社会可持续发展的最大障碍。因此,发展循环经济、创建资源节约、环境友好型社会已经成为中国实施可持续发展战略的重要保障和途径,也是当今世界各国经济发展和自然生态和谐共存的必然趋势。不可否认的是,近年来,我国在发展循环经济的理论研究和实践方面均做了大量的工作,也取得了一定的成绩,我国循环经济及其产业体系发展已获得初步进展。但总体上来说,我国的循环经济及其产业体系发展目前仍处于初级阶段,仍有很多突出问题和薄弱环节有待解决与进一步加强及完善。

## 一、循环经济和循环产业的内涵

美国著名经济学家鲍尔丁(Boulding)在1966年提出"宇宙飞船理论"的同时提出"宇宙飞船经济"一词,该理论主要从系统论的角度分析了人类在宇宙飞船上的一些经济活动,它开启了"循环经济"（circular economy）思想萌芽[1]，其核心思想是通过资源循环利用模式来实现宇宙飞船上资源的可持续利用。这一思想对经济及产业领域的指导是，通过构建一种各种资源在一定边界范围之内"循环型使用"的经济发展模式，用于取代以前"单程式"的经济方法。而正式提出有关循环经济的学术概念，可追溯到 1990 年由英国环境经济学家戴维·皮尔斯（David Pearce）和凯利·特纳（Kerry Turner）出版的相关学术论著[2]；其后学界和政府管理部门不断重视相关内容，研究成果不断得到充实。20 世纪末，循环经济的概念和理论才被系统地引入了我国学术界的理论研究和社会实践领域。

循环经济的概念目前尚未统一界定，也尚未建立完整的理论体系。然而，因其体现了通过减少对资源的投入来创造更多的社会经济价值，同时实现经济发展与资源开采和环境影响的解耦（decouple），是一种基于对传统经济发展模式深刻反思基础上的新的社会经济发展概念。因此，循环经济理论被提出后不久，就得到了国际上的广泛认可。1996 年，德国开始实施《循环经济与废物处置法》（Closed Substance Cycle and Waste Management Act）。这是欧洲国家在循环经济领域采取的首个法规措施，对于促进环境保护和资源利用起

---

[1] Jarrett H. Environmental Ouality in a Growing Economy [M]. Balti more: The Johns Hopkins University Press, 1966.

[2] Pearce D W, Turner R K. Economics of Natural Resources and the Environment [M]. London: Harvester Wheatsheaf, 1990.

到了重要作用。此后，法国、英国等国家纷纷效仿德国，逐步推行新型的、可持续性发展的经济模式，共同致力于推进全球发展循环经济，形成了全球共识[1]。21世纪初，循环经济理念在中国迅速发展，并指导了中国各个领域的改革，现在已经从废物回收逐渐扩展渗透到生产和生活的各个方面。考虑到循环经济在"十三五"期间对我国碳减排的总体贡献率超过25%，从一定程度上说，它将成为推动我国实现"双碳"目标的重要路径[2]。

尽管循环经济的本质属性为"经济性"内涵，但对其的深度理解可以扩展到资源利用、生态经济和环境保护等不同角度。因此，当我们谈论循环经济时，它不仅仅是有关经济方面的内容，其外延往往涉及经济与环境，甚至延伸到社会范畴的关系。一方面，循环经济强调实现资源最优配置和效用最大化，以满足人们的生存和发展，其核心是充分考虑在社会和环境因素影响下的资源节约；另一方面，循环经济的运行机制与传统经济有着根本的不同，它强调信息流、物质流和价值流的协同运行，而传统经济的运行机制更多地体现为单向流动的线性经济运行模式。换句话说，循环经济是在人们充分理解自然环境和经济运行规律的基础上，有意识地将自然环境和资源利用形式从"线形利用"转变为"循环利用"。

---

[1] Geng Y, Sarkis J, Bleischwitz R. How to globalize the circular economy. Nature, 2019, 565: 153-155.

[2] 魏文栋, 陈竹君, 耿涌, 等. 循环经济助推碳中和的路径和对策建议[J]. 中国科学院院刊, 2021, 36(9): 9.

在生态经济体系中，我们追求的主要目标仍然是实现满足人们对物质生活不断增长需要的经济增长，从这点上讲，我们探讨经济系统运行机制时往往是围绕着"增长型"展开的。然而，环境生态系统在一定的时期内却是一种"稳定型"的运行机制。这两种机制的同时运行可能会导致系统性的冲突关系产生——随着经济系统的不断发展，人类对自然资源的需求往往是无穷无尽的，与生态系统资源的相对稳定性供给和局限性供给之间必然构成一种矛盾状态。为了解决这一矛盾，探索一种创新经济增长模式成为人们出发点，该模式旨在强调生态系统和经济系统的耦合，以实现生态系统和经济系统的相互适应、促进和协调的生态经济发展。这主要体现在经济活动非物质化——在实现某些经济增长目标的同时，尽可能减少进入经济系统的物质（能量）流动，或者进入经济系统的物质流最小化和对进入经济系统的最大化利用的同时对废弃物进行最小化和无害化处理。

进一步地，衡量一项经济活动是否非物质化的一个有效衡量方式是，在实现某一经济增长目标的同时实现经济增长与资源消耗的解耦（decouple）。其中，经济增长与资源消耗之间往往包含两个层面的解耦（图2-5-1）：第一个层面是资源使用和经济增长的解耦，主要与产业结构高度相关，体现为单位产量（或产值）使用的资源减少；第二个层面是环境影响和资源使用的解耦，主要与生态效率实践和环境技术有关，体现为每个单位资源在利用过程中对环境影响减少。

中国式现代化资源节约之路

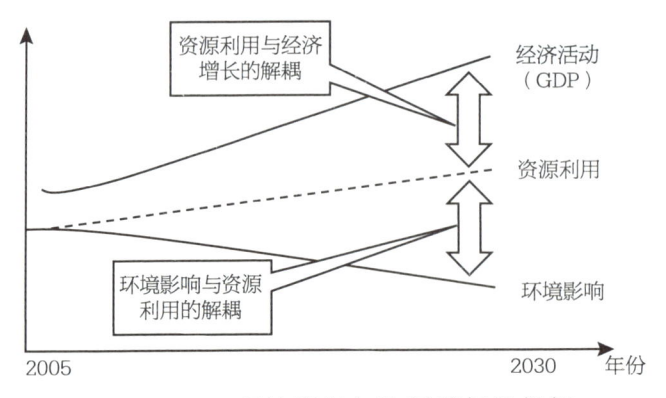

图 2-5-1　经济增长与资源消耗的解耦

资料来源：见 Stefan Bringezu, accounting for economy-wide material flows and resource productivity, Tookyo: International Expert Meeting on Material Flow Accounting and Resource Productivity, 2003.

由于循环经济所强调的是系统性、整体性、结构性和动态性的节约，这也意味着，循环经济从其运行过程到结果的要求都具有综合性的，在既定产出目标和各种约束条件下，除了各种要素（包含技术、资源、制度成本等）在投入整体性层面最低以外，各种产出（包含废气排放、副产品的处理等）在整体性层面也充分体现为最优的。同时也意味着，循环经济将是按照自然生态物质循环方式而运行的经济模式，它遵循生态学规律发展并以生态理念来指导人类社会的经济活动，其结果将孕育出一些新型经济业态，而这种新业态将能够促进物质和能量在自然社会经济大系统内高效循环和流动的功能体系和物质载体——产业生态系统构建。循环经济及其产业生态系统将由经济大系统、生态产业系统和微观层面的企业和家庭小系统组成，形成一种"经济"延伸到"社会"运行模式。在整个循环经济产业循环过程中（见图 2-5-2），减量化的主体部分在于企业的清洁生产；再利用的主体部分在于建立

图 2-5-2 循环经济运行模式

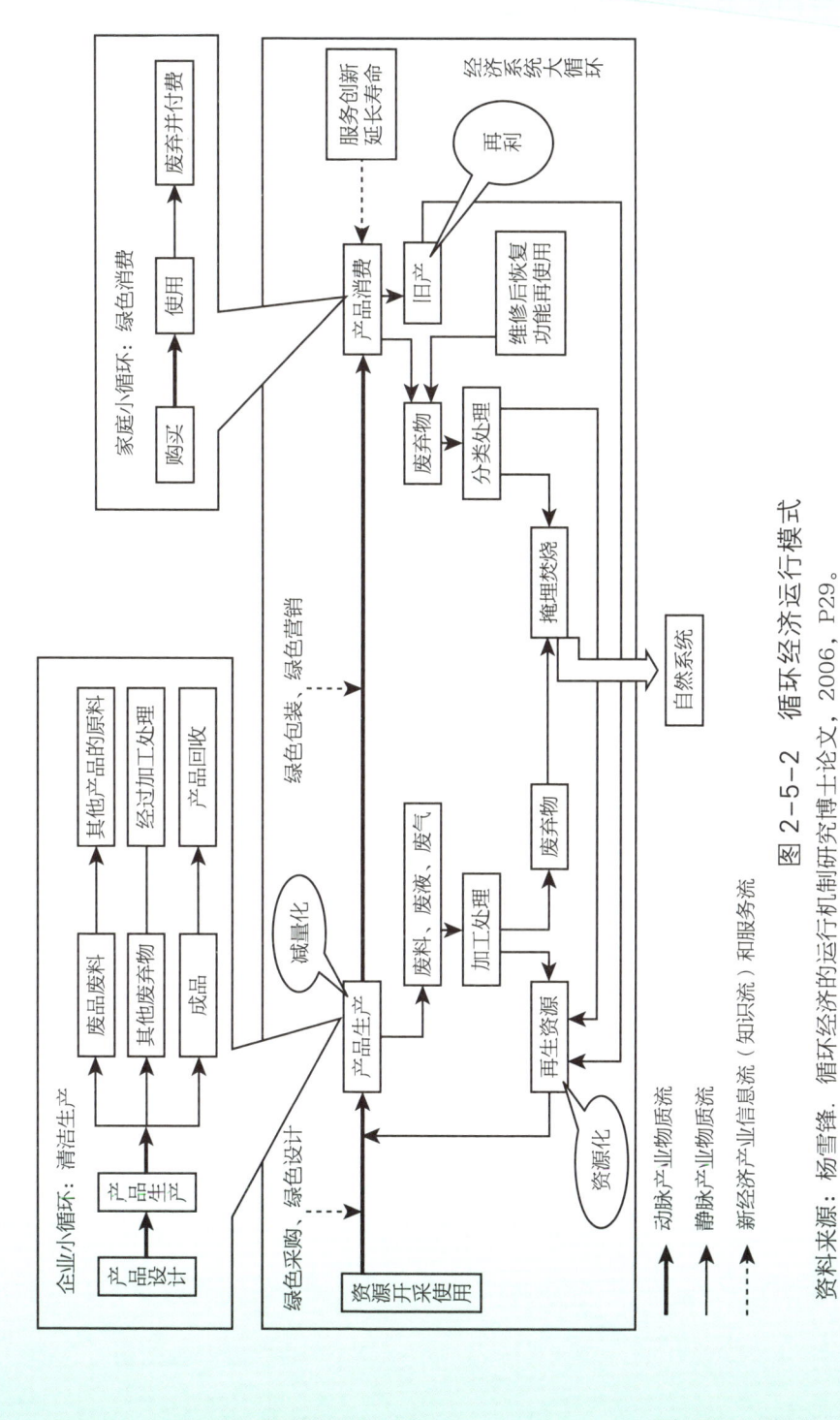

资料来源：杨雪锋. 循环经济的运行机制研究博士论文，2006，P29。

废旧产品回收体系；再循环的主体在于发展资源再生产业。而三大产业体系（新经济生态产业、动脉产业和静脉产业）构成循环经济的物质流和价值流平台。

在实践操作中，促进循环经济的发展往往涉及多学科的知识运用，而对应的产业运作基本单元往往是生态产业链，并以资源节约和循环利用为基本特征，同时遵循"减量化、再利用、再循环"原则（业内一般简称"3R原则"），最终形成一种资源循环型经济发展模式。

### 1. 循环经济发展的主线——生态工业链

虽然循环经济牵涉社会各个行业、各个层面，且形成一个庞大的系统工程构架，但实际运作当中往往是以生态全息链的原理为基础，生态整体观为主线而构建一条生态工业链，对这个链条当中不同层次的行业或企业进行有机地整合，形成一种企业"废弃物排放最小化"、区域生态系统内"企业之间的废弃物相互交换"以及再到产品消费与消费后物质与能量的循环系统。

### 2. 循环经济发展的载体——生态工业园

与传统工业体系中各个相互独立的企业生产过程不同，循环经济的载体往往体现为生态工业园的发展模式，而这种园区构建一般强调实现工业体系中物质形态闭环循环，通过不同企业或工艺流程间的横向耦合，为废弃物找到下游的"分解者"，实现把"污染负效益"转变为"资源正效益"状态。

### 3. 循环经济发展的重要手段——清洁生产

传统的清洁生产主要关注单个组织的环保问题，而生态工业则将环保视野拓展到企业群落内的各个企业，并进一步拓宽了环保的基本内涵。正因为循环经济的生产过程通常涉及企业、企业群落和生产垃圾三个层次。因此，在循环经济中清洁生产的组织层次也涵盖并贯穿了整个生产过程，将环保融入生产技术、服务和产品的全生命周期中。

### 4. 循环经济发展的根本目标——经济与生态的协同发展

循环经济的发展强调物质资源的非物质化或减量化，但循环经济也是物质循环流动型的经济过程，包含人与自然的关系、经济形式和技术范式等各个方面，它强调生态圈和经济学圈的双重转换机制的同时加强了生态循环的循环功能，这样的结果将有助于促进并最终实现生态循环和经济循环圈的协调发展。

简言之，循环经济的发展本质上是一种生态经济，同时也表现为实现企业甚至行业之间的物质、能源和知识共享，以低自然资源消耗和低环境成本实现最大的发展效益。它改变了传统经济和相关产业中"资源－产品－废弃"的线性物质流动，推动传统工业化发展模式的根本转变。这是一种可持续的消费和生产方式，也是我国迈入新型工业化时代的必要要求。

当然，与西方发达国家和地区不同，我国人均自然资源占有量仍然低于世界平均水平，目前仍处于工业化和城市化的加速阶段。从相关理念和经济可行性的角度来看，中国循环经济的发展过程仍然是一个厘清思路、拓展内涵、调整重点的循序渐进的过程，仍然需要继续深入研究和探索，在探索和实践中不断优化循环经济模式，通过一系列环境保护法律和法规来限制和激励企业开展资源节约和工业"三废"利用，相应的政策体系从倡导清洁生产到引导资源型循环经济及其产业体系有效构建之转变。鉴于我国目前许多重要矿产资源仍无法自给，仍有很多地区存在水土资源紧缺的情况，为实现工业化和城市化的发展目标，通过循环经济及其产业体系可实现资源利用效率的提高和废物排放的减少，成为我国未来若干年之内必然性选择路径。因此，我国现阶段正将资源节约置于重要的战略地位，通过促进能源、水、食品、土地、矿产和原材料的一体化节约、全过程管理和全链条节约，形成了我国当前循环经济的重要工作内涵和指导方针，为加快我国资源利用方式的根本转变和经济高质量发展奠定了基础。

## 二、我国循环经济产业发展现状和问题

中华人民共和国成立之初，我国制定了"节约优先"的战略方针，高度重视资源保护，以奠定工业基础。改革开放以来，国家制定并实施了一系列法律法规以及政策标准和治理管理措施，以促进节能、节能、节材、节地以及资源节约，其主要内容是节约降耗，并在一定程度上促进了我国产业废物的综合使用、废料的回收利用以及生产和消费中的资源再利用。尤其是 2005

年7月《国务院关于加快发展循环经济的若干意见》的出台和《"十一五"循环经济发展规划》的有效实施，标志着我国循环经济的理念已经贯穿在政府的各项工作当中，之后，无论是在规划纲要层面还是专项计划层面，或者在区域规划以及城市总体规划工作当中，都将循环经济的发展摆在了突出位置。与此同时，全国范围内陆续出台了循环经济试点工作安排和区域循环经济发展的联合技术攻关计划以及为制定相关法律政策而开展一些前期研究。《中华人民共和国循环经济促进法》于2009年1月1日起正式生效并实施，这也意味着我国政府为落实循环经济发展和创建资源节约型与环境友好型国家工作提升到了法治化战略高度。

如今，我国循环经济已有十余年实践并积累了许多宝贵的经验，通过广泛利用产业废弃物、废旧物资回收、发展绿色环保产业等方式，提高了资源利用效率，为循环经济的发展作出了初步的突出贡献。然而，毕竟我国引入循环经济概念和模式的时间相对较短，尚未被各层面广泛接受，有效的循环经济发展模式尚未形成，即我国循环经济发展仍然处于起步阶段，而我国作为一个人口众多与资源相对短缺的国家，在世界格局深刻调整、全球产业链和供应链受到非经济因素的严重冲击以及国际资源供应不确定性增加的背景下，我国资源安全与环境问题已成为制约我国经济社会可持续发展和实现中国式现代化目标的最大瓶颈。因此，发展循环经济，建设资源节约、环境友好型社会是我国未来若干年实施可持续发展战略的重要途径和必要保障。

## （一）我国循环经济发展历史与基本成效

### 1. 我国循环经济发展进程

改革开放后，中共中央、国务院高度重视在抓经济过程中开展资源节约工作。自20世纪90年代以来，中国在提高资源利用效率方面做了大量工作。从1999年开始，国家环境保护总局就开始借鉴循环经济方面的国际经验和成功案例用于解决工业和城市污染问题，同时在清洁生产、生态工业园区乃至循环经济型社会建设等领域进行了深入研究和实践。2003年，各经济开发区、高新区等地引入生态产业理念，为推行生态产业园建设作出了重大贡献。此外，已在全国批准了50多个生态农业示范县，涵盖种植、养殖、农产品加工等多个不同领域，积极研究和探索生态农业模式。2002年，为了进一步在小循环层面积极推行清洁生产，开展发展循环经济的相关探索，还颁布了《清洁生产促进法》，为我国清洁生产和生态工业园区的建设以及循环经济的发展奠定了基础。

纵观中国循环经济的发展历程和未来前景，可以大致分为四个主要阶段：

第一阶段是基础性研究和试点探索。2004—2007年，为继续推进我国循环经济发展，我国在2004年开展了一项关于"循环经济的发展战略与举措"的重大研究项目；国家中长期科技发展专题研究和中国环境与发展国际合作委员会共同开展了"清洁生产和循环经济"专题研究，该研究为2005年7月出台的《国务院关于加快发展循环经济的若干意见》(以下简称《意见》)提供了理论支撑。根据《意见》的要求,我国正力争在2010年前建立一个相对完善的涉及法律法规、政策支持、制度技术创新的一体化体系和配套的激励约束机制,并发展循环经济。此举旨在显著提高资源利用效率,大幅减少废物的最终处置量,并建立一批符合循环经济发展要求的代表性企业。同时,正努力促进绿色消费,改善可再生资源的回收利用体系,提高资源回收率和可再生资源的利用率,并创建一批符合循环经济发展要求的工(农)业园区和资源节约型、环境友好型城市。此时国家发展改革委也会同有关部门,从全国重点行业和地区选取了178家主体,实施国家和省级循环经济试点,积极推进循环经济的研究和试点。

  第二阶段是"十二五"期间示范引路。2008年8月,全国人大常委会通过了《中华人民共和国循环经济促进法》,这标志着我国循环经济开始走上法治化管理的道路。2012年12月,国务院发布《"十二五"循环经济发展规划》,该规划把发展循环经济界定为国经济社会发展的重要战略挑战,同时阐明了发展循环经济是我国促进生态文明建设、实现可持续发展的重要途径。2013年1月,为配合《中华人民共和国国民经济和社会发展第十二个五年规划纲要》(以下简称"十二五")提出的资源产出率提高15%目标工作要求,国家又编制了《循环经济发展战略及近期行动计划》,为我国在"十二五"期间发展循环经济做出了具体安排和行动部署。

  在这个阶段,我国主要是在已有经验基础上,进一步选择一些与人民生活密切相关的重点领域进行试点,包括在工业领域开展国家级园区循环化改造和再制造等内容；在农业领域继续推进秸秆综合利用和农业循环经济示范工作，在食品安全领域指定了100个试点城市推进餐厨回收体系改革；在再生资源领域确定49个基地，以开展建设国家"城市矿产"示范基地工程；在区域循环经济发展领域确定101个示范市县，开展循环经济示范市县工作，对促进国家层面循环经济的发展，改变我国国内产业的发展方式发挥了积极作用。对促进国家层面循环经济的发展，改变我国国内产业的发展方式发挥了积极作用。

第三阶段是"十三五"期间全面总结与推广。在这个阶段，为落实《中华人民共和国国民经济和社会发展第十三个五年规划纲要》（以下简称"十三五"）工作部署，一方面，国家发展改革委和财政部在对现有循环经济试点进行评估的基础上于2016年联合发布了《国家循环经济试点示范典型经验的通知》，该通知总结了不同循环经济发展模式的典型经验，强调了充分发挥试点示范的引导作用，为在全国范围内促进循环经济发展提供指引。另一方面，国家发改委还联合多部委印发《循环发展引领行动》政策文件，将园区循环化改造、资源循环利用、产业废弃物综合利用、工农复合等十大行动作为抓手，为"十三五"期间我国循环经济的具体工作做了统一安排和实施部署。

第四阶段为"十四五"期间全面深化与提升。2021年7月，国家发改委出台了《"十四五"循环经济发展规划》，该规划强调我国在2025年之前将全面推行循环型生产方式和资源循环型产业体系基本建立以及再生能源利用率进一步提高，该规划同时凸显了循环经济对资源安全的支撑保障作用。2022年1月，国家发改委联合七部门共同发布了《关于加快废旧物资循环利用体系的指导意见》，对我国在2025年之前加强废旧物资循环利用政策体系工作进行了完善。2022年9月6日，中央全面深化改革委员会第二十七次会议审议通过《关于全面加强资源节约工作的意见》，习近平总书记在该会上再次强调了"全面加强资源节约"的重要性，提出"把节约资源贯穿于经济社会发展全过程、各领域"基本要求。这也意味着，我国在"十四五"时期将以全面深化和全面提高资源利用效率作为主线，将提升资源高效利用和循环利用作为目标，构建与中国经济发展现阶段相互适应的循环经济及其产业体系，将成为我国实现中国式现代化全面节约之路的重要核心工作内容

**2. 我国循环经济发展成效**

不可否认的事实是，我国经过多年的理论研究、理念宣传和循环经济实践，在以下几个层面均取得了极大成效：一是循环经济理念在我国的认识进入逐步深化的过程，人民对发展循环经济重要意义的认识有了很大的深化和提高，创造了发展循环经济所需的良好社会氛围。同时，我国在企业层面大力推行清洁生产，在工业园区创建生态工业园，开展循环经济省、市试点，各地在试点过程中合理规划、统一部署，并逐渐因地制宜地形成各地发展特色，这些"排头兵"充分发挥了领导示范作用。二是在政策扶持和推动下我国资源综合利用规模不断扩大，技术水平显著提高，已经取得了较好的经济和社会效益。尤其是我国通过相关政策激励实施，目前很大一部分企业已经开展了企业内部的资源的

再生利用或循环利用。很大部分包装材料的回收已形成与供货相反的非物流，回收利用产业已经形成网络化和规模化的格局。在生产和消费过程中的再利用一方面实现了资源的循环利用，提高了资源利用效率；另一方面也节约了企业的再生产成本，缓解可能产生的原材料短缺问题，二手平台和旧货市场等能够帮助居民对闲置物资的处理，也能够一定程度上满足低收入消费的需求；除此之外，我国也在积极推进生态农业园区发展模式，这类园区主要是根据生态学原理，将上游生产废物作为下游企业的生产原材料，延长生产链，实现资源高效分配，降低废物产生量，甚至实现零排放。经多年积极探索，我国在种植、养殖、农产品加工等领域已总结了数百种生态农业模式。三是循环经济的政策法规已初步建立，为规范我国循环经济发展创造了法治化制度环境。目前，我国的相关制度法规还在不断完善过程中，《节约能源法》《环境影响评价法》《可再生能源法》等相关法律均对发展循环经济提出了要求，在这些法规的指导下，各地依法推进循环经济的发展的实际行动也得到指导和法律支持。为调动企业开展资源综合利用和循环利用的积极性与主动性，我国制定并实施了一系列鼓励开展资源综合利用的政策，通过政策激励，鼓励相关企业实践并发展循环经济。同时，我国目前还采用了诸如调整产业结构、优化能源结构、开发可再生资源、对新的环境污染和生态破坏进行严格控制等一系列手段促进发展和环境的协调，制定涉及价格、税收等适应我国经济发展状况的经济政策，为促进循环经济的发展，转变我国产业发展方式发挥了积极作用。

进一步来说，从"十一五"开始，我国就把循环经济内容进行了量化指导，提出在此期间的能耗降低20%（万元GDP下降到0.98吨标准煤）、污染物（COD和$SO_2$）排放量减少10%等目标。我国通过十多年努力，各项指标明显得到了一定改善，具体成效体现在：①在"十一五"期间，能源产出率、水资源产出率、工业固体废物综合利用率、主要再生资源回收利用总量、农业灌溉用水有效利用系数和工业用水重复利用率分别提升24%、59%、13.2%、77.4%、11.1%和10.6%，初步扭转了我国工业化和城镇化进程当中资源消耗强度上升的势头。②在"十二五"期间，我国单位GDP能耗下降18.2%，单位工业增加值用水量下降35%，累计节约标准煤3.5亿吨，资源产出率比2010年提高20%以上，农作物秸秆综合利用率提高到80%，有效提高了我国经济发展质量和能源资源利用效率。③在"十三五"期间，资源产出率增长约26%，废旧钢铁利用量约2.6亿吨，单位GDP用水量下降28%，秸秆综合利用率增长至86%以上，大宗固废综合利用率达到56%，可再生能源利用能力大幅增长，我国发展循环经济对我国减少二氧化碳排放的总体贡献率超过25%。

需要说明的是，虽然我国在发展循环经济上所取得的成效，且在全球范围内与发展中国家相比属于"优等生"系列，但与发达国家比较仍然存在一定的差距，主要表现为：循环经济作为一种全新的发展模式，它在实践推进当中还存在种种障碍，除技术因素外还存在其他的制度层面及思想观念等深层障碍。另外，我国处于新型工业化和城镇化推进过程中，资源能源需求仍将刚性增长，加上我国基于人口众多与资源短缺矛盾现状在一定时间很难解决。因此，我们不能照搬发达国家的经验，在循环经济发展路径及其生态产业构建上必须找到适合中国特色的方式和方法及其策略。

## （二）循环经济发展过程中存在的问题

虽然我国的循环经济已引起学界和社会各阶层重视，且各级政府对发展循环经济的实践在生产生活的各个方面都在进行有效尝试，但对于其动态、趋势等领域的研究目前仍相对不足，决策层、学术界、企业界的各方共同参与与互动的决策机制仍未形成，尤其与循环经济发展历史更久、经验更丰富的发达国家相比，我国在发展循环经济实践方面的经验仍有很大差距，在《"十四五"循环经济发展规划》已经明确了发展循环经济是实现我国"双碳"目标的实施有效路径要求下，我国循环经济发展仍面临诸多突出矛盾和问题要解决。

### 1. 从宏观层面上看

**（1）促进循环经济的主体不明确，整体技术水平仍然不够高。** 目前，我国的生态省、市和循环经济省、市的试点工作均主要是以政府为主导，通过行政力量来引导企业进行转型升级，并最终走上循环经济发展模式之道。然而，循环经济增长模式的微观主体实际上应该是企业，只有每个企业都有意识地自觉参与，循环经济才能顺利推进。同时，循环经济的发展需要建立清洁循环相关的技术支持体系，然而，我国循环经济技术水平仍然处于初级发展阶段，有关循环经济的相关科学技术的研发和应用仍然相对滞后，相应的技术支持力度在整体仍然处于不够，加上许多企业主体尚未获得显著提高资源效率的通用技术和核心技术，造成循环经济实施主体在相关技术储备层面仍然不足，不同主体之间的技术水平也处于一种参差不齐状态。因此，就我国目前实施主体而言，尚未充分发挥循环经济的最佳效用，与发展循环经济所需的技术水平仍有很大差距。

**（2）促进循环经济发展的法律法规仍不健全**。不可否认，我国循环经济立法与我国整体法治化水平一样仍处于发展的初级阶段。虽然我国已经制定并实行了一些有关于污染防治、资源回收与综合利用等政策文件，在部分环境法律法规中也包含并规定了发展循环经济相关内容。然而，这些政策文件内容和法规条款对我国循环经济总体布局和约束并没有达到产生实质性重大影响，这是因为，实践活动当中的循环经济往往涉及财政、金融、税收、科技等系统内容，同时包含企业经营、包装、建筑、服务等各纵向管理领域，在我国以部门主导立法惯性影响下，循环经济有关法律法规内容往往很难把这些部分内容涵盖进去。从这个角度上讲，我国在发展循环经济的法律层面仍有很大空白。例如，我国在废物回收的立法和法规方面存在空白，对废物回收的相关工艺标准、利用效率和相应的配套技术规范没有明确的规定。正因为循环经济涉足的内容比较广阔，故我国目前循环经济法律的引领和约束作用尚未得到充分发挥，还需要进一步推行相关立法和法规，制定法律法规的任务仍然十分艰巨。

从实践角度来看，我国现有的循环经济同时存在的立法思路不甚明晰、相关法律法规还相对笼统、协调性和可操作性不强等问题，现行法律的立法质量有待提高，对相关法律体系进行修正仍有很大的空间。鉴于中国人口众多，幅员辽阔，不同地区之间存在着不平衡、不充分发展的情况，为提升执行力而配套制定相应的实施规则或条例显得非常重要，它可以补充相关立法和法规中的监管力度不足和地方政府的执行力度不强等问题。另外，循环经济的发展与传统环保理念中的末端治理有着根本的不同，而我国现行的一些环境保护立法的着力点在于末端治理，早已无法满足在新形势下的有关污染防治目标和循环经济发展的需要。因此，许多现行立法需要与时俱进地加以修订。这需要相关部门和立法机构给予高度重视，以便不失时机地将修改不合时宜的法律法规列入立法议程。

（3）**对发展循环经济宣传工作的力度仍不够**。目前我国各级政府对循环经济发展重要性的宣传不足，对相关理念普及的重视程度不够，在政府和相关部门对循环经济进行宣传的过程中，仍然无法让基层群众意识到循环经济对国家发展的重要性。宣传力度不足可能会使公众出现较为严重的环保意识缺失，可能会对节约能源、资源循环等方面认识不到位，更严重的可能导致个人或企业对可持续发展的重视程度不足，造成经济发展过程中环境粗放型生产模式出现并不断扩大，削弱法律法规能够发挥的预防作用，直至其作用彻底丧失。

对于循环经济进行决策并付诸实践是一个相对来说抽象的概念，公众很难在短时间内便了解循环经济的基础内容和内涵并将其实践于日常的生产生活中，企业很难在生产或改革过程中对循环经济进行有效使用。为了解决这些问题，政府行政部门和其他机关需要对其进行更大力度的宣传。而我国目前对循环经济的宣传手段和宣传过程，尤其是一些县级和乡级的政府部门，开展的宣传活动相对较少，宣传形式也较为单一，循环经济这个概念很难被合理有效地利用起来，循环经济的优势也不能更直观、更准确、更易被接受地传达给公众。这些情况都无法激发公众对于资源的保护意识，容易使先前制定相关法律法规和社会转型战略的努力全部付诸东流。

**（4）有效的监管约束和激励机制仍缺乏**。我国当前循环经济发展的目标之一是创造具有节约型特征的经济发展模式，并有效提高资源利用效率。然而，这种说法可能存在一定的矛盾之处，一方面，它使得在实际立法和执行的过程中并没有明确的执法方向，也没有具体的执行机构，容易造成部门间的推诿扯皮，各部门内部的执行力也存在缺失。另一方面，我国目前在工业内部废弃物循环利用和社会劳动力与非专业社会生产闲置劳动力的参与程度相对较低，导致整个经济体系中独立企业体系和专业的生产资源体系的发展相对缓慢。

进一步来说，发展循环经济需要明确生产者的责任和义务，建立相应的责任延伸制，也需要合理规划现有资源，明确相关资源的用途，完善其回收再加工制度，这些都需要政策发挥宏观调控功能。然而，目前我国政策执行力度较弱，与法规衔接存在偏移，相关的执行成本高，执行基础不足。同时，有效的激励政策、合理的费用机制和回收处置机制尚未完全建立。循环经济的监管、执行、实践经验方面的不足，很大程度对当前我国循环经济的发展产生了影响。

简言之，尽管我国目前在发展循环经济方面有一定的基础和经验，但我国目前的循环经济只是以建设资源节约、环境友好型社会为目标，作为转变经济发展方式的具体措施来推动的，是与我国调整现存产业结构的要求相适应的。而目前我国推进循环经济发展还存在一些实际困难与障碍，必须以解决突出矛盾和问题为指导，继续加强研究，克服各种技术和制度困难，为进一步推动循环经济发展提供具体思路、方案设计和制度、技术和体系保障。

### 2. 从资源循环型产业发展进程来看

中国资源循环型产业的发展已经有一定的经验和基础，但除了一些龙头企业外，行业中小企业较多，大型企业较少，而且大多分散，产业链上下游之间的供需关系没有得到充分协调和匹配，一些产业链较短，耦合性弱，高价值产品及相关高端技术产业较少，许多地区尚未实现规模化产业集群和区域产业特色。

**（1）助推区域资源循环型产业发展的政策相对匮乏**。我国不同地区的资源循环型产业发展政策不同，没有统一的行业标准和规范，地方产业发展政策有限，导致相关企业竞争力较弱。要想建立因地制宜的产业体系，就需要建立共同的产业标准和制度规范。然而，我国尚未出台与发展资源循环型产业相适应的财政税收政策。政策的制定和实施因地区而异，导致税收政策存在显著差异。整个行业内部的竞争环境不公平，容易出现行业乱象。例如，一些省份为发展资源循环型产业制定了有针对性的财政扶持政策，为区域内企业返还增值税地方留存部分，也因此形成了行业税收的洼地，使政策支持相对不足的相关省份的资源循环型企业发展受限，市场竞争力被削弱。因此，没有政策支持省份的企业很容易转移到有较强政策激励的省份，这形成了行业的"虹吸效应"，也吸引一些公司在税收洼地注册公司以减税避税。这不仅给企业带来了运营风险，也给国家带来了巨大的税收损失，这对资源循环型产业的公平竞争环境和国家财政造成严重损害。

（2）**企业研发支持力度明显不足**。技术创新是企业发展的核心竞争力，但技术开发不可能一蹴而就，需要大量的经验积累、资金投入、人员投入和时间投入，而这些目前占资源循环型产业比重极大的中小企业很难做到，这在限制企业发展的同时也限制了整个行业的发展。然而，在一些地方政府在落实相关研发支持政策过程中，科技研发项目的立项多集中在产业大类，资源循环利用领域能够获批的立项数目和资金占比都很小，技术主管部门对资源循环型产业发展的关注和支持仍然薄弱，削弱了相关企业参与技术开发和难点攻关的动力，限制资源循环型产业的高质量发展。部分企业科技成果转化率低，研发水平有待提高，同时存在研发和生产环节脱节现象，无法在生产过程中充分利用已有生产技术并将其投入到产业发展中。

（3）**行业及企业的专业技能型人才仍然匮乏**。与发展历史悠久的传统行业和企业相比，资源循环型产业的发展起步较晚，许多高校在学科设置上存在课程不全面甚至缺乏的问题，在资源循环和再生资源利用领域培养的受过教育的高层次人才数量相对较少且能力相对薄弱，契合企业发展需求的专业技术人才极度缺乏，无法为相关企业提供大量生产和管理方面的先进技术人才。

部分小众行业的专业人才缺乏，甚至不得不从相关业务领域发掘人才重新培养，无论知识还是经验都积累不足，人才的专业素质有待提高。一些中小城市对人才的吸引力不足，即使政府制定了相关人才政策，也很难阻止专业技术人才前往大城市的脚步。缺乏经验丰富、高素质的专业人才已成为许多城市资源循环型产业发展的瓶颈。要实现相关产业的高质量发展，仍然需要培养一大批高级技术人员和高素质专业人才，提高整体职业素养。

（4）生态产业及其行业细分仍未能达成共识。目前，我国在生态产业及其资源循环型企业的行业分类方面存在争议，一些细分行业之间存在较大的政策差别，导致部分公司由于分类错误而无法从本应享有的税收优惠和产业支持政策中受益，新建、扩建项目的审批受到限制。国家目前的重点是对有色金属冶炼行业采取措施，限制高污染、高能耗的项目建设和扩建，部分公司因被误分而面临着限制能源、限制产量的局面。此外，资源循环型企业在行业分类时也存在相当大的差异。不同的省份和地区在认证和管理方式上也存在差异，不同部门对审批划分和认定的理解也不同。正因为生态产业在实践工作当中认定标准不统一，导致审批工作推进困难，进展缓慢；在一些地区，政策执行中仍然普遍存在"一刀切"现象，监督和管理对企业类型不加以细分，因此许多可以帮助发展资源循环型产业的公司在执法和监管过程中被迫限产甚至关停，这严重限制了企业和行业的进一步发展。

（5）部分资源循环类别产业缺乏统筹规划。我国部分资源循环型企业在项目启动前缺乏准确全面的市场调研，导致其所掌握的市场信息与实际市场情况存在偏差。一些细分行业投资过热且过于集中，许多地区项目立项严重集中。资源循环型产业中的很多细分行业在短期内的市场总量一定，如果太多的企业进行相同或相似的立项，容易导致赛道重叠，使企业面对的竞争形势更加严峻，投资回报无法达到预期，面临更大的市场风险。

### 3. 从废旧物资循环利用体系构建来看

废旧物资循环利用是指回收和加工处理生产和生活中产生的不同类型的废物，使其恢复其有用价值的过程，广义上说包括废旧物资回收产业和废旧物资再生产业两个部分。该行业的发展可以直接减少现有的资源消耗和环境污染，是缓解经济发展中资源约束、促进环境保护的必然要求，也将在培育新的经济增长点方面发挥重要作用。我国一直高度重视资源的保护和循环利用，但我国的废旧资源再生利用产业仍存在部分问题。

（1）**政策体系及其部署亟待加强**。虽然我国目前已相继出台了许多有关废旧物资再生利用的相关法律法规和政策指导文件，但仍缺少具体的操作实施细则，尚不能形成更稳定、更有针对性的政策指导，对废旧资源再生利用的领域仍然缺少系统明确的顶层部署与针对性战略发展规划，地方政策不连贯的同时，全国缺乏统一政策支持；另外，我国对废旧物资的界定缺乏统一标准，对有关回收主体责任、无害化处理标准等规定和细则还不够完善，一定程度上也会影响废旧物资的循环利用；最后，很多地区对该产业的行政监管不到位，废旧物资再生利用产业的市场秩序较为混乱，没有得到良性引导，政策对产业良性发展的正向激励与约束作用尚未得到充分体现。

**（2）细分行业体系不够完整，市场机制也不够健全。** 由于废旧资源再生利用产业链往往较短，产业链相对脆弱，存在耦合性弱、耦合协调程度总体偏低、孤环、断环多等现象。因此，我国废旧资源再生利用产业结构的调整和改进应主要集中在产业链末端的回收和再利用环节，对于产业链前端的原型开发、技术研发和需求分析的涉及相对较少，企业互补性不足且尚未实现企业间的联动发展局势，产业整体竞争力较弱。同时，我国目前的废旧资源再生利用产业仍存在大量空白，部分领域的技术与实践明显滞后，再生资源加工利用水平仍需进一步提升。我国目前尚未实现系统的循环再生利用产业体系，缺乏完整的产业生态环境，产业集聚效率和规模效益不高，产业体系不够完整。

另外，我国废旧物资循环利用企业的产品与服务同质化问题比较突出。目前该产业的大型企业与中小微企业提供的产品与服务差异性不大，企业间的异质性不足，缺少具有较强竞争力的领军企业，产品技术含量较低、价值创造能力不强，整个行业仍呈现"小、散、弱"状态。企业缺乏竞争力的另一个重要原因是市场运行不规范、行业秩序混乱，整个产业中的资金、技术、人才、信息等难以转化成实质性、排他性的竞争优势，整个产业劣币驱逐良币现象严重。同时，整个产业缺乏系统有效的市场监管机制和规范的产业统计体系，相关部门的监管缺位，存在一定程度上的恶意竞争现象，加上目前有关的法律法规不够完善，现行的法律法规还存在较为突出的不完善、不匹配问题，导致整个产业链各个环节的违规违法现象频发。

**（3）技术创新能力比较弱。** 废旧资源再生利用产业相关环节中尚存在大量技术瓶颈，产业涉及的资源能源节约和环境保护的节点性关键技术研发滞后，缺乏资源循环利用中的核心技术支撑，在商业模式设计、材料选择、再生利用方式等方面的创新能力均普遍较弱，这些状况使得废旧资源再生利用的平均成本过高，企业生产率和产品竞争力不强，严重制约着产业的快速、良性发展。由于循环经济当中的废旧资源再生利用产业需要整合不同的节点性技术，形成相对稳定的技术组合，实施整合集成性创新。因此，这对研发试验提出了更高的要求，而现行的技术研发和创新体系在集成性创新方面还存在较大缺陷。最后，该产业现存的市场化技术交易平台和成果转化平台不健全，废旧资源再生利用的成果转化机制不完善，先进技术的推广缺少有效路径，产业间各个企业的技术水平参差不齐，缺少相应的价值评估体系，很多可以转化成可利用资源的废旧资源转化率较低，可转化价值无法得到充分发挥。

### 4. 从农业循环经济发展体系构建来看

我国农业循环经济发展基础总体上看仍较为薄弱。由于扶持政策不到位、法规标准不健全、科技支撑不足等原因，除最常见且普遍的秸秆、畜禽粪污外，其他品种的农林废弃物资源化利用率不高，相关产业的发展尚不成熟。

（1）**政策扶持仍不到位**。由于推行农业循环经济的成本较高且带有社会公益性，相关行业属于微利行业，因此需要政府部门的大力支持。近年来，我国已经在农业废弃物资源化方面加大了投入力度，一系列相关项目工程也在有条不紊地开展实施。但与我国目前量大面广的农业废弃物处置需求状况相比，已有的经费投入力度明显不足。对农业废弃物进行生物质能利用也是进行农业废弃物资源化的有效途径，但目前我国对生物质能利用的支持力度不足，各个地区对生物质能在相关产业和利用中的定位不明确，目前无法享受到与常用能源一致的补贴政策。农业废弃物资源化利用缺乏财政经费、税收减免和项目支持，相关财政补贴、金融扶持和项目支持政策很少。同时，很多扶持政策由于限制条件多、惠及面偏小，难以落实到位。

（2）**与农业循环经济相互配套的法规标准仍不健全**。目前，虽然有关在我国已有的法规中，已经存在对农业废弃物资源化进行规范和约束的法条，但仍不够完善且局限性较强，原则性规定内容多，具体表现在：缺乏具体的、可实施的可操作细则。同时，已有法规限于常见农业废弃物，而对于其他不同种类的农业废弃物缺乏更全面的专门法律法规或部门规章，甚至很多领域的废弃物资源化利用的标准体系仍处于空白状态，最终导致在具体实践中缺少法律依据。我国现有的标准体系不能满足当前农业废弃物资源化利用的需要，有强制约束性的标准较少，在实际工作中容易被变通，落实效果差，很容易使最终的实施效果偏离预期。这些对农业循环经济产业发展、产品质量及竞争力提升都会带来一定影响。

（3）**缺乏相应的科技体系支撑**。目前，我国农业废弃物资源化利用的科技研发和技术装备整体水平不高，自主创新能力较弱，不仅难以攻克关键技术的瓶颈问题，就连已研发出的技术也没有得到充分应用。相关企业过分依赖通过价格战提高竞争力，忽视了产品创新和技术进步可能带来的生产率提高和竞争优势，在生产技术和产品创新方面投入不足，产学研结合不紧密，科技成果转化和产业化水平不高。相关生产经营设施和机械装备落后，自动化、信息化、智能化水平较低。在生物燃料、生物基材料产品、机械设备研发开发等很多领域仍与发达国家存在较大差距。

（4）**农林废弃物资源化利用的成本相对较高**。我国各类农业废弃物规模庞大且分布范围广、季节性较强，收储运困难且成本高。同时，废弃物自身的资源利用价值相对较低，回收利用的过程复杂且最终产生的价值有限。以秸秆为例，其资源分散、季节约束性强、收集工作量大、工作效率低，收集成本较高；收集运输过程所需设备多，程序烦琐；同时，秸秆体积大、密度小，需要很高的运输成本。因此，较高的人力成本和运输成本极大制约了秸秆综合利用的效益。同时，农业废弃物回收后再利用生产的商品较市场上其他同类商品竞争力较弱，易被替代，在目前的技术水平下，农业废弃物回收后的再生产品无法在市场竞争中掌握主动权。

## 三、把节约资源贯穿于产业发展全过程的循环经济发展

发展循环经济是一项综合性强且涉及面较广的系统工程，在"双碳"目标背景下，以《"十四五"循环经济发展规划》为指

导，着力我国目前循环经济领域亟待解决的诸多重点难点问题和挑战，构建资源循环型产业体系、废旧物资循环利用体系和农业循环经济产业体系，同时构建相互配套的科技创新体系与政策法律法规体系，把节约资源贯穿于产业发展全过程当中，稳步推进资源利用效率提升和资源循环型社会构建。

## （一）构建资源循环型产业体系

### 1. 传统产业转型升级与打造新型资源循环型企业体系

发展循环经济的本质是改造传统企业，提高我国工业经济的整体运行质量。要因地制宜地发展循环经济，就需要整体把握我国工业产业当前的发展水平和结构特点，将废弃物资源化、清洁生产、生态工业等作为发展循环经济的关键领域。在创建生态工业体系、走新型工业化道路时，应优先考虑钢铁、建筑材料、石化、食品等高污染和高能耗行业。企业是实行绿色生产的核心，必须追求增效、降耗、节能、减污的目标，大力推行清洁生产，控制污染物整体排放，并使其达到排放标准。同时，政府部门和科学研究机构必须专注于循环经济技术的研发，加大资源节约和循环利用技术的攻关力度，研究和改进现有的资源节约技术和相关替代技术，拓宽与相关产业链和环节相结合的技术合作，推广绿色生产技术，发展废物的综合利用和回收利用技术。此外，还应加强共性新技术的研发，解决当前循环经济发展过程中的技术瓶颈，进一步探索工业发展模式。

传统的资源型企业通常习惯于利用可用的资源优势来创造自

己的竞争优势，但大多数自然资源是不可再生的。随着时间的推移，可用资源将面临不断枯竭的局面，这不仅无法帮助企业培育特有的竞争优势，甚至可能严重影响企业未来的发展道路，为规避项目撞车而可能导致的市场竞争加剧情况，企业必须审慎考虑新项目的立项思路，进行深入的调研和考察，做出果断的决策来利用机遇期，若错过机遇应及时调整规划并改变方向。而地方主管部门应结合当地产业的实际发展状况，对当地产业的布局进行合理配置，根据不同企业项目发展特点有针对性地进行统筹，发挥顶层部署设计作用。可以建立区域资源循环型企业组织，共享原材料来源、发展政策、商业项目规划等信息，实现共享互通，促进公司之间的互助和共同发展。

## 2. 建立基于循环经济的资源型产业集群模式

创建基于循环经济的资源型产业模式，需要从概念、价值链、产业集群等方面入手，构建资源型产业集群模式，进而构建资源型循环产业体系。

首先，必须树立资源开发和可持续利用的理念。在循环经济的整体思想引领下，以相关资源的合理利用为前提，关注资源的可持续开发，制定有效的资源保护政策并在实践中加以实施。通过加强行政、管理、经济和法律措施，加强资源的综合利用，树立可持续利用的理念，帮助相关主体在整个生态和经济物质循环中更好地利用资源，同时充分利用生产、消费和流通回收过程中产生的废弃物。综合利用资源不仅可以节约所用资源，提高资源利用效率和再生产能力，还可以减少工业对环境的污染和对生态系统的破坏，最终实现集经济、环境、社会等于一体的综合效益，实现经济发展、生态保护、社会进步的共赢。

其次，形成产业集群效应。目前，资源型企业要实现快速的、良性的发展，需要形成产业集群效应，在集群企业之间实现知识溢出，以在集群企业内整体提高知识累积水平，实现知识共享，激发企业间的创新活动。为更好发挥集群企业知识溢出对各方的有利作用，地方政府、相关管理部门和机构需要对可能影响企业内部知识溢出的因素和障碍进行分析并加以克服，建立相对完善的保障体系，形成多方协作的合力，使知识溢出效应得到更好发挥，提高知识利用效率，最终更好实现集群企业内部间的知识溢出。

最后，充分利用全球产业链并最终形成自己的价值链。资源型产业和其他产业一样，存在产业价值链的全球分布。为发展我国资源循环型产业体系，一方面需要考虑本国和本地的实际情况，以当地特色资源为基础，坚持永续利用的理念，充分利用全球产业链和价值链，发挥本国产业的特点，实现更好的突破、跨越和发展；另一方面有必要放眼全球，分析全球价值链中是否存在可以本地化的价值链环节，同时因地制宜地选择具有比较优势的骨干企业和产品培育成龙头，在本地加快形成关联度、集中度更高的支出产业群，形成当地主导产业链的扩张优势并增强其综合竞争力。

### 3. 在园区与企业层面建立合理的生产循环系统

首先，在资源型产业园区层面上，建立生态工业园区，是实现生态工业的重要途径，也是经济发展和环境保护的大趋势。有必要根据工业生态学原理，通过能量、物质和信息集成创建产业生态园区，以形成企业之间的共生关系。生态工业园区是最具有环保意义和生态绿色概念的工业园区[①]，如卡伦堡生态园是世界上最具代表性的工业生态系统运行，园区内的发电厂、炼油厂、制药厂和石膏板厂将其他工厂生产过程中的废物或副产品作为自身商业生产的原材料，建成一条生态产业链，这不仅降低了废物产生量和处理成本，还带来了良好的经济效益，在企业群落间实现了环境良性高效的生产循环体系，使经济发展和环境保护处于良性循环中。通过研究工业代谢并应用生态系统整体性原理，生态工业园区能够利用产品、副产品、原材料、废物等物质的相互关系和作用，将其互为因果地形成能够协调不同部分结构和功能的共生网络。园区还要积极建立与循环经济相关的信息系统和技术咨询服务体系，开展咨询、培训、宣传等工作，在提高园区综合能力的基础上，最终实现园区资源开发、产品加工和废物回收的良性循环。

其次，在资源型产业中的企业层面上，需要将循环经济理论纳入企业业务设计、生产和管理的全过程，以资源循环利用为主线延伸产业链，形成循环经济"资源－产品－可再生资源－可再生产品"的发展模式。政府可选择具有代表性的企业和大型企业成长为龙头企业，重视生态保护理念的引导，通过清洁生产、产品设计等方式，开展典型大型企业生态产业的试点生产，减少实

---

① 其概念产生于20世纪50年代的丹麦卡伦堡，是在企业群落层次开展的循环经济实践。

地生产过程中的资源和能源使用，提高资源利用效率和再生产能力，最大限度地减少污染物排放，首先从单个企业内部实现清洁生产和废弃物的循环利用。这种模式也被称为"杜邦模式"[①]，该模式强调物质在不同生产环节之间的循环，在大量生产废弃物中回收有利用价值的生产资源，后续开发出可以广泛使用的产品。近年来，我国资源型企业在这方面也有相关的实践案例，例如，中国神华集团将煤炭深加工和资源综合利用作为突破口扩大了产业链，在全面发展电力、建材等重点可再生能源生产线的同时，继续发展土地复垦、矿井水利用等资源子线，最终形成"资源－产品－再生资源"的反馈循环型经济系统。

## （二）构建废旧物资循环利用体系之策略

为了建立更加科学合理的废旧物资循环利用体系，需要先考虑目前我国废料回收行业的发展现状和特点，明确其发展优势和亟待解决的问题，再制定对应的发展策略，以最大化发挥优势并高效解决问题。在解决现有问题的基础上，还需要进一步梳理废料循环利用产业发展的目标，确定后续工作计划，最终完成废旧物资循环利用体系的建设。

---

[①] 最早由美国杜邦化学公司将循环经济原则发展成为与化学工业性结合的"减量化、再利用、再循环"创造法，对生产过程中产生的废弃物进行适当处理，之后将其作为原材料或原材料替代品返回到原始生产过程或其他生产过程中，实现低排放甚至零排放的环境保护目标。

## 1. 建立产业链协同系统，增强龙头企业竞争力

企业作为废旧资源循环利用产业的主体和关键，充分发挥其带头作用，支持其提高技术水平，优化劳动力、资本、技术、管理等废物资源回收要素的配置，推动本产业新技术和新业态的发展，将重点放在提高废旧资源再生利用产业的质量和效益上，形成创新驱动发展的战略布局。为了更好、更快地推动废旧资源再生利用产业的发展，需要充分发挥行业协会的作用，以企业的转型升级为主线，提高行业协会的服务能力。

为有效实施废旧资源循环利用，相关企业还需要在制定行业标准、优化工艺流程和技术研发等方面进行互动与合作。为提升废旧物资回收利用产业的发展，需要在符合国家标准的基础上，制定废料回收和再利用的行业标准。这样可以提高废物回收的质量，确保再利用产品的质量，并降低废旧物资的回收利用生产成本，提高废物的使用价值。与此同时，还要充分培育和发挥生态工业园区的产业集聚效应，将废旧资源再生利用产业向特色园区转移，建立区域性废物回收利用工业园区，根据该行业的发展特点、环境承载力、当前发展水平和未来发展潜力，带动区域发展和产业集约化。鉴于废旧资源再生利用产品的初始投资高，研发测试要求高，需要搭建起企业间的互动平台，进行合作开发和技术共享，形成相对稳定的技术组合，最终实现整合式创新，突破技术瓶颈并降低成本。

另外，要建立一个更加协调可靠的废旧物资再生回收网络，加强回收网点的布局和建设，为企业和居民提供足够便利的废旧

物资采购途径，疏通生活垃圾、工业垃圾和建筑垃圾等不同类型固体废物的回收渠道。利用互联网和大数据等新的信息技术，促进废旧物资回收利用产业与信息技术的融合，引导行业走向信息化和智能化，提高回收、流通、处理和再利用的效率，使供需双方能够快速匹配服务，推动废旧物资再生利用交易市场由线下形式逐步向线上线下相结合的形式转型升级。

### 2. 完善政策和法律法规支持体系

废旧物资回收利用产业涉及正向和逆向供应链中的多家公司和机构，因此需要建立健全的法律和监管体系，以确保不同企业之间合作的合法性和交易的标准化。废旧物资回收利用产业的法制监管体系应包括政府起草的相关立法和法规，如废旧物资回收分类标准、回收检测标准、回收管理规则、再生产标准和相关子行业操作规范，辅以财政和税收政策的支持，对产业运行流程加以约束和规范，从而鼓励和支持产业发展。同时，需要加强对行业相关企业的治理和监督，遏制恶意竞争行为，明确各监管部门的职责和监管范围。

早在 20 世纪 70 年代，部分发达国家就为促进废旧资源再生利用进行立法规制，通过有强效力和有针对性的专项法规加强各实体的责任，确保废旧资源再生利用产业的健康发展。我国首先需要借鉴先发展国家的相关经验，在现有制度和法规的基础上，加强废旧资源再生利用产业的法律法规建设。在未来的发展过程中，需要做好顶层设计，出台专项法规，逐点落实政策规范和约束，进一步明确生产者、消费者和有关部门的责任与义务。同时协调不同部门的责任和义务，避免出现监管空白或交叉管理，明确各管理部门的具体职责，以法律规范明晰产业发展中各利益主体的权责和义务，保护行业内企业和个人的合法权益，促进行业的规范化发展。

在未来的发展过程中，应突出强调废旧资源的再生利用对于加快绿色发展和可持续发展、促进生态文明的重要性。在重视发挥废旧资源再生利用产业的战略价值，完善配套法律法规的同时，还要完善财税政策支持体系，加大对废旧资源再生利用产业的财政支持力度，深入审视并思考废旧资源再生利用与环境保护、可持续发展之间的关系。需要对废旧资源再生利用产业进行进一步的特征识别和产业细分，以避免将废旧资源的循环再生利用与处理纳入我国现有的其他资源政策中。鼓励龙头企业成长，明确相关财政扶持政策的重点，将着力点放在技术开发、重大项目和产业示范项目上，给予贷款贴息、资本金入股、资金补助以及政策性补贴等支持。

需要改善废旧资源再生利用产业的公共服务供应机制，为相关企业提供贴息补贴，同时担保机构需配置相应的贷款担保额度，解决企业融资难、融资贵问题。同时，需要完善废旧资源再生利用的税收制度，以鼓励和支持符合减免退税条件的企业和个体工商户，并保障其依法享有并真正享受到税收优惠政策。同时，加强税收监管，明确监管机构的权利和义务，精准打击废旧资源回收利用过程中的虚开发票、倒卖等违法行为，建立违法违规公司黑名单制度，将其相关违法记录纳入社会征信系统。

## （三）构建农业循环经济发展体系之策略

农业循环经济一般形态是指生态种植、生态养殖、生态林业及生态加工业各系统之间，通过中间产品和废弃物的相互交换、循环利用、要素耦合等方式，形成一个比较完整和闭合的生态产业网络生产组合，或者各产业部门之间形成相互依存、协同作用的有机整体。因此，发展农业循环经济是一个复杂的系统工程，需要引入高新技术服务体系，把经济效益、社会效益和环境效益有机结合起来。

### 1. 继续完善农业循环经济法律法规及政策保障与支撑体系

循环型农业的保障体系主要由政策、法律、组织和环境管理保障体系构成。由国外推行循环经济的成功经验不难看出，发展农业循环经济的相关保障体系是推进循环型农业发展的关键环节。因此，通过补齐已有法律法规短板、健全法规体系、完善经济支持政策、理顺管理体制等途径，继续完善农业循环经济法律法规体系以及政策保障与支撑体系。

首先，修订或制定《循环经济促进法》《资源综合利用法》等法律法规。一方面，明确各个责任主体对农业废弃物进行回收并进一步处置的责任与义务，以及其可能面临的行政处罚及需要承担的法律责任；另一方面，为促进农业循环经济的发展，应建立合适的激励和约束机制，鼓励、支持并适当引导各生产经营主体积极参与到农业废弃物的资源化利用和综合利用过程中去。此外，修订《可再生能源法》等相关法律法规，鼓励发展多种形式的能源使用方式，以确保能源更高效、更多元化利用，填补相关能源利用和发展的空白，实现我国可再生能源产业的发展。将节水、节能、节肥、节药、废弃物综合利用等作为进一步发展的重点领域，推进相关技术、评价和产品标准的制修订工作，鼓励地方因地制宜地构建并完善内容科学、结构合理的农业循环经济评价和法律体系。强化标准的应用实施，积极转化先进适用的国际标准。

其次，完善相关经济支持政策体系，健全补贴政策，强化相关补贴资金与农林废弃物资源化利用之间的联系。加大绿色金融、绿色证券等对农业循环经济的支持力度，创新金融支持方式。同时，继续落实和完善增值税、所得税、车船使用税等农业税收优惠政策。要完善对生物质能使用的政策支持，制定适当的补贴政策，促进生物质能的广泛、综合使用。建立市场化促进机制，将农业碳汇纳入碳排放交易计划，探索建立农林废弃物标识、台账和可追溯制度。

再次，协调农业循环经济发展管理体系。有关部门应明确职责分工，按照职责加强协调配合，共同推动各项工作的落实和实施。此外，各级政府应明确其综合利用农林废弃物资源的主体责任，在本区域内组织实施农林废弃物综合利用工作，积极研究和推广农林废弃物资源化利用，并接受上级政府和有关部门的监督指导。

最后，应调动各方积极性参与农业循环经济发展，并通过财税、价格、科学技术和其他政策指导，鼓励各类市场主体积极参与到农业循环经济发展实践中去。应该采用不同于"一刀切"的方法，鼓励当地利用农业废物资源和能源，推广适用于各地实际情况的设备，并调动农民积极参与循环经济发展的热情。各种新闻媒体可以加大对农业循环经济发展典型案例的宣传和报道力度，发挥大众传媒的优势和作用，积极传播生态循环农业发展理念，提高群众对农业循环经济的认知程度，潜移默化地创造全社会参与的良好氛围。

### 2. 提升农业高新技术的研发水平，加速技术成果的转化

从国外发展农业循环经济的经验来看，科学技术在作物新品种开发、农业资源保护、农产品质量提升以及环境污染治理中的作用明显，不仅能够充分利用农业资源，而且在废弃物资源化和无害化处理等污染治理中也发挥积极作用。例如：美国发展循环农业的主要方法是将高新技术引入农业循环经济之中，通过高新技术实施施肥科学配方和减少环境污染，通过对不同土壤、水分、养分等进行技术分析以及灌溉和节水等先进技术运用，实现美国传统循环农业生产能力提升。总之，美国农业循环经济发展模式通过高新技术来大幅度提高农业精准管理和生产效率，其过程充分体现了高新技术对紧缺资源的替代作用，在实现农业高效的同时尽量减少了资源投入及对环境影响[1]。

目前，与循环型农业相关的技术主要涵盖数字农业、节水农业技术、农业废弃物和相关工业废弃物回收技术等技术领域。循

---

[1] 崔军. 循环经济理论指导下的现代农业规划理论探讨与案例分析[J]. 农业工程学报，2011，27（11）：283-288.

环型农业重视清洁生产和多层次的资源回收、循环和利用，并支持基于信息技术进行的农业生产组织。因此，我国实施循环农业的基础，就是研发成本效益高、功能性和可操作性强、环境友好的先进农业技术。未来，需要不断加强农业技术的研发，加快相关技术成果的转化，为循环型农业的发展提供有力支撑保障。

### 3. 推进农业产业化经营，培育农业循环经济产业

中国农业和农村发展的根本方向是农业产业化，这也是发展循环型农业的重要手段和途径，而通过发展新型农业环保产业、立体循环农业、工农复合型循环产业等农业产业体系，是实现我国农业循环经济产业有效手段。

对于新型农业环保产业的发展而言，需要积极扶持新型材料产业发展，推进绿色投入品的开发和利用，研发并推广高效低毒农药、秸秆腐熟材料、新型辅料包材、生物分解农用材料等新型绿色材料制品；需要继续推进生态修复产业的发展，对已受污染耕地的综合治理利用、海洋牧场建设运营等方面继续加以重视；要发展和扶持提供专业农业循环经济服务的机构，推广农业循环经济产品、技术展示和贸易平台的建设等。

发展立体循环农业需要最大限度地利用林下空间，通过探索多种森林复合经营模式，如林果、林菌、林花和林药等，促进立体循环农业的发展。此外，还应加强林下养殖的标准化和规模化方面的工作，以推进农业的可持续发展。积极实施海洋生态牧场，加强水产加工副产品的资源化利用，形成渔业循环经济产业链。在现有生产模式的基础上，建设高水平的综合性种养模式基

地，构建种养一体化生态链。

建立工农复合型循环产业，有必要围绕种植、养殖等产业聚集区域，帮助建立和完善循环利用产业链和高值利用链，实现产业链的横向延伸和纵向扩张，完善产业发展体系。同时，支持龙头企业和生产性服务业经营主体，促进农业、旅游业、加工业和健康产业的融合发展。

当然，要培育循环农业经济及其产业，还需要扶持并壮大一批有影响力的绿色农产品品牌。为了实现这一目标，需要加强对循环农业的支持，推广清洁生产、有机种植和生态养殖等技术，提高农产品生产的质量，并壮大一批知名农业循环经济品牌和龙头企业。同时，还需要建立高质量的市场准入机制，强化对绿色有机标志和地理标志农产品的管理和认证，提高相关产品的市场认可度和竞争力。探索绿色农产品的新型销售渠道，加强广告宣传，创新绿色农产品的价值实现机制，这些措施也能为绿色农产品品牌的发展提供有力支持。

### 4. 建立农村废弃物资源化的三环循环体系

农业废弃物资源化的三环循环体系，是从农业本身发展层面，按照生态循环原理，将农业废弃物的循环利用作为切入点把种植和养殖业连接起来，构建循环农业发展模式的第一环；根据循环经济原理，构建生产－生活－生态－生命一体化协调发展的农业发展模式，形成四位一体的资源化第二环；在上述两个循环的基础上，形成具有社会主义新农村特征的小康社会。

就农业废弃物资源化的发展战略而言，首先需要实现生态循环，遵循自然规律，对自然界已有的生态过程进行强化，从而实现零污染的农牧业生产。我国的传统农业主要按照种植业与养殖业相互结合、互相促进的策略。以秸秆还田为例，这一过程反映了中国传统农业的智慧和生态合理性，但现代的集约化农业人为的种植和养殖过程分离，使原有的正常生态循环无法形成，生产过程中造成的废弃物也从原本可利用的资源变成了无法二次利用的污染源。因此，农业废弃物的生态循环必须适合我国的不同地域，并应因地制宜制定发展战略。同时，应利用现代生物技术和工程技术提高循环和转化效率，创造一种更有效且高效的农业废弃物循环利用模式。

鉴于我国城乡工农业目前仍在快速发展阶段，我们必须思考如何将农业废弃物重新利用为工业产品、工程材料等，或按照食物链的原理在工业领域进行开拓，形成多级循环、多级综合利用。另外，对农业废弃物进行生物质能利用，也是进行农业废弃物资源化的有效途径。常见的生物质能源开发方向有：秸秆的气化发电；甲醇等合成化工产品的原料气；作为化石能源替代燃料的生物柴油；生物质水解后发酵制燃料酒精以及生物质汽化后再由气体产品生产液体燃料等。生物质能在整个新能源和可再生资源中都具有重要地位，目前我国农村能源发展也对其有一定的发展需要，因此可以作为日后国家发展规划的重点。

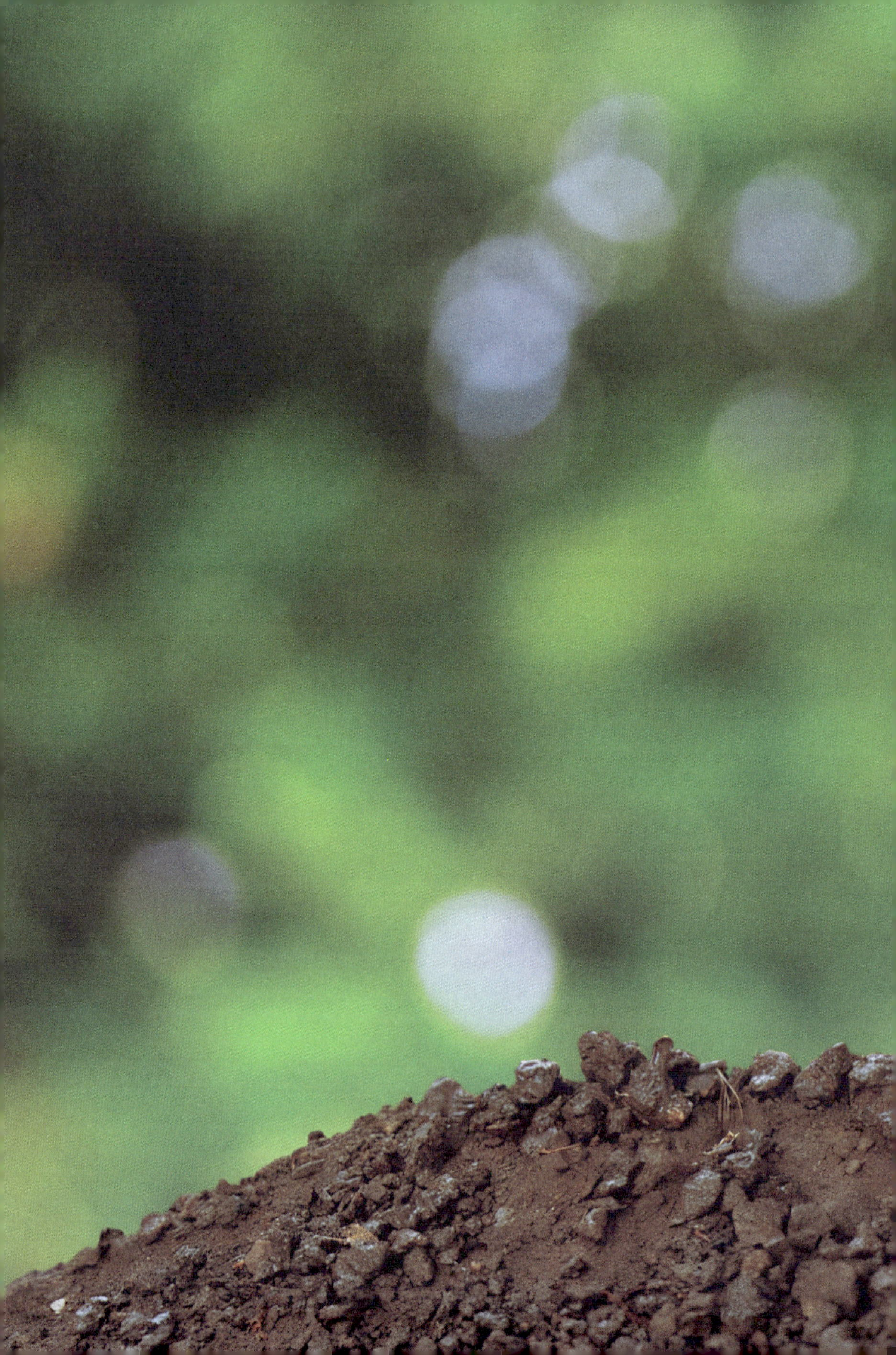

# 第三章 节约之生活

# 第一节　转型绿色低碳生活方式

节约既是经济社会发展的一条规律，同时也是人们精神面貌的具体体现，它反映的是一种勤奋进取、积极乐观的精神状态。中华民族自古以来就有勤俭节约的品质，反映在古代则表现为一种朴素的勤俭观。

## 一、主动学习低碳节约知识

当前，绿色低碳不仅是世界的共识，更是我国的重要发展战略；绿色低碳不仅是人类挽救地球家园的出路，更是我们每个人在日常生活中必须履行的义务和肩负的责任。践行绿色低碳，首先要主动学习绿色低碳知识，转变观念，培养绿色低碳的自觉意识。

### （一）低碳节约生活

**1. 衣**

衣服是我们生活中必不可少的，衣服既是我们御寒遮体的物品，也是我们文明礼仪的载体。打开柜子，我们会发现每个人都有春夏秋冬的四季服饰。这些衣服与碳排放绿色与低碳生活同样密切相关。

据测算，一件衣服从生产、加工到运输至少要消耗相当于燃烧 2.5 千克标准煤的能量，而且相当于向空气中排放了 6.4 千克二氧化碳气体。全国每人每年少买一件衣服，就可以节约相当于 300 多万吨标准煤。洗衣服也要消耗电能和洗衣粉。这个消耗看似不多，但是加起来就很惊人了。如果我们每个月手洗一次衣服来代替洗衣机洗衣的话，一年 12 次就能节约 1.4 千克标准煤，相当于减排 3.6 千克二氧化碳气体。如果全国 3.9 亿家庭都这样做的话，就可以至少节约标准煤 5.5 亿千克，相当于一个 55 万吨产量煤矿一年的产量，同时减少 68 万吨二氧化碳气体排放量。节约洗衣粉也对绿色低碳有显著成效。如果每年每个家庭少用 1 千克洗衣粉的话，全国就可以节约大约 11 万吨标准煤的能量，相当于减少 28.1 万吨二氧化碳气体。从中不难看出，仅在衣服的购买清洗方面就大有文章可做。减少浪费不仅可以减少碳排放量，更可以减少对环境的污染。

## 2. 食

中华民族自古以来就具有节约粮食的传统，"谁知盘中餐，粒粒皆辛苦"的诗句也是倡导人们要节约粮食。"民以食为天"，我们每天都要吃饭，而实际上，很少有人会关注一日三餐与绿色低碳的关系。据测算，每生产 1 千克水稻需要耗能折算为 0.36 千克标准煤，每生产 1 千克猪肉则需要耗能折算为 0.56 千克标准煤，每生产 1 千克白酒耗能折算为 0.8 千克标准煤，等等。如果我们每人每年少浪费 0.5 千克粮食，全国每年就能节约 24 万多吨标准煤，减排 61 多万吨二氧化碳气体。每人每年少浪费 0.5 千克猪肉，全国每年可节约 35 万多吨的标准煤，减排 91 万多吨二氧化碳。每人每年少喝一瓶白酒，全国每年就能节约 8 万吨标准煤，减排 20 万吨二氧化碳气体。仅此 3 项的节约量看似很少，甚至是微乎其微的节约，就相当于节约了一个年产量为百万吨级的大煤矿，而且减少接近 200 万吨温室气体排放量。就此看来，"节俭不富，浪费不穷"的说法是有道理的。今天，绿色低碳的观念在我们的生活中已经日趋流行，比如，吃不完打包、点菜不浪费等消费好习惯日益盛行。但是，我们也应该看到，许多生活陋习依然存在，浪费现象还比较严重。此外，食品包装超豪华，不"绿色"，还有像一些"非绿色"食品，如烟草仍然大行其道等。

### 3. 住

涉及住的范围就比较广泛了。首先是住宅的装修。装修的材料有铝、钢、木材、陶瓷等。1 千克铝要耗能约 10 千克标准煤，1 千克钢要耗能 0.74 千克标准煤，而 1 立方米的木材的加工运输等要耗能达到 25 千克标准煤，1 平方米的陶瓷则需要耗能 6 千克标准煤。以铝材为例，每年在装修的 1000 万户家庭假如每户能节约 1 千克铝的话，就可节约能量近 10 万吨，减排二氧化碳气体近 25 万吨。

另外，农村自建房屋中如果使用节能砖，每座住宅就可节约能量 5.7 吨标准煤。就全国而言，如果每年有 10% 的新建房屋采用节能砖，则可以节约能量 860 万吨标准煤，减排二氧化碳气体 2000 多万吨。这就相当于减少了一座特大型煤矿。其次，在住宅的使用方面，也有很大的节能减排空间。一方面，在使用空调时，如果能将温度调至 27 度的话，每年可以节电 22 度，相当于减少二氧化碳气体排放量 21 千克。若全国 1.5 亿多台空调都能这样做，一年就可节电 33 亿度。另一方面，要尽量选用节能空调。节能空调比普通空调每年（按使用 100 小时计）可节电 24 度，减排二氧化碳气体 23 千克。再次，出门时提前几分钟关掉空调也可以节约不少。按一台空调一年节约 5 度电计，全国可以节电 7 亿多度。总之，仅空调使用全国每年就能节电 50 多亿度电，相当于减少二氧化碳排放近 500 万吨，也相当于减少一个装机容量为 60 万千瓦的发电厂。

家庭照明也可以有很大的节电空间。例如，把照明用灯泡改为节能灯的话，以 11 瓦节能灯代替 60 瓦白炽灯，按每天使用 4 小时计，1 盏节能灯 1 年可以节电 71 度，相当于减少二氧化碳排放量 68 千克。如果全国有 1 亿（平均 3 户拥有 1 盏节能灯）只节能灯，则每年至少节电 71 亿度，减少二氧化碳气体排放量 680 多万吨。当然，养成随手关灯的好习惯，每个家庭一年也可以节电 5 度，全国近 4 亿家庭每年可节电近 20 亿度，相当于减排二氧化碳气体近 200 万吨。总体看来，如果每个家庭都装上 1 只节能灯，养成随手关灯的好习惯，则每年节约的电量相当于一个装机容量为 300 万千瓦的大型发电厂一年的发电量。

住宅小区和街道路灯如果采用耗电量仅为白炽灯的 10%、寿命却是白炽灯 100 倍的 LED 灯（半导体发光灯），一年就可以节电 900 亿度，相当于减少二氧化碳排放 8640 吨。

### 4. 行

现在人们出行的方式有多种选择，长距离出行可以坐火车、飞机和轮船，短距离出行可以乘公交、自驾车、骑摩托、骑助力车和自行车等。不同的出行方式的碳排量也是不一样的。骑自行车和步行是最为环保节能的出行方式。而乘用各种机动交通工具则有不同的能耗。据测算，私家车平均每天耗油 1 升，全国的私家车按 2000 万辆计算，一个月如果少开一次车，那么一年就能节约 240 亿升油，相当于减少二氧化碳气体排放 5000 多万吨。1.3 升比 2.0 升汽车每年可以节油 294 升，相当于减排二氧化碳 647 千克。混合动力车节油 30% 以上，每辆车每年可以节油 378 升，相当于减排二氧化碳 832 千克。就此来看，对个人而言选择小排量或混合动力汽车是实现出行与节能环保两不误的良好选择。与自驾车相比，坐公交出行每 100 千米可以节油 83%，达到 8.8 升，相当于减排二氧化碳气体 18.4 千克。除了选择更绿色低碳的出行方式以外，自驾车在日常的运行中也可以做到大幅度减排。据测算，如果车辆保养得当的话，每辆车每年可以节约 180 升燃油，相当于减少二氧化碳气体排放 400 千克。再比如，如果每天每辆车减少发动机空转 3~5 分钟，则可以节油 0.13 升，减排二氧化碳气体 0.29 千克，一年下来可以节油 47 升，减排二氧化碳气体 106 千克。

### 5. 用

在我们日常的用具中也有可以大大节约能量的地方。比如，减少塑料袋用量,换用可以重复多次使用的布袋子。每减少一个塑料袋就能节约 0.04 千克标准煤。当然,对于每个家庭而言,安装太阳能热水器也是绿色低碳的好途径。看电视、用电脑要注意及时关机,不使用待机功能,调低屏幕亮度等都可以节约不少的电能。再则,电冰箱、微波炉、电烤箱、饮水机等厨房家电的正确使用,例如,减少冰箱的开门时间,其他厨房电器不用时要及时断掉电源等。这些小小的举措也可以让您成为一个"绿色时尚达人"。另一个最重要的方面是节约用水。①防止"跑、冒、滴、漏"水等事件的发生;②换节水龙头;③尽量洗淋浴,并调低水温,洗澡后还要及时关闭水龙头等;④不要流水洗菜,尽量在盆里洗菜;⑤使用电开水器烧水要适度,减少热水浪费。这些措施都可以达到节水的目的。

再一个是减少纸张的使用。重复使用教科书,打印或复印时尽量使用两面,多看电子书少用纸质书,尽量使用再生纸,用手帕代替纸巾,电子邮件代替纸质信等。

最后,要为垃圾分类回收作出自己力所能及的贡献,把能够循环利用的和不能循环利用的"废物"收集起来,实现资源的回收和重复性利用。

## (二)低碳学习低碳工作

低碳学习和低碳工作仿佛不是我们个人的事情,而是学校和工厂、公司、机关等单位的责任范围。其实,学习和工作中的绿色低碳与我们每个人是分不开的。试想,每个人的在校学习时间

中国式现代化资源节约之路

至少有13年，占人生的约1/6，工作时间则一般要占到人生的大约1/2。二者加起来共计占人生的2/3时间。仅从时间上来看，学习和工作中的绿色低碳践行就显得格外重要了。绿色低碳学习主要应该包括以下一些方面。

**1. 绿色低碳交通**

上下班是每天的"必修课"，也自然应该是实行绿色低碳的好时机。现在不少人为了方便而选择自驾车上下班，这是很"高碳"的行为。如果距离不是很远的话，我们可以选择骑自行车或搭乘公交车辆。骑自行车不仅可以绿色低碳，还能够锻炼身体，可谓是一举两得的好事情。此外，我们选择骑自行车和坐公交车上下班，可以有效缓解城市的交通拥堵，这是我们个人的绿色低碳出行给整个城市的绿色低碳带来更大的效应。当前，不少城市的上班族选择了步行上下班这种更加绿色低碳的方式。这不仅是对国家提出的"全民健身走"的一种响应和自觉实践，更是缓解城市交通压力、减少城市和个人交通碳排放的良好方式。

**2. 绿色低碳办公**

随着现代化、自动化办公条件的实现，现代办公也成了一个碳排放大户。办公室耗能之大相比之下有了大幅的增加，主要耗能地方有空调、电脑、照明、打印机、复印机、传真、电话等。另外，各种器材的材料消耗也是高碳非绿色的重要方面。就此而言，办公室绿色低碳的空间还是很大的。这样一来，办公室绿色低碳主要可以围绕节能和节材两个方面来进行。首先，按照国家规定调低办公室空调温度以减少空调能耗，养成下班时提前关闭空调和中间离开时关掉空调的好习惯。其次，减少电脑的开机和待机时间，减少打印机、传真和复印机的待机时间，养成用完之后断电的习惯。再次，办公室照明要尽量减少浪费。人少时少开灯，尽量用个人办公桌上的小台灯；白天尽量采用自然光照明等，这些措施都可以帮助我们减少照明能耗。最后，减少各种材料的消耗。因为目前办公耗材是办公室里不宜忽视的地方。一方面，打印机、复印机、传真机的墨盒损耗；另一方面，打印纸张的大量损耗等都是很大的能源和材料消耗。减少这些耗材的浪费不仅能够大幅节约办公经费，而且能够实现"绿色低碳"办公。

## 二、争做绿色低碳生活的践行者

"聚沙成塔，集腋成裘。"绿色低碳生活不是让我们付出巨大的牺牲，只要从点滴小事做起，就能够积少成多，办成大事！从前面的知识可知，绿色低碳生活有很多方面是可为的，但概括起来可以简化为节省和回收两大方面。

### （一）家庭节电

节省不是要降低我们的生活质量，也不是要我们回到低标准的生活，而是要减少浪费，是要从点滴之中"节"出硕果来。这样做既符合中华民族崇尚节俭反对浪费的优秀文化传统，也符合当今世界倡导节俭和绿色低碳生活的时代潮流。我们在日常生活中用得最多的是电能，因此，省电是低碳的重要环节，下面是立足当前省电"王法"。

## 1. 断

随手关灯、空调、电视机、电脑、微波炉、饮水机、打印机等家用电器的电源。因为空调、电视机、电脑、微波炉、饮水机、打印机等电器都有待机的功能，不断掉电源，它们仍然在"吃电"。如果只是把电脑和电视机关掉而没有拔下插头，电脑和电视机就仍然处于待机状态，电脑有 4.8 瓦的功耗，电视机则有 8.1 瓦的功耗。这样一来，1 个家庭每年因电脑和电视机待机耗电所浪费的电就达近 100 度，电费达 50 多元。另据统计，饮水机每天真正使用的时间约 9 个小时，一天之中近 2/3 的用电因此被白白浪费掉。因此，在饮水机闲置时关掉电源，每年可节电约 366 度。如果对全国保有的约 4000 万台饮水机都采取这一措施，那么，全国每年可节电约 145 亿度，相当于三峡电站约 1/6 的年发电量，也相当于减排二氧化碳 1405 万吨。因此，在这些电器一段时间内（比如半小时）不用时，要及时切断电源。据测算，每年家电待机（按每天待机 20 小时）的总耗电量约为 430 度电，加上饮水机浪费的电共计 800 度。如果我们能够及时断电，那么，就能从家电待机方面节约 800 度电，相当于减排二氧化碳 800 千克。

## 2. 限

限制空调的温度和运转时间、限制电视屏幕和电脑屏幕的亮度、限制冰箱里面存放的食品数量、限制电风扇的转速、调低淋浴水的温度等都可以较好地节省家庭耗电。因为人体感觉舒适的温度是18~22度，因此，在冬季和夏季要避免室内温度和室外温度的较大差异，最好把空调的制热和制冷温度调到18度和26度。另外，要配合好自然风的利用和衣物的适度增减，做到"绿色低碳"生活。把电视机或电脑屏幕的亮度调到合适的亮度和对比度不仅可以保护视力，而且可以延长显示屏的使用寿命、减少电能消耗。一般来说，液晶电视屏幕亮度可以调到22~35，对比度调到22左右就可以。对老式的电视机，调低亮度到不刺眼的中等亮度就可以。据测算，如果这样做，1台电视机1年可以节电5度多，全国3.5亿台电视机1年就可以节电19亿度。电风扇在生活中有很大用处，但是高档和中低档之间的电能消耗差别高达40％。而实际上，中低档吹风就完全可以满足人们纳凉的需要。以60瓦的电风扇为例，如果使用中、低档转速，全年可节电约2.4度，相应减排二氧化碳2.3千克。如果对全国约4.7亿台电风扇都采取这一措施，那么，每年可节电约11.3亿度，减排二氧化碳108万吨。如果将淋浴水温调低1度，每人每次淋浴可以减少二氧化碳排放35克，全国有1/5的人这么做，1年可以节能64万吨标准煤，减排二氧化碳气体165万吨。通过限制"过高、过亮、过多、过快"等措施，每年可以为每个家庭至少节电50度。

### 3. 换

当前，随着旧家电的使用年限到期，全国面临着新旧家电的更换高峰。在更换家电时，要立足于"绿色低碳"的标准，选择节能环保的家用电器。目前市场上可供选择的节能家电种类齐全，从节能灯、节能冰箱、节能洗衣机到节能空调应有尽有。1只节能灯1年（按每天照明4小时计）可以节电达70度；1台节能冰箱1年可以节电100度；1个节能电饭锅比普通电饭锅节电1/5，1年可节电9度；节能洗衣机比普通洗衣机节电50%，1台节能洗衣机1年可节电约4度；1台节能空调每小时可以节电0.24度，若1年使用100小时，则可节电24度。这样，累积起来，选用节能家电的家庭每年（按每家有5盏电灯计）可以节电480多度，相当于减排二氧化碳480千克。除了节能以外，选择节能家电也是对绿色环保家电企业的支持，有利于新旧家电企业的淘汰，促进家电生产向"绿色低碳"方向发展，实现全国乃至全球的"绿色低碳"生产。

### 4. 少

家用电器的使用必然消耗电，产生碳排放。那么，适度减少家电的使用时间也是我们进行"绿色低碳"生活的一个途径。每天少看半小时电视、少上半小时网、少开几次冰箱门、开窗通风、少让抽油烟机空转、适度减少开灯时间等都可以达到节电的目的。另外，每月少用1次洗衣机、少用1次吸尘器等也可以节约用电。据测算，每天少看半小时电视，1台电视1年可以节电20度；每天少上半小时网，1台电脑1年可节电30多度；每天少开几次冰箱门可以减少3分钟的冰箱启动时间，1年可以节电30度；1天少开抽油烟机10分钟，1年1台抽油烟机可以节电12度；1天少开灯半小时，1年1只灯（10瓦节能灯为例）可以节电2度；每月用手洗代替，少用1次洗衣机，1台洗衣机1年可以节电约4度；每月少用1次吸尘器，1年1台吸尘器（使用时平均1000瓦）至少可以节电6度。这样的小积累合计起来，1个家庭1年可以节电100多度。

## 5. 看

在采取了"断、限、换、少"四大措施之后，我们还要做个有心人，要注意查看每月的家庭耗电量，及时发现浪费电的地方并做及时的改进，使我们的节电工作落到实处。这样做既有利于克服我们的懒惰心理，又可以发现并找到更好的家庭节电窍门。因为不同的季节和天气、不同的地方、不同的家庭布置可能都会对节电有不同的影响，所以针对每个家庭的实际情况找到自己的节电规律是极为必要的。如果我们坚持不懈改进节电措施和方法，每个家庭实现每年节电1430度就不是一件很难的事情。全国3.9亿家庭有一半这样做的话，每年可以节电2788亿度，相当于省掉了装机容量为3000万千瓦的大型火电厂两个，节约年产500万吨的大型煤矿22个。

## （二）家庭节水

水是生命之源。一个没关紧的水龙头，在1个月内就能漏

## 中国式现代化资源节约之路

掉约 2 吨水，1 年就漏掉 24 吨水。而 1 吨水可以生产化肥 500 千克，织布 220 米，生产药片 2000 片，炼油 333 千克，染布 33.3 米，生产水泥 350 千克，磨面粉 34 千克。在污染日趋严重的今天，节约用水是我们的必然选择。那么，怎样在家庭生活中实现节约用水呢？归结起来，家庭节水有如下"三法"。

### 1. 向节水器具要节水

节水器具是节水的好帮手，因此，在家里换用节水器具是实现节约用水的重要方法。例如，感应水龙头比手动水龙头节水 30%，每个家庭每年可因此节能 9.6 千克标准煤，减排二氧化碳 24.8 千克。节水马桶是家庭节水的重要助手。按 3 口之家，每人每天冲水 4 次计算，双键节水马桶比老式马桶每月可以节水 1890 升，即节水 1.89 吨，而且还可以减少污水排放 1.89 吨。生产 1 吨自来水要耗电 0.67 度，处理 1 吨废水要耗电 1 度。1 个家庭的抽水马桶 1 年可节水约 23 吨，相当于节电 38 度。

如果全国有 1 亿家庭换用以上两项节水器具，则一年可以节能 200 万吨和 148 万吨标准煤，相当于减排温室气体约 1000 万吨。如果家里的旧式马桶暂时不能换成节能型的，只要你在马桶的储水箱里面放一个 1.5 升盛满水的塑料瓶，每天也可以节水 18 升，每月可节水 480 升水。也可以把卫生间里水箱的浮球向下调低 2 厘米，每次冲洗可节省水近 3 升，按家庭每天使用 4 次算，一年可节水 13140 升。

## 2. 向习惯要节水

日常生活中人们有许多注意不到的浪费水的习惯，改掉这些习惯也是可以大幅度节水的。

改盆浴为淋浴并控制洗浴时间。据测算，用淋浴代替盆浴，每人每次可以节水 170 升，同时减少 170 升的污水排放，可节能 3.1 千克标准煤，相应减排二氧化碳 8.1 千克。如果全国 2000 万盆浴使用者能做到这一点，那么，全国每年可节能约 1148 万吨标准煤，减排二氧化碳 2950 万吨。另外，洗浴时及时关掉水龙头，每人每次可以至少减少二氧化碳排放 98 克。如果全国有 2 人照此做，1 年可以节能 14 万吨标准煤，减排二氧化碳 36 万吨。

消除"跑、冒、滴、漏"来节水。家庭用水中出现跑、冒、滴、漏是常有的事，因为它的量小而很少引起人们的注意。但是，一个没关紧的水龙头，在一个月内就能漏掉约 2 吨水，一年就漏掉 24 吨水，同时还产生 24 吨的污水排放。所以，及时修好关不紧的水龙头对防止自来水浪费、实现节水具有重要意义。

改用洗菜盆洗菜。流水洗菜有诸多的好处。但是，改用洗菜盆接水洗菜也能把菜洗好，同比之下，每户每年约可节水 1.64 吨。假设全国有 1 亿家庭这么做，1 年就可以节约 1.64 亿吨水，加上减少的污水排放，1 年可以节能 5.1 万吨标准煤和减排 13.4 万吨二氧化碳。

一水多用巧节水。用淘米水洗菜不仅可以节约初步洗菜的用水量，还可以较好地清除蔬菜上的农药残留；或者用淘米水、洗菜水冲洗厕所、浇花也可以使一水两用。还有，漂洗衣服的水用来拖地板或清洗家具器物，或者存起来冲厕所等都可以变废为宝，减少水的浪费。另外，可在洗漱盆下安装储水装置与坐便器相连，这样日常洗漱用水就可用来冲马桶，达到一水两用。

### 3. 向"废水"要节水

今天随着城市废水的处理力度加大，我们周围已经有了可以利用的"废水"，又名"中水""杂用水""再生水""回用水"，即城市污水或生活污水处理后达到规定水质标准，能够在一定范围内重复使用的非饮用水。由于其水质介于自来水（又名"上水"）和排入管道内的污水（又名"下水"）之间，故命名为"中水"。"中水"虽然不能饮用，但是可以用来冲厕所、灌溉园林、保洁道路、洗刷汽车以及喷水池、冷却设备补充用水等。对家庭而言，洗车可以到使用"中水"的洗车店，不仅价格便宜，而且低碳。

另外，家庭可以向天空要水，比如建立自家的集雨器，用雨水来冲厕所或浇花都可以节约用水。另外，可以几家联合建立较大的集雨设备，平时可以用来洗车、冲厕所，是一个节约用水的好办法。

## （三）绿色饮食

绿色低碳饮食听起来有点玄，其实一点也不奇怪。因为我们餐桌上的各种食品无一不是经过了饲养、种植－原料加工－储存－运输－包装－烹调等一系列复杂的过程，而这些环节无一不是消耗了大量的能量的。所以，饮食的浪费实际上是对于我们看不见的劳动的浪费，也就是对能量的浪费，也就相当于增加了碳排放量，污染了环境。就此而言，"绿色低碳"饮食不仅是需要的而且也是必需的行动。

## 1. 点滴留心，节约粮肉

谷物类食品中以水稻为例，生产1千克水稻要耗能大约折算为0.36千克标准煤，相当于排放二氧化碳1.4千克。对一个家庭而言，一日三餐都离不开大米，如果我们每天能够不剩余米饭或不倒掉米饭0.1千克的话，一年一个家庭就可以节约大米大约37千克。如果全国3.9亿家庭都能够这样做的话，那1年就能从餐桌浪费中夺回1400万吨大米，相当于节能大约700万吨标准煤，减排二氧化碳12.2万吨。另外，肉类食品也是我们餐桌上的必备品，同时也是能耗最大的一类食品。以猪肉为例，1千克猪肉要耗能0.56千克标准煤。如果一个月一个家庭能够减少浪费肉类食品0.5千克，那么，一年就可以减少6千克肉类食品的浪费，相当于节能3.4千克标准煤。全国有2亿家庭这样做的话，一年就可以节能6.8亿千克标准煤。

## 2. 少酒少烟健康生活

自古以来，适量饮酒被认为是"百药之长"。适量饮酒对人的确有很大的好处。《中国居民膳食指南》中就明确指出"如饮酒应限量"。流行病学研究表明，每天的饮酒量，啤酒不超过540毫升（一瓶啤酒的80%左右）、果酒不超过200毫升（1/3瓶）、

40 度白酒不超过 60 毫升（相当于 1 两）是相对安全的。安全饮酒量对人的心脏和骨骼都有一定的好处。人们常说饮用果酒，如葡萄酒、红酒等，可以软化血管，减少心血管疾病的发病率。研究资料表明，在法国红酒消费量最高的地区，蔬菜和水果的消费量也是最多的。也就是说，是饮酒者较少吸烟、蔬菜水果消费量高的生活方式导致了患心血管疾病的危险性减少，而非红酒单独使然。关于吸烟的好处，科学上没有证据。但有人说，烟草中的烟碱可以消除疲劳、增加注意力和调节人的情绪。也有人说，烟草具有能使人兴奋与镇静的特殊效果。现代科学研究表明，长期饮酒和长期抽烟对人体健康不但好处甚少，而且危害更大。酒中的乙醇对人体的肝脏等器官有很大的毒害作用，长期过量饮酒会导致酒精性肝炎和肝硬化。长期饮酒可以导致体内多种营养素缺乏，还会增加高血压、脑卒中等危险。另外，酗酒还可引发暴力事故等，对个人健康及社会治安都有害。据统计，我国男女饮酒率分别为 84.1% 和 29.3%，其中 16.1% 的男性和 2.5% 的女性为每日饮酒。世界卫生组织公布的数据表明，由酒精引起的病死率和发病率是麻疹和疟疾的总和，也高于吸烟的危害。在我国，每年死于酒精中毒的人数高达 10 多万，致残 200 多万。据世界卫生组织公布的数字，香烟每小时会杀死 560 人，全球每年因为抽烟导致的癌症患者高达 48 万人。

过量饮酒和长期抽烟除对人有极大的危害以外，对能量的消耗也是很大的。1 瓶啤酒要耗能 0.08 千克标准煤，1 瓶白酒要耗能 0.4 千克标准煤，而一支香烟也要耗能 0.14 千克标准煤。健康生活离不开饮食有度。在饮食有度的基础上，如果每个人每月少喝1瓶啤酒，那么，1个夏天就可以节能0.24千克标准煤，相当于减少二氧化碳排放0.6千克。按全国饮啤酒人数10亿人计，1年可以节能24万吨标准煤，减排二氧化碳60万吨。对白酒而言，如果每人每年少喝1瓶白酒，全国2亿酒民每年就可以节能8万吨标准煤，减排二氧化碳20万吨。每人每天少吸1支烟，每年就可以节能0.14千克标准煤，相应减排二氧化碳0.37千克。如果全国3.5亿烟民都能如此，每年就可以节能5万吨标准煤，减排二氧化碳13万吨。减少吸烟还可以减少对周围空气的污染，有助于营造绿色的生活环境。

# 第二节　扩大绿色产品服务供给

引导形成绿色消费模式，离不开绿色低碳产品和服务的有效供给。要深化供给侧结构性改革，不断提升绿色产品和服务的供给规模、供给质量，进一步释放绿色消费需求。

## 一、打造绿色低碳供应体系

随着人们环保意识的提高，绿色消费已经成为全球消费的趋势。绿色消费可以减少对环境的破坏，降低能源消耗，也有利于经济可持续发展。而要实现绿色消费的目标，需要一个有效的绿色低碳供应体系的支持。

### （一）绿色低碳供应体系的重要性

一个完善的绿色低碳供应体系可以促进绿色产品和服务的研发和生产，帮助企业转型升级，提高其生产的环保和低碳水平，同时还可以引导消费者选择绿色低碳产品和服务。因此，打造绿色低碳供应体系对于推动绿色消费具有非常重要的意义。

首先，绿色低碳供应体系可以帮助降低生产成本。通过研发和生产环保和低碳产品，企业可以优化其生产过程，提高资源利用率，降低能源消耗和排放，从而减少生产成本。此外，随着环保政策的逐步加强，对于高污染、高耗能行业的管制也将越来越严格，绿色低碳供应体系的建立可以帮助企业规避环境风险，降低相关的成本。

其次，绿色低碳供应体系可以提高产品和服务的质量。绿色低碳产品和服务通常具有更好的品质和更高的竞争力，因为这些产品和服务更加环保、节能、安全、健康。例如，电动汽车在能源消耗和排放方面比传统汽车更为优秀，因此更受消费者欢迎。同时，绿色低碳供应体系还可以促进科技创新和产品升级，带来更好的用户体验和市场口碑。

最后，绿色低碳供应体系可以促进消费者的环保意识。消费者选择绿色低碳产品和服务可以帮助保护环境、减少污染、降低能源消耗，这有助于增强消费者的环保意识和责任感。在一个良好的绿色低碳供应体系的支持下，消费者可以更加方便地获得环保和低碳的选择，进一步推动绿色消费的普及。

综上所述，绿色低碳供应体系对于推动绿色消费的发展有着重要的意义。它可以帮助企业转型升级，降低生产成本，提高产品和服务的质量，同时也可以引导消费者选择绿色低碳产品和服务，促进消费者的环保意识和责任感。因此，建立完善的绿色低碳供应体系是推动经济可持续发展和环境保护的重要措施。

## （二）打造绿色低碳供应体系的路径分析

### 1. 发展生态农业

构建绿色农业产业体系。农业是国民经济的基础产业，同样，生态农业也是绿色产业的基础产业。生态农业是为了维持农业长期可持续发展，运用现代化管理方法和先进绿色科学技术，遵循经济规律和自然规律，转变传统的农业生产方式，对农业资源进行长期可持续地开发，维护农业资源的稳定，对农业资源综合利用和循环利用，获得长期稳定的经济生态效益，建立符合绿色经济发展理论，具有完善农业生态结构的现代农业生产体系。推进供给侧绿色化改革，运用绿色科学技术，创新发展现代化农业，构建现代化绿色农业产业体系，推动劳动密集型产业转向知识密集型农业，根据不同区域的农业资源条件，推进绿色农业经营产业化，健全农产品市场体系，培育绿色农产品市场，提高农业生态效益和农产品市场竞争力，加强开发绿色农业体系，走出一条农业企业化、规模化、集约化发展绿色农业之路，全面提高农业综合生产能力，建立现代化绿色农业产业体系。

发展生态农业利用先进绿色农业技术，创新改革传统农业，培育新型农业，构建绿色农业产业体系，追求农业资源的高效利用和循环利用。发展生态农业，构建绿色农业产业体系能够解决农业生态环境问题，促进农业可持续高效发展，实现农业生态与农业经济发展共赢；创建生态农业园，输出各种高品质的绿色农业产品，生态农业园模式促使所有的农业资源都能够高效和循环地利用，提高农业综合效益。发展生态农业，构建绿色农业产业体系，规划生态农业产业化发展，利用先进绿色农业技术，优化生态农业空间布局，完善生态农业基础设施建设，建设现代生态农业体系；建立健全生态农业服务体系，为生态农业的建设保驾护航，着力推进以科技服务、劳务服务、信息服务等现代化服务体系为生态农业建设服务。建设农业观光园，农业观光业的产生和发展是农业结构调整和社会经济生活发展的需求。

发展生态农业，构建绿色农业产业体系将人文资源和历史资源注入生态农业建设，建立具有人文历史性生态农业观光园，以生态农业推动人文历史发展，使农业文化、农业生态和农业生产与平衡发展。生态农业是构建绿色农业产业体系的核心组成部分，为农业循环发展、循环供给打下坚实基础。发展生态农业，构建绿色农业产业体系要求按照生态学原理，建立一个农业资源低输入、经济上可持续发展的农业生产系统，实现农业生产的生态化和绿色化，促进农业可持续发展。发展生态农业，构建绿色农业产业体系就是供给侧绿色化改革的以人为本、可持续发展、供给与需求联动并进的基本原则，按照绿色发展的方针，立足农业资源、人文资源和历史资源等促进农业生态产品生产。

## 2. 发展生态工业

构建绿色工业产业体系。生态工业是以经济生态效益和社会效益最大化为目标，创新发展工业模式，促进工业资源的综合和循环利用。发展生态工业，构建绿色工业产业体系，用生态化改造传统工业，加速工业的现代化进程，建设科技含量高、经济生态效益、综合效益好的绿色工业产业体系。"在生态工业中各生产过程不是孤立的，而是物质流、能量流、信息流、价值流和人流相互关联，一个生产过程的废弃物可以作为另一过程的原料加以利用。"构建绿色工业产业体系，要以资源生态环境的良性循环为基础，建立绿色工业产业链，形成工业资源共享、市场互补的产业链条。发展生态工业，构建绿色工业产业体系要促进工业企业绿色转型，根据工业生态化的要求，把生态成本、生态服务、生态能力等纳入工业企业的生产经营管理模式之中，实现工业企业的经济价值和生态价值的统一；发展生态工业，构建绿色工业产业体系，要积极推进高新技术工业产业的发展，探索低能耗、低污染、高增值的生态工程，加快建设现代化工业产业体系。

发展生态工业，构建绿色工业产业体系促进工业结构的绿色调整，改变工业生产方式和供给结构，促进工业产品生态化；发展生态工业，构建绿色工业产业体系能够促进工业增长与资源生态环境互补，避免工业经济发展与资源生态环境保护相互割裂，生态工业建设要求遵守生态规律，通过工业资源高效和循环利用，实现经济发展和生态双赢局势。

### 3. 发展生态服务业

构建绿色服务业产业体系。生态服务业以合理开发和利用环境资源为基础，降低经济资源能源消耗，发展资源节约型和环境友好型服务业，为绿色产业体系中的生态农业、生态工业等产业提供服务和保障，是经济绿色发展的纽带。在企业生产经营活动中，倡导企业经营者推进企业绿色发展，发展绿色企业文化；在消费环节倡导消费者进行绿色消费；发展绿色金融服务推动生态服务业发展，同时推动生态农业和生态工业等产业发展，保持生态农业、生态工业、生态服务业等产业之间的健康运转。构建绿色服务业产业体系，需要积极推进绿色物流和绿色交通运输系统发展，因为物流和交通运输是连接经济发展过程中生产与消费的纽带。绿色物流和交通运输是构建绿色服务业产业体系重要一环，强调物流运输与生态环境的协调，实现物流运输与生态环境互利共存。发展生态服务业，构建绿色服务业产业体系，以实现服务业的可持续发展为目标，要求整个服务周期过程中都要考虑对生态环境的影响；通过生态服务体系建设，引导有利于经济可持续发展的生产消费行为，推动经济绿色发展。

## 二、构建绿色低碳供应体系的保障措施

新发展阶段，面对实现经济复苏和资源环境约束双重压力，需要推进供给侧绿色化改革，供给侧绿色化改革是破冰这双重压力的重要手段，要采取多方措施，共同努力，全方位推进供给侧绿色化改革，保障供给侧绿色化改革顺利推进。

## （一）行政制度保障

加强供给侧制度创新是供给侧绿色化改革的本质要求。通过制度创新，激发企业和社会活力，引导培育新型产业，改革监管方式和手段，制定新型产业发展规划，提供新的制度安排，创造开放、公平、竞争的市场环境，支持企业创新，研发新技术，改进生产和经营活动，增加有效供给，从而释放和引领新需求。供给侧绿色化改革是以提高全要素绿色配置效率为目标，挖掘供给侧经济增长潜力，维持供给侧可持续发展的改革，这要求我国要制度供给的创新。加强供给侧制度创新是保障供给侧绿色化改革，促进供给侧的有效手段。加强供给侧制度创新，保障供给侧绿色化改革，推进自然资源管理制度创新保障节约利用自然资源，推进环保规章制度创新提高生态环境质量，推进生态规章制度创新增强生态服务功能，推进国土资源规章制度创新规范优化国土空间，建立和完善资源生态环境管理规章制度。加强供给侧制度创新，完善供给侧制度有利于明确资源产权制度，管理供给侧市场，维持供给侧市场的良好秩序，提升供给侧竞争能力。加强供给侧制度创新，政府一体化管理服务体制和政府考核机制，促进有利于供给侧绿色化改革的制度供给。

## （二）法律法规保障

建立健全供给侧法律法规特别是生态文明建设的法律法规，

促进自然资源综合立法是供给侧绿色化改革的重要保障。在当前与未来，供给侧发力主要涉及怎么样打造经济升级版，应对经济发展和资源环境矛盾凸显等问题。虽然国家出台了一系列鼓励资源综合循环利用的政策和措施，但有的并没有上升到国家法律层面，资源综合循环利用没有完全法治化，一定程度地影响了经济的健康发展，要尽快完善和制定《节约能源法》《可再生能源法》等法律。尽快建立资源综合利用国家标准，吸收国外先进经验，完善和制定促进资源综合有效利用的法律法规。完善重点耗能产品市场准入制度，加大资源保护和节约的执法力度，促进树立新型的资源环境法制观与价值观。目前，资源生态环境危机日益加剧，法律不能仅仅强调公民的自由与权利，它还应当注重公民的责任和义务，将人类社会发展限制在资源生态环境的可承受承载能力之内，限制掠夺式的开发利用自然资源。建立健全供给侧法律法规体系，使法律法规能够满足实施供给侧绿色化改革并促进经济可持续发展的客观需要，推进供给侧绿色化改革都要做到有法可依；推进供给侧绿色化改革配套与之相适应的法律法规，使供给侧绿色化改革有章可循，促供给侧绿色化改革在符合社会主义市场经济发展的框架内健康有序地推进。

## （三）人才保障

积极进行供给侧教育改革和培养创新型人才，是供给侧绿色化改革的根本保障。培养创新型人才，对国家未来经济可持续发展起到至关重要的作用。面对第三次产业革命的挑战和我国经济发展现状，应积极改革教育制度和教育制度去行政化，进一步升级教育和提升创新能力，实施人力资本战略，培养造就一大批创新型人才。受传统教育的影响，培养出的人才缺乏创新意识、创新能力。要想真正培养出有助于经济可持续发展和建设创新型国家的创新型人才，首要任务是对教育体制和教育教学理念进行根本的改革。深化供给侧教育制度改革，立足于围绕培养创新型人才这个核心目标，全面推进素质教育，是我国高等教育必须担负的历史使命，也是培养创新型人才的必然选择。推进供给侧教育制度改革，要尊重教育规律，兼顾教育的个体性和社会性，因材施教、德才兼修，促进受教育者的全面发展，为社会主义现代化建设培养创新型人才打下坚实基础。推进供给侧教育改革，坚持以人为本的教育发展理念，强调理论与实践相结合、教学与生产相结合，吸收先进的教育经验，探索中国特色的创新型人才培养新模式，推进供给侧绿色化改革。

## （四）科技保障

科技创新是促进供给侧绿色化改革与转型发展的重要手段。科技创新是指运用科学文化知识创新科学技术，革新生产方式。以科技创新，推动供给侧绿色化改革，运用新的科学技术，推动新的经济发展方式。供给侧绿色化改革就是要发展先进绿色技术，全面实施绿色科技创新工程，使先进绿色技术反过来助推供给侧绿色化改革。重点创新推广资源节约、环境友好、生态保育的先进科学技术，促进资源节约和环境良性循环。总的来说，科技创新对推动供给侧绿色化改革具有重大意义，是推动供给侧绿色化改革的内在动力。通过科技创新促进供给侧绿色化改革，提高我国综合经济效益，这要求我们明确科技创新推动经济可持续发展的根本理念，把握两者的重要关系，实现科技兴国发挥我国经济增长新优势，最终促进我国的经济可持续发展。

## 第三节　我国绿色消费路径探析

早在20世纪80年代，国外就有一些学者开始对绿色消费进行研究。对于绿色消费的含义，1987年英国的《绿色消费指南》做了如下解释："避免使用下列产品的一种消费：危及消费者或他人健康的产品；在生产、消费及废弃以后对环境造成破坏或损耗大量资源的产品；过度包装或者使用时间过短的产品；以濒危物种或者珍稀环境资源为原料的产品；在制造过程中存在虐待动物行为和滥捕行为的产品；对其他国家的环境和利益造成损害的产品。"

目前，国际上的绿色消费有三层含义：一是鼓励消费者消费无污染的环保产品；二是在整个消费过程中，对废弃物的处置要合理恰当，而不是一味地丢弃；三是消费在满足人类生理需要和其他方面需要的同时，尽量避免资源的过度消耗与浪费，注重节能和环保，实现消费的可持续性。

近年来随着我国经济发展的逐渐转型，消费的模式也在向着对环境友好、适度的绿色消费发展，结合国际机构及国内专家学者对绿色消费的研究与实践，本书中绿色消费是指以节约资源和保护环境为特征的消费行为，主要表现为崇尚勤俭节约，减少损失浪费，选择高效、环保的产品和服务，降低消费过程中的资源消耗和污染排放。

## 一、绿色消费的意义

随着我国经济发展和人民收入水平提高，消费在拉动经济增长中的作用越来越重要，绿色消费是顺应当前发展阶段和具有巨大发展潜力的新型消费。当前，过度消费、奢侈浪费等现象依然存在，绿色的生活方式和消费模式尚未形成，加剧了环境污染、资源枯竭等一系列问题。解决这些问题，需要积极培育资源节约、环境友好又兼顾人类身心健康的绿色消费。绿色消费应用人与自然的和谐理念，建立起一种既能满足自身需求，又能满足整个社会及后代发展的消费方式，尽量减少对自然生态系统有负面影响的生活行为。

因此，积极培育绿色消费，既是顺应消费革命、深化供给侧结构性改革、培育新增长点、形成新动能的重要手段，也是加快生态文明体制改革和建设美丽中国的现实要求。

### （一）践行绿色消费是对生态文明建设要求和党的二十大精神的贯彻落实，具有深刻的时代意义

习近平总书记在党的二十大报告中提出，要"党的二十大报告指出，要实施全面节约战略，发展绿色低碳产业，倡导绿色消费，统筹产业结构调整、污染治理、生态保护、应对气候变化，加快发展方式绿色转型。"推进绿色消费和绿色生活方式有助于

汇聚公众力量，引导全民参与生态文明建设；有助于健全环境治理结构，完善环境治理体系；有助于倒逼发展方式，促进节能减排，有效推进供给侧改革。

## （二）绿色消费促进经济社会全面健康可持续发展

绿色消费可以促使消费结构日益趋于合理，从而引起消费领域的变革，引导绿色产品市场的出现并促使其加快发展。

绿色消费要求人们不能过度依赖现有的自然资源，要尽量减少使用涉及自然资源的产品。同时，绿色消费还要求消费主体尽可能地提升绿色商品的消费比重，而消费者对于绿色商品的消费需求是需要市场提供品种更加丰富的绿色商品的，包括绿色食品、电视、冰箱、汽车、环保建材甚至是绿色饭店。这些产品的兴起，一方面可以促进消费结构合理化，体现了人类保护生态环境的意识和对现有资源的节约；另一方面也可以促进经济社会发展的绿色革命，全面引导产业的绿色发展，为绿色市场的形成奠定了基础。

## （三）绿色消费有利于促进生态系统的平衡

践行绿色消费可以提高人民生活质量，促进国民素质提高，重新确立人对自然的道德准则，促使人们树立正确的消费观和价值观。

绿色消费注重节约资源与环境保护，主张人类的消费活动要在不危及生态环境的前提下进行，推动经济社会可持续发展，这种消费方式符合人的全面发展的需要，是一种科学、理性和文明的消费。绿色消费会引导人们关注在消费的过程中对资源的合理利用、注重其行为对于生态环境所产生的影响，使人们充分认识到如若人类继续不遵循自然规律进行无节制、毫不顾忌地消费，必然会受到大自然的严厉惩罚，从而推动节约资源、尊重与保护生态环境的科学消费观念的树立。

同时，绿色消费提倡的努力实现人与自然关系的和谐统一还有助于奢侈浪费不良消费习惯的改变，改变以往人们对过度物质消费的盲从，提倡适度消费和健康丰富的精神生活，大大提高人们的身心健康和整体素质，这些都有利于社会的文明与不断进步。因此，当社会成员普遍具有较高的生态、环保意识，并能以此实施自己的消费行为的时候，绿色消费将得以实现。

## 二、绿色消费的实现路径

当前我国正处于推进中国式现代化的新发展阶段，加快发展方式绿色转型，推动经济社会发展绿色化、低碳化是实现高质量发展的关键环节。从消费与生产、消费与环保之间的辩证关系来看，大力推动绿色消费对转变发展方式、生活方式以及改善环境质量具有重要意义，且正当其时。政府、企业、消费者作为绿色消费的三大主体，应充分发挥各自作用，为绿色消费营造良好的环境氛围。

## （一）政府的绿色消费行动

政府作为绿色消费的引导者，要使绿色消费在推动形成绿色发展方式和生活方式、改善环境治理体系中发挥应有作用，需将绿色消费纳入国家推动生态文明建设和环境保护工作的重要议事日程，系统谋划，做出顶层设计，全面解决推动绿色消费的立法、体制、政策和规划等问题。紧紧围绕环境质量改善这一核心命题进行制度设计，切中关键。同时，开展绿色消费政策创新须抓住全过程环境管理这条主线，将环保法律法规和各项政策要求通过消费环节传递至生产全过程。具体来说，我国应沿着六个方向强化和创新绿色消费制度与体制机制。

### 1. 建立健全法律法规，增强科技支撑能力

绿色消费的推进需要法律、经济、科技等手段共同发力。通过专门法或在相关立法中，明确绿色消费的法律地位，界定相关主体责任和义务，建立政策体系。同时，优先考虑修改《政府采购法》，明确政府绿色采购的约束性规定，建立配套实施政策。从促进污染减排和改善环境质量的角度大力推动绿色消费工作，推进水、大气、土壤污染防治以及节水、节约能源、循环经济促进等法律法规制定和修订。按行业、领域制定符合生态环保要求的标准，加快实施"领跑者"制度。推行绿色信贷、绿色税收，加大对绿色产品研发、绿色技术推广的支持力度。

## 2. 强化政府引导示范作用，形成各部门合力

按照绿色产品供给、流通、消费过程和消费后的回收利用等全过程各环节，构建绿色消费推动体制和配置政府部门的职能。明晰政府相关部门在推动绿色消费中的职能定位，建立部门联络机制，明确各自的职责范围、工作内容、考核方式、时间节点等，形成推动绿色消费的合力。加强对各级政府绿色指标和政绩的考核，督促地方制定适合绿色消费的战略规划，引导政府实现管理方式的转变。在邮政、医院、学校等领域，探索建立政府绿色消费协议制度，在公共服务部门优先使用绿色家具、桌椅、纸张、餐具、快递等。强制实施政府绿色采购，加快形成绿色消费市场。

## 3. 明晰责权，构建政府、企业和公众三位一体的推进机制

注重培育以市场为基础、居民消费者为主体、政府及社会团体为引领的推进机制。消费行为是众多个体的行为，消费选择是个人偏好，具有自愿性的特质。推动绿色消费，要在规范性约束的引导下，重点是从财税、信贷、价格、监管与市场信用等方面建立经济激励和市场驱动的制度，引导绿色产品的供给和居民消费的绿色选择。政府、企业和其他社会团体，可以通过强制性规定，实行绿色采购，发挥引领作用。同时，进一步强化企业和公众绿色消费的主体责任，积极鼓励企业和公众的环保自律和公开承诺，建立政府、企业和公众对话机制。

### 4. 强化绿色消费手段应用，发挥污染减排政策的组合作用

以环境标志、绿色供应链、生产者和消费者责任延伸制等为抓手，从消费端推动重点行业污染减排。环境标志产品认证要进一步围绕"水、气、土"三大行动计划的重点行业产品展开，并探索生产性大宗消费品环境标志认证可行性，促进认证标准从终端产品向生产全过程扩展。积极引导并推动重点行业或产品绿色供应链试点，创新以大带小、企业管企业模式。落实生产者和消费者责任延伸制，建立产品设计、生产、消费与回收处置一体化综合管理体系。绿色消费手段的应用要与环评、排污许可等相关环境监管政策相衔接、相配合，形成激励与约束并重的污染减排组合政策。

## （二）企业的绿色消费行动

企业作为绿色消费的主导者，应从生产者角度宣传绿色消费理念、优化消费环境、更新消费模式。通过积极研发和生产绿色产品，实施产品生态/环境设计、清洁生产、采用绿色包装、推进资源回收利用等产品全生命周期过程的管控，为消费者提供了绿色产品和服务。

### 1. 培育企业绿色文化，参与绿色供应链管理

培养企业绿色文化需要树立企业是经济人、社会人、生态人的统一体的绿色价值观，发挥企业主要经营者的主导作用，用企

业家精神带动绿色企业文化的建设，教育、引导、鼓励员工把企业的发展与生态保护及全社会的共同发展相协调，使绿色管理成为员工的自觉行动。通过制定企业绿色采购指南，开展员工环保培训等，把绿色环保理念融入企业发展战略中。

面对绿色消费市场和绿色消费需求的选择，企业需要强化环境保护的自我约束机制，应逐渐增强社会责任意识，不仅要对自身生产过程和产品的环境影响进行严格控制，更要对其上下游企业或涉及产品原材料开采、生产、流通、分配和消费、处置等全生命周期环节的环境影响进行严格控制和监督，驱动整个供应链的绿色变革。

### 2. 引导消费需求，开展绿色采购

企业需关注消费者需求的全面性，这包括对健康、安全、无害的产品需求，对美好生存环境的需求，对安全、无害的生产和消费方式的需求。企业应根据消费者需求和感知价值来辅助产品设计，提高产品的消费价值，生产符合消费者期望的绿色产品。此外，企业还应积极主动地引导消费者进行合理消费，通过加大产品生态设计与研发力度，生产出品种多、质量好、价格合理的绿色环保产品，增强消费者的消费欲望。

面对绿色消费的浪潮，企业应制订自己的采购标准和采购计划，考虑将原材料获取过程中对环境的影响降至最低，从而倒逼原材料、产品和服务的供应商不断提高环境管理水平，促进企业绿色生产。对有重大环境违法行为的供应商，企业可以降低采购份额、暂停采购或者终止采购合同；企业可以通过适当提高

采购价格、增加采购数量、缩短付款期限等方式，对供应商予以激励。

### 3. 采用绿色包装，实施节能减排

绿色包装对人体健康和生态环境无害，可以节约资源，包装容器可重复使用、回收再利用或无害化生物降解，是未来发展的一个方向。企业在生产过程中，应尽量采用可降解的或天然植物类的包装材料，并优化包装设计，在不影响包装功能的情况下，尽可能简化包装，减小对资源环境的压力，同时也有助于降低成本，提高企业的社会形象，提升企业的社会认同感和责任感。

此外，企业要重视节约物质资源和能量资源，减少废弃物和环境有害物包括三废和噪声等排放；加强用能管理，采取技术上可行、经济上合理以及环境和社会可以承受的措施，从能源生产到消费的各个环节，降低消耗、减少损失和污染物排放、制止浪费，有效、合理地利用能源。

### 4. 宣传企业的绿色形象，推进信息公开

以人类社会可持续发展为目标，注重环境保护、注重社会公益的绿色企业形象的树立，是企业及其经营者注重社会效益、注重企业社会责任、注重企业和社会长远发展的体现。绿色消费模式下，需要企业实现从末端治理为主向全过程预防为主的生产方式的转变。为宣传企业的绿色形象，可以组织公众实地参观绿色产品的制造过程，并通过营销手段来增强消费者的环境意识，在商品宣传中强调商品的环境友好性。

企业进行环境信息公开，可以倒逼排污单位重视达标排放、保护环境，采取措施进行达标排放，同时彰显企业参与环境保护的社会责任感。由于对排污单位公开环境信息的内容做了具体规定，不仅可以排除人情干扰，而且有利于环保部门有针对性地进行核查、监督和对违法者实施处罚，也有利于公众参与环境保护并实施有效监督。

## （三）个人的绿色消费行动

当谈到转变个人消费行为的问题时，我们就要结合普通个体的消费行为，理性地分析社会个体的消费状况。个人的消费行为对于整个社会资源的利用是十分重要的方面，我们应该认识到目前的发展形势是非常迫切的，要明白个人行为会对整个社会带来影响的后果，从而养成节约的好习惯，树立忧患意识，懂大局，进而培养理性的消费观念，形成"勤俭光荣、浪费可耻"的节约型消费理念，把节约的意识转化为个人的责任意识，让节约成为一个习惯，从小事开始，从身边事开始，要做到以小带大，以点到面。如今，我们看到了很多积极的方面，例如"杜绝白色污染""消除一次性使用"等这些消费理念的推广，使更多人认识到了节约资源的重要意义，想出了垃圾分类、废旧电源回收、绿色购物袋等方法。这都是改善消费观念最有效的策略，我们也一步步地走向低碳生活。它引导我们要改变以高损耗能源为代价的消费观念，形成"关联型环保意识"，改变使用"一次性碗筷"的习惯，改变以高损耗能源、大量温室气体排放为代价的"大力挥霍"的坏习惯，普及以低碳饮食为核心的全面营养膳食。

第一，优化中等收入群体的核心性消费。在目前社会经济中，中等收入群体的消费是经济发展的关键支柱，全面构建小康社会的核心是提高中等收入人群的人数，增加中等收入人群的比例，这对科学改变社会阶层结构，构建节约型社会有深刻的含义。与高收入群体和低收入群体相比，中等收入群体的责任感是最强的，他们也是理性消费、绿色消费和可持续消费的拥护者，他们会时刻留意世界资源的利用率和生态环境的变化动态，在确保消费数量及质量稳定不变的情况下，养成一种绿色、环保的消费观念。因此，中等收入群体是建立节约型社会的重要支撑力量，他们能够提高节约型社会的消费量。所以，我们要针对性地提高中等收入群体的数量。一方面要坚持优化社会流动体系，提高城市化建设步伐，能够让低收入群体有更多机遇提高收入，从而有机会成为中等收入群体中的一员；另一方面要有针对性地调整社会分配制度，确保分配制度的公平公正，保障中等收入群体的比例得到提升；另外还要利用教育等手段增强社会公民的素质，扩大其消费范围，从而增强中等收入人群的发展规模。

第二，推动低收入人群的合理性消费。对于高收入群体来说，具有奢侈性消费的特点，这不仅会导致社会资源和财富的浪费，出现环境污染的现象，也会带来更多的生活垃圾，最明显的后果就是资源紧缺、生态环境遭受破坏，而对于低收入人群来说，他们存在消费短缺的现象，无能力也无暇考虑资源合理利用及提高资源利用率等问题，为了解决生存问题也会对土地、森林等资源进行过度开采和利用，这种行为也会直接破坏生态环境，导致自然资源遭受恶变。为此在处理低收入群体消费短缺问题的时候，我们需要对其进行心理引导，由于自身经济能力不足，我们就要利用社会政策进行调整，增强农民消费能力，推动节约型社会的稳定发展，务必要推行完善的农业政策，让农民收入不断提高；要大力发展新农村建设，最大限度地利用农村多余劳动力；要改善农村基础建设，优化消费环境；要完善农村信贷政策，激活农民消费潜力。

第三，合理调节高收入群体的高碳消费。中国的高收入群体对能源的需求量是极大的。购买豪华跑车、私人游艇、私人飞机等交通工具所耗费的汽油、柴油等远远高出了普通老百姓使用的能源量，在城市交通方式设计上，我们要倡导鼓励公交、自行车等低碳交通方式，城市也要进一步鼓励交通工具的低碳化发展，给予他们更多的路权。对于中国目前的情况来看，私家车的保有量还是极大的，这不仅对城市环境造成很大的威胁，还会不利于社会的可持续发展。长此以往，对我们的生活是极其不利的。目前，政府也积极倡导使用新能源汽车等新的交通工具，对于新能源汽车还应加强补贴制度，鼓励人们积极购买新能源汽车。这些措施的有力推广，对于人们的出行及社会的可持续发展是极其有利的。

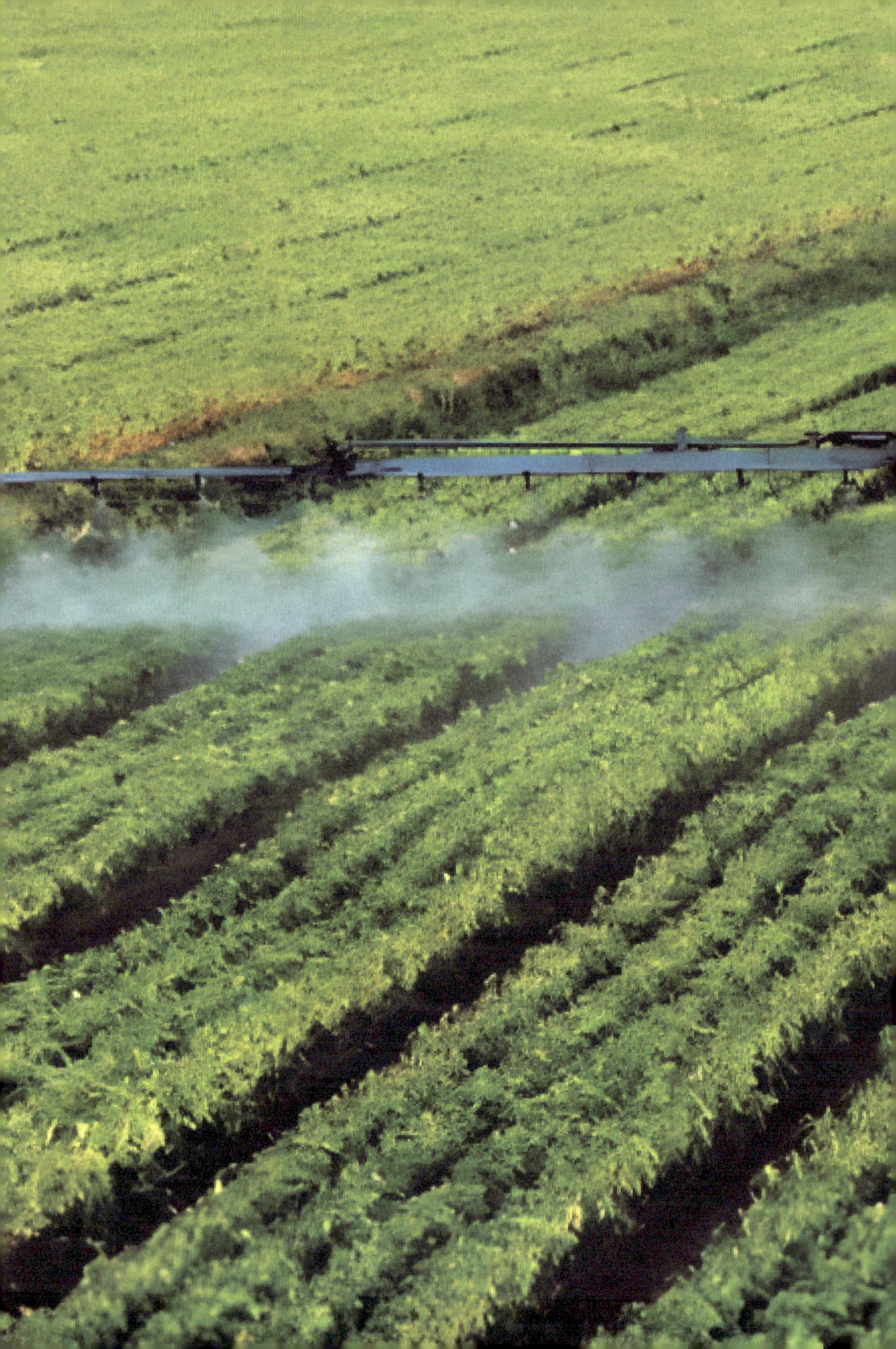

# 第四章
## 节约之科技

# 第一节　我国资源节约科技的发展与未来

我国资源节约科技发展贯穿于国家建设、改革开放时期，通过中长期科学和技术发展规划纲要指导，以及重要领域在技术政策、产业目录、基地示范、标准规范、考核评价等方面的不懈努力，取得了长足进展，但也存在着体制、机制、政策、人才等方面的问题。这些问题还在不断演化，需要我们在发展中去创造条件予以解决。

## （一）我国资源节约科技的发展历史

科技进步是能源和原材料革命的催化剂。一是历次能源革命均与科技进步息息相关。18世纪前，人类只限于对火、风力、水力、畜力、柴薪等天然能源的直接利用，尤其是柴薪，在世界一次能源消费结构中长期居于首位，故被称为"柴薪时代"。18世纪60年代，随着蒸汽机的出现，标志着第一次产业革命大幕的拉开。蒸汽机的应用具有划时代的意义，它使人类摆脱了繁重的体力劳动，把作坊式手工业变成了大工业。蒸汽机将热能转换为机械能，这种热能的转换形式催生了大工业动力机械蒸汽机的诞生，并迅速由铁路向纺织、矿山、机械和金属等工业部门发展。

蒸汽机的广泛应用带来了煤炭的大规模开采,19世纪末煤炭在世界一次能源消费结构中居于统治地位,从此世界进入"煤炭时代"。19世纪60年代,电能的出现和应用开启了第二次产业革命。发电机、钨丝电灯的发明,具有工业规模的火力发电厂的兴建,电报、电话、电车、电动机、电力起重机、电炉炼钢(炼铜、炼铝)等产品、设备相继问世,制氮工业、硝酸铵化肥工业等新兴产业的迅猛发展,标志着19世纪末至20世纪初人类社会开始进入"电气时代"。"二战"后期,原子弹在日本广岛、长崎的投放,使核能一鸣惊人。战后,出现了世界上的第一座核电站,迅速发展的核电站成为电力工业的新军。核动力、核供热、核能炼钢、放射性同位素的应用,开启了人类社会和平利用核能的进程。核能的利用揭开了第三次产业革命的序幕。随着电能与核能的发展,煤炭在世界一次能源消费结构中的比重逐步下降。"二战"后,在美国、中东、北非等地区陆续发现了大油田及其伴生的天然气,每吨原油产生的热量比每吨煤炭高一倍。内燃机的发明使石油得到广泛应用,炼制原油得到的汽油、柴油是汽车、轮船、飞机等所使用的主要燃料。世界各国纷纷投资石油勘探和冶炼,新的技术、工艺和设备不断涌现,石油产品的成本大幅度降低,并由交通运输向石油化工产业发展,发达国家的石油消费量猛增。1965年,石油首次取代煤炭占据世界一次能源消费结构中的龙头地位,世界进入"石油时代"。21世纪以来,随着石油、天然气的大量消费,使能源供应出现短缺、价格高企,加上化石能源带来的气候变暖危机,世界一次能源消费结构的清洁化、多元化的趋势正在形成,以新能源和信息技术为主导的第四次产业革命悄然降临。二是原材料革命亦来自科技创新的驱动。人类社会的历史就是一部利用材料和制造材料的历史。10万年前，人类从利用石材制造各种打猎和耕作的工具，到从地层里开采、切割、磨制石料以及开始制作陶器，经历了漫长的石器时代。公元前6000年，人类创造了冶金术，开始用天然矿石冶炼金属，制作铜制品；直到公元前3000年，出现了铜合金（添加锡、铅的青铜），形成了青铜时代。公元前1500年，人类发明了在高温下用木炭还原优质铁矿石产铁的方法，并在半熔状态下进行锻造制作各种器具和武器，开创了铁器时代。我国铁的冶炼技术在春秋末期有很大的突破，特别是炼制生铁技术日臻完善，并发明了生铁退火制造韧性铸铁和以生铁制钢技术（如生铁固体脱碳成钢、炼制软铁、灌钢等）。到公元元年左右，人类掌握了通过鼓风机提高燃烧温度的技术，由高温烧制陶器转向烧制瓷器。17世纪，炼铁生产趋向大型化。欧洲出现了高炉，燃料还原剂由木炭改为煤炭，至18世纪进而改为焦炭，钢铁时代诞生。钢铁材料的广泛应用，导致了大规模的机械化生产。18世纪60年代纺纱机问世，19世纪30年代蒸汽机问世，19世纪70年代内燃机、电动机代替蒸汽机，以钢铁材料的生产及应用为代表的冶金、机械制造等重工业部门，逐渐在工业生产中占据优势。现代冶金技术的发展自19世纪中叶的转炉炼钢和平炉炼钢开始。19世纪末的电弧炉炼钢和20世纪中叶的氧气顶吹转炉炼钢及炉外精炼技术，使钢铁工业实现了现代化。19世纪80年代，发电机的发明，使电解法提纯铜的工艺得以实现。同时，用熔盐电解法将氧化铝加入熔融冰晶石，电解得到廉价的铝，使铝成为仅次于铁的第二大金属。受爱迪生效应的启发，1904年二极管问世，1906年三极管问世，开启了电子管时代。20世纪40年代，用镁作还原剂从四氯化钛制得纯钛，并使真空熔炼加工等技术逐步成熟之后，钛及钛合金的广泛应用得以实现。20世纪中叶，随着硅、锗半导体材料的出现，人类进入了硅时代。晶体管逐渐代替了电子管，到了1959年，人们利用单晶硅开始工业化生产集成电路，电子产品微型化和家庭化形成趋势，特别是电子计算机的问世，将人类带进了信息社会。20世纪90年代以来，人类不断发展和研制新材料，它们具有一般传统材料所不可比拟的优异性能或特定性能，既是发展信息、航天、能源、生物、海洋开发等高技术的重要基础，也是整个科技进步的突破口，人类从此进入新材料时代[1]。

资源节约贯穿于我国科技发展各个历史时期。建设时期，我国通过规划和立法推动资源节约科技发展。1956年底，中央同意了国务院科学规划委员会党组上报的《1956—1967年科学技术发展远景规划纲要（修正草案）》，从13个方面提出了57项重要的科学技术任务，涉及资源节约的有6个方面20余项。在自然条件及自然资源方面指出：地质勘探，应利用直接观测的资料，根据矿床的理论，研究最经济的钻进、掘进的布置和采样的规范，以求用较少的钻探工程，获得可靠的矿产埋藏量。在矿冶方面强调：由于组成合金钢的某些重要元素如镍、铬、钴等的来源在我国目前已感不足，将来如无新资源发现，这方面的问题更大，因此节约这些元素建立适合于我国资源情况的合金钢系统就

---

[1] 刘维平. 资源循环利用［M］. 北京：化学工业出版社，2009，4：21-23.

不能不及早考虑。此外，铜的来源在世界各国都感到不足，因此应该寻找节约铜的方法。并提出矿产资源节约和综合利用的六项科学技术任务：高效率的采矿方法的研究；先进的选矿方法和共生矿物利用的研究；强化现有的并探索新的黑色金属的冶金过程；强化现有的并探索新的有色和轻金属的冶金过程；合金钢及特种合金系统的建立、钛冶金及其合金。在燃料和动力方面，提出能源节约与利用的五项任务：发现并开发石油和天然气资源；扩大液体燃料及润滑剂来源；可燃矿物作为燃料及化工原料的综合利用；全国能源的合理利用和动力技术的研究；发电厂和电力网的合理配置与运行，全国统一动力系统的建立。并指出：在燃料的节约方面，除了一般动力机械热效率的提高和工业企业中二次能源的利用外，目前的一个新的发展方向，就是燃料的动力、工艺综合利用。在机械制造方面，要求生产过程更短、材料加工过程效率高、精密度高和节约材料。并提出三项材料节约任务：掌握现有的并研究新的、更完善的工业、运输业各部门的机器器械，特别是大型机器器械的制造；掌握并研究高效率、高精密度和高材料利用率的材料加工过程；机器和工具使用期限的延长方法，特别是金属防腐问题的研究。在化学工业方面，提出四项节材任务：稀有元素和分散元素的开采、提取和利用；改进现有的水泥、耐火材料、陶瓷和玻璃钢的性能并制造新型产品；矿物肥料、农业药剂和重无机化学产品的生产过程的研究；重有机化学产品和高分子化合物的生产过程的研究及其应用范围的扩大；轻工业新技术的建立。在农、林、牧方面提出二项节地任务：提高农作物单位面积年产量；荒地开发问题。强调不同类型荒地上所适合的作物品种和耕作栽培技术是不同的，因此，需要研究因地制宜的开荒技术。其中，在节水环节上，提出改进灌溉技术，并防止水土流失。1965年12月17日，国务院发布了《中华人民共和国矿产资源保护试行条例》，从地质勘探、矿山设计、矿山开采、选矿、冶炼、矿产加工和使用等方面做了法律规定。在地质勘探方面指出：地质勘探单位应当认真贯彻执行综合勘探的方针。在勘探主要矿产的同时，对勘探区内一切具有工业价值的共生矿产和伴生组分，应当根据地质资源条件、设计建设要求和一孔多用的原则，进行勘探和研究，并计算储量，对矿区做出与投入工作量相适应的全面评价，为综合开发和综合利用矿产资源提供资料。在矿山设计方面指出：设计单位设计采矿、选矿和冶炼企业，应当充分考虑矿区内各种共生矿产和伴生组分的综合利用，采用先进合理的采矿、选矿、冶炼方法和流程，以及贫化率和损失率最小的技术经济指标，以便最大限度地提高回收率。在矿山开采方面指出：矿山企业在开采过程中，应当经常研究并不断改进采矿方法，努力降低贫化率和损失率，最大限度地回采地下资源。在选矿、冶炼、矿产加工和使用方面指出：选矿、冶炼企业在选矿、冶炼过程中，应当综合回收矿产资源，努力提高回收率，尽量回收一切有用组分。对某些限于当前经济技术条件暂时不能回收的，应当妥善保存，以便将来利用。重要非金属矿产的加工和使用单位，应当合理利用不同品级的矿产，防止优质劣用、大材小用、小材不用或少用[1]。

---

[1] 付英. 中国矿业法制史[M]. 北京：中国大地出版社，2001，6：369-372.

## 中国式现代化资源节约之路

改革开放时期，在规划和法律推动下，我国资源节约科技发展更具前瞻性、系统性和指向性。改革开放初期，1978年2月全国科技大会制定了8年科技发展规划[①]，从6个方面提出了108个重点科学技术研究项目。其中，涉及资源节约的有4个方面21个重点项目。在农业方面，研究黄淮海盐碱旱涝地区、南方红黄壤山丘地区、西北黄土高原和沙化等低产地区以及沙荒、沙漠的综合治理；研究森林资源综合利用的新工艺、新设备、新技术；研究海水、淡水养殖和增殖技术，建立水产增殖科学实验基地。在资源和自然条件方面，研究富铁矿、铀钍矿和有色金属矿成矿规律、找矿方向和现代化的找矿手段；磷、硫、钾等农用、化工矿产成矿条件、找矿方向与方法的研究；北方干旱、半干旱地区地下水的赋存条件、水质水量及合理开发利用的研究，开展岩溶发育规律及其改造利用的研究。在能源方面，研究陆上和大陆架主要沉积区的油气生成、运移和储集规律，提高勘探和钻井水平，提高油气田采收率，发展海上开采石油的技术和成套设备；研究发展煤矿采掘综合机械化和自动化；研究煤的气化、液化技术，低热值燃料发电和综合利用技术；研究大型高效发电、超高压交直流输变电及大电网的新技术和成套设备，以及大型坑口电厂和水电厂的有关技术；研究太阳能、地热、风力、潮汐、沼气等能源的开发利用，开展磁流体发电的研究和现有能源的节约利用研究。在工业方面，研制电子、半导体等超纯材料及耐高温、耐低温、耐腐蚀、耐辐射、高强、复合材料及特殊功能材料；攀

---

① 《1978—1985年全国科学技术发展规划纲要（草案）》。

枝花、包头、金川等主要共生矿资源的综合利用；研制大型露天金属矿和煤矿及地下金属矿成套设备；研究解决低品位红铁矿精选技术和设备；结合我国资源条件，研究钢铁、有色金属冶炼加工新工艺、新装备，发展高质量新型金属材料；研究解决石棉、云母、金刚石、石膏、石墨等非金属矿的勘察开采、选矿和加工新技术、新装备；研究水泥及其制品、玻璃、玻璃纤维及玻璃钢的新工艺、新装备，发展轻质、高强、多功能新型建筑材料；研究发展原油深度加工新技术、新流程，提高发动机燃料和润滑油的质量及效率；工业化建造房屋的成套技术及新材料应用；研究适合我国特点的地下水封汽油库、非花岗岩地下水封石油库和岩洞地下石油库，发展平战结合的储油技术。在规划指导下，这一时期资源节约科技发展取得了预期效果。

改革开放中期，1997年全国人大常委会通过、1998年施行的《中华人民共和国节约能源法》[①]，在推动全社会节约能源、提高能源利用效率的同时，也为能源节约科技发展提供了法律保障。能源法经两次修订，明确提出："节约资源是我国的基本国策。国家实施节约与开发并举、把节约放在首位的能源发展战略。"在阐述工业节能、建筑节能、交通运输节能、公共机构节能、重点用能单位节能等规定的同时，专章表述了节能技术进

---

① 《中华人民共和国节约能源法》于1997年11月1日第八届全国人大常务会第二十八次会议通过，自1998年1月1日起施行；2007年10月28日第十届全国人大常委会第三十次会议修订通过，自2008年4月1日起施行；2016年7月2日第十二届全国人大常委会第二十一次会议再次通过修订议案。

步，提出县级以上各级人民政府应当把节能技术研究开发作为政府科技投入的重点领域，支持科研单位和企业开展节能技术应用研究，制定节能标准，开发节能共性和关键技术，促进节能技术创新与成果转化；要求国务院管理节能工作的部门会同国务院有关部门制定并公布节能技术、节能产品的推广目录，引导用能单位和个人使用先进的节能技术、节能产品；明确国务院管理节能工作的部门会同国务院有关部门组织实施重大节能科研项目、节能示范项目、重点节能工程；提出农业、科技等有关主管部门应当支持、推广在农业生产、农产品加工储运等方面应用节能技术和节能产品，鼓励更新和淘汰高耗能的农业机械和渔业船舶。二十多年的实践表明，能源法为改革开放中后期的资源节约科技发展提供了动力、方向和路径。

改革开放后期，2005年国务院组织制定并颁布了《国家中长期科学和技术发展规划纲要（2006—2020年）》（国发〔2005〕第044号），从11个重点领域提出了62个优先主题，并超前部署了一批前沿技术和基础研究项目。其中，涉及资源节约的有7个领域，23个优先主题。在能源领域提出：工业节能；煤的清洁高效开发利用、液化及多联产；复杂地质油气资源勘探开发利用；可再生能源低成本规模化开发利用；超大规模输配电和电网安全保障。在水和矿产资源领域提出：水资源优化配置与综合开发利用；综合节水；海水淡化；资源勘探增储；矿产资源高效开发利用；海洋资源高效开发利用等。在环境领域提出：废弃物循环利用。在农业领域提出：多功能农业装备与设施；农业精准作业与信息化；现代奶业。在制造业领域提出：可循环钢铁流程工艺与装备；基础原材料。在交通运输领域提出：交通运输基础设施建设与养护技术及装备；高速轨道交通系统；低能耗与新能源汽车；高效运输技术与装备；智能交通管理系统。在城镇化与城市发展领域提出：城市功能提升与空间节约利用；建筑节能与绿色建筑。在前沿技术方面，涉及资源节约的有：新材料技术，包括智能材料与结构技术、高温超导技术、高效能源材料技术；先进能源技术，包括氢能及燃料电池技术、分布式供能技术、快中子堆技术、磁约束核聚变技术；海洋技术，包括大洋海底多参数快速探测技术、天然气水合物开发技术等。在基础研究方面，涉及资源节约的有：能源可持续发展中的关键科学问题，重点研究化石能源高效洁净利用与转化的物理化学基础，高性能热功转换及高效节能储能中的关键科学问题，可再生能源规模化利用原理和新途径，电网安全稳定和经济运行理论，大规模核能基本技术和氢能技术的科学基础等；材料设计与制备的新原理与新方法，重点研究基础材料改性优化的理化基础、相变和组织控制机制、复合强韧化原理，新材料的物理化学性质，人工结构化和小尺度化、多功能集成化等物理新机制、新效应和新材料设计，材料制备新原理、新工艺以及结构、性能表征新原理，材料服役与环境的相互作用、性能演变、失效机制及寿命预测原理等。翌年，国务院又颁布了实施《国家中长期科学和技术发展规划纲要（2006—2020年）》若干配套政策，包括科技投入、税收激励、金融支持、政府采购、引进消化吸收再创新、创造和保护知识产权、人才队伍、教育与科普、科技创新基地与平台、加强统筹协调等10个方面60条规定。这一规划及配套政策的实施，推动了改革开放后期资源节约科技发展，并辐射到新时代的资源节约科技创新。

## （二）我国重要领域资源节约科技的发展现状

依靠科技进步降低能源消耗是我国措施节能的根本途径[①]。改革开放以来，为了贯彻落实国家中长期科学和技术发展规划纲要和中华人民共和国能源法，中央及相关部委和地方各级政府做了大量卓有成效的工作。归纳起来，推动我国能源节约科技发展的主要举措有三个方面：一是技术政策引领。1984年，国家计委、国家经贸委、国家科委组织制订和发布了《中国节能技术政策大纲（1984版）》，1996年进行了修订。围绕提高用热和用电效率，发布实施热电联产、集中供热、提高工业锅炉和窑炉效率、余热回收利用，推广省能设备，节能建筑等技术政策要点，改造各种耗能工艺设备，对冶金、化工、建材、能源等耗能行业加速节能示范项目安排和推广，以及加强科学管理，制定条例法规，建立节能体系，取得了显著成绩。譬如，吨钢综合能耗从1980年的2.04吨标准煤降至1994年1.519吨标准煤，下降了25%；小型合成氨综合能耗由每吨3021千克标准煤降到2089千克标准煤，下降了30%；每万元国民生产总值能耗由1980年的7.64吨标准煤降到1995年的3.94吨，下降了48%。2006年，国家发展和改革委员会、科技部配合即将出台的《中华人民共和国节

---

[①] 国家计化委员会，国家经济贸易委员会，国家科学技术委员会. 中国节能技术政策大纲（1996版）.

约能源法》的贯彻实施，重新组织力量对《中国节能技术政策大纲（1996版）》进行了修订与完善。在总结前十年我国在推进节能工作的经验和教训的基础上，补充了新的节能技术，提出了实现能源资源的优化配置与合理利用，加速工业窑炉、锅炉及其他用能设备的更新改造，提高供热效率，工业窑炉余热能利用，回收工业生产中的放散可燃气体，新能源和能源替代技术，开发推广节能新材料，加强能源计量、控制、监督和能源科学管理，建立省能型综合运输体系，重视建筑节能，加强城乡民用能源管理，主要耗能行业工艺节能等十二个方面的技术政策要点。新修订的《中国节能技术政策大纲（2006版）》，有力地推动了21世纪以来我国节能科技创新工作，加快了我国经济逐步向资源节约型和集约经营型方向转变的步伐。二是重点技术示范。2008年至2017年，国家发展和改革委员会分七个批次组织征集和发布了《国家重点节能技术推广目录》[①]，共推出237项能源节约先进技术（第一批50项，第二批35项，第三批30项，第四批22项，第五批49项，第六批29项，第七批22项），涵盖了能源、电力、冶炼、制造、交通、建筑、采掘等各个领域和细分产业。2022年11月，工业和信息化部发布了《国家工业和信息化领域节能和技术装备推荐目录（2022版）》，共推荐了275项能源节约先进技术，包括工业节能技术90项，信息化领域节能技术52项（其中，数据中心18项、通信网络23项、数字化绿色化协同转型11项），高效节能装备133项。随着节能技术推广目录的滚动推出和更

---

① 国家发展和改革委员会后将《国家重点节能技术推广目录》分为节能和低碳两个部分.

新完善,激发了企业主体和用能单位研发节能技术、工艺及装备的积极性与创造力。三是标准规范推动。1987年至2008年,我国陆续制定和发布了182项节能技术国家标准或行业标准,包括工业类相关标准和规范118项(其中,设计标准27项、产品能耗定/限额标准38项、合理用能标准35项、工业设备能效标准18项)、建筑类相关标准和规范25项、交通运输类相关标准和规范9项、农业类相关规范6项、相关终端用能产品能效标准15项、清洁生产标准9项。这些标准的宣贯与执行,极大地推动了我国能源节约技术进步,提升了我国能源利用的整体水平。

依靠科技进步降低水资源消耗是我国措施节水的必由之路。改革开放以来,在推进水资源节约技术进步上,中央及相关部委和地方各级政府做了大量卓有成效的工作。归纳起来,推动我国水资源节约科技发展的主要举措有四:一是宏观政策指导。2005年,国家发展改革委、科技部会同水利部、建设部和农业部组织制订和发布了《中国节水技术政策大纲》,阐明了我国节水技术选择原则、实施途径、发展方向、推动手段和保障措施[①]。围绕农业节水技术,提出优化配置、高效输配、田间灌水、生物与农艺节水、降水和回归水利用、非常规水利用、养殖业节水、村镇节水等技术政策要点;围绕工业节水技术,提出重复利用、冷却节水、热力和工艺系统节水、洗涤节水、工业给水和废水处理、非常规水资源利用、工业输用水管网、设备防漏和快速堵漏修复、

---

① 国家发展和改革委员会、科技部、水利部、建设部和农业部. 中国节水技术政策大纲(2005版).

计量管理、重点节水工艺等技术政策要点；围绕城市生活节水技术，提出节水型器具、再生水利用、雨水海水苦咸水利用、供水管网的检漏和防渗、公共供水企业自用水节水、公共建筑节水、市政环境节水、城市节水信息等技术政策要点。《中国节水技术政策大纲》实施十多年来，极大地推动了我国节水技术的进步，用水效率和水资源效益均得到大幅度提升。二是节水城市创建。2012年，为贯彻落实《国务院关于实行最严格水资源管理制度的意见》（国发〔2012〕3号），住房和城乡建设部、国家发展和改革委员会印发《国家节水型城市申报与考核办法》和《国家节水型城市考核标准》，开启了我国节水型城市创建活动。《国家节水型城市考核标准》规定了综合节水指标6项，生活节水指标4项，工业节水指标5项。通过多批次国家节水型城市申报与考核，极大地推进了水资源节约技术进步，降低了我国人均水资源消耗量。截至2020年，全国共有130座城市创建成为节水型城市。三是行动方案推动。2019年，国家发展改革委办公厅、水利部办公厅印发《〈国家节水行动方案〉分工方案》，阐述了总量强度双控、农业节水增效、工业节水减排、城镇节水降损、重点地区节水开源、科技创新引领等六大重点行动和政策制度推动、市场机制创新等2项深化体制机制改革的任务要求。围绕科技创新引领，提出加快关键技术装备研发、促进节水技术转化推广和推动技术成果产业化3项工作[①]。《〈国家节水行动方案〉分工方案》将29项重点任务分解到24个部委（局）和央行负责落实执行。各

---

① 国家发改委办公厅、水利部办公厅关于印发《〈国家节水行动方案〉分工方案》的通知，2019-7-3.

省、市、县甚至乡镇也纷纷制订了自己的三年节水行动方案。国家和地方节水行动方案实施三年来取得了积极效果，不仅加快了水资源节约技术的进步，而且全面提升了我国水资源利用效率，促进了全社会节水型生产生活方式的形成。四是成熟技术示范。自2019年起，水利部连续三年组织征集和发布了《国家成熟适用节水技术推广目录》，共推出160项水资源节约先进技术。其中，2019年96项，包括水循环利用12项、雨水集蓄利用14项、管网漏损检测与修复14项、农业用水精细化管理29项、用水计量与监控27项；2020年24项，包括卫生洁具15项、洗涤设备5项、中央空调及其他4项；2021年40项，包括计量技术19项、监控技术21项。

依靠科技进步提高土地资源利用水平是我国措施节地的必然选择。改革开放以来，为了贯彻落实国家中长期科学和技术发展规划纲要，中央及相关部委和地方各级政府做了大量卓有成效的工作。归纳起来，推动我国土地资源节约集约利用科技发展的主要举措有四个方面：一是开展创建活动。2009年底，国务院批复同意原国土资源部开展"国土资源节约集约模范县（市）"创建活动。创建活动，坚持标准引领，制定了以资源节约集约利用为核心，涵盖国土资源主要业务工作的指标标准体系（含52项指标）[1]。2010—2016年评选出3批次427个国土资源节约集约模范县（市）、24个模范地级市。创建活动，催生了一批自主研

---

[1] 国土资源部人力资源开发中心、咨询研究中心，浙江大学土地与国家发展研究院. 中国节地发展报告（2018）. 地质出版社，2018.

发的节地技术，创新了一批独具特色的节地模式，节地水平和产出效益显著提升。二是严格节地评价。加强各类建设项目节约用地评价，严格执行用地定额标准。加强开发区用地审核和评价监测，2012—2020 年，全国国家级开发区综合容积率由 0.83 提升至 1，工业用地地均投资强度提升了 60% 多[①]。三是强化引领示范。2017—2022 年，自然资源部先后组织征集和发布《节地技术和节地模式推荐目录》，共 3 批次 46 项节地技术和节地模式。其中，第一批 17 项，包括节地技术 6 项，涉及停车场（楼）1 项、工矿仓储用地 4 项、耕地 1 项；节地模式 11 项，涉及交通运输用地 2 项、停车场（楼）用地 1 项、城镇区片综合开发用地 2 项、工矿仓储用地 6 项。第二批 6 项，涉及北京、上海、广州、深圳、杭州、成都 6 个城市的轨道交通地上地下空间综合开发利用节地模式。第三批 23 项，包括工业厂房节地技术 3 项、基础设施建设节地技术和节地模式 4 项、新能源环保产业节地技术 3 项、地上地下空间综合开发利用模式 5 项、城镇低效用地再开发模式 3 项、农村集体建设用地节约挖潜模式 5 项。随着节地技术和节地模式的推广应用，激发了各地节地技术或模式科技创新的热情，对于全国的土地节约集约利用工作起到了重要的引领作用。四是创新节地机制。从 2018 年开始，自然资源部建立了建设用地增量安排与存量盘活挂钩（"增存挂钩"）机制。截至 2022 年，全国消化批而未供土地 1372 万亩、处置闲置土地 436 万亩。目前，

---

① 自然资源部：促进各类项目建设节约用地，完善盘活存量用地激励措施，上海证券报，中国证券网，2022，9：19.

全国建设用地供应总量中，盘活利用存量部分占 1/4，部分地方达到 1/2。

依靠科技进步研发新材料和提高原材料循环利用水平是我国措施节材的基本思路。改革开放以来，为了贯彻落实国家中长期科学和技术发展规划纲要，中央及相关部委和地方各级政府做了大量卓有成效的工作。归纳起来，推动我国原材料节约科技发展的主要举措有五个：一是标准规范推动。2013 年 6 月 10 日，工信部印发《新材料产业标准化工作三年行动计划》，提出了加大重点新材料领域标准制修订力度，包括特种金属功能材料、高端金属结构材料、先进高分子材料、新型无机非金属材料、高性能复合材料、前沿新材料；积极开展重点新材料标准应用示范；加快推进新材料产业国际标准化工作等三项重点任务。三年行动计划的实施效果明显，累计制修订了 400 余项新材料产业标准，缓解了新材料产业存在的标准缺失、标龄老化等问题。二是示范基地推动。2014 年 6 月，工信部办公厅印发《关于组织开展 2014 年度"国家新型工业化产业示范基地"创建工作的通知》，启动了国家新型工业化产业示范基地的申报和创建工作。经过创建活动，全国已建设了 48 个新材料领域相关基地，形成了一批发展载体。2016 年 9 月，工信部在前期开展工业固体废物综合利用基地建设试点基础上，下发《关于公布工业资源综合利用示范基地名单（第一批）的通告》，12 个地市入选。2021 年 6 月，国家发展改革委印发《关于开展大宗固体废弃物综合利用示范的通知》（发改办环资〔2021〕428 号），正式启动了大宗固体废弃物综合利用示范基地建设。三是

## 第四章 节约之科技

重大工程推动。2014年10月23日，国家发展改革委、财政部、工信部会同科技部、中国科学院、中国工程院、国家知识产权局等部门和单位用时一年研究制定的《关键材料升级换代工程实施方案》，正式由发展改革委、财政部、工信部联合印发。该方案提出：支持和发展新一代信息技术产业发展急需的高性能功能材料（新一代半导体材料、新型玻璃材料）、海洋工程装备产业及岛礁建设急需的高端材料（海洋工程装备产业用高端金属材料、岛礁建设用新型建筑材料、新型防腐涂料）、节能环保产业发展急需的新材料（大气污染治理新材料、新型建筑节能材料）、先进轨道交通装备等产业发展急需的新材料。随着关键材料升级换代工程的实施，不仅完成了三年目标，推动了新一代信息技术、节能环保、海洋工程等领域部分材料批量生产和规模应用，也产生出了一批节材技术、工艺和设备，加快了材料节约科技发展的进程。四是发展指南推动。2016年底，工信部、发展改革委、科技部、财政部联合印发《新材料产业发展指南》，明确了先进基础材料、关键战略材料、前沿新材料三大发展方向，提出了9项重点任务：突破重点应用领域急需的新材料，包括新一代信息技术产业用材料、高档数控机床和机器人材料、航空航天装备材料、海洋工程装备及高技术船舶用材料、先进轨道交通装备材料、节能与新能源汽车材料、电力装备材料、农机装备材料、生物医药及高性能医疗器械材料、节能环保材料；布局一批前沿新材料，包括石墨烯、增材制造材料、纳米材料、超导材料、极端环境材料；强化新材料产业协同创新体系建设，包括组建新材料制造业创新中心、组建新材料性能测试评价中心、搭建材料基因技术研究平台；加快重点新材料初期市场培育，包括实施重点新材料应用示范保险补偿试点、建设一批新材料生产应用示范平台、开展重点新材料应用示范；突破关键工艺与专用装备制约，包括开发金属材料专用加工制备工艺装备、解决复合材料工艺装备制约、提升先进半导体材料装备配套能力；完善新材料产业标准体系；实施"互联网+"新材料行动；培育优势企业与人才团队；促进新材料产业特色集聚发展。设置了五大重点工程：新材料保障水平提升工程、前沿新材料先导工程、新材料创新能力建设工程、重点新材料首批次示范推广工程和关键工艺与专用装备配套工程。五是发展规划推动。2021年12月，工业与信息化部印发《"十四五"工业绿色发展规划》，提出促进资源利用循环化转型的目标，包括推进原生资源高效化协同利用、推进再生资源高值化循环利用和推进工业固废规模化综合利用。明确要求：加强钒钛磁铁矿中钒钛资源、磷矿石中氟资源等共伴生矿产资源的开发；培育废钢铁、废有色金属、废塑料、废旧轮胎、废纸、废弃电器电子产品、废旧动力电池、废油、废旧纺织品等主要再生资源循环利用龙头企业；推进尾矿、粉煤灰、煤矸石、冶炼渣、工业副产石膏、赤泥、化工渣等大宗工业固废规模化综合利用。提出加快关键共性技术攻关突破，包括集中优势资源开展复杂难用固废无害化利用技术、新型节能及新能源材料技术、高效储能材料技术等关键核心技术攻关，形成一批原创性科技成果。支持和发展再生资源分质分级利用技术等。

依靠科技进步提高矿产资源节约和综合利用水平是我国措施

节矿的重要手段。改革开放以来，为了贯彻落实国家中长期科学和技术发展规划纲要和中华人民共和国矿产资源法，中央及相关部委和地方各级政府做了大量卓有成效的工作。归纳起来，推动我国矿产资源节约和综合利用科技发展的主要举措有四：一是技术政策引导。2010年，国家发展改革委、科技部、工信部、国土资源部等六部委联合发布了《中国资源综合利用技术政策大纲》，分矿产资源、工业"三废"、再生资源回收、其他资源综合利用四大类介绍了257项综合利用技术，对提升我国资源综合利用技术水平、保障资源的高效、合理利用起到积极推动作用。旋即，国土资源部印发了《矿产资源节约与综合利用鼓励、限制和淘汰技术目录》，明确了107项鼓励类技术、30项限制类技术、31项淘汰类技术，推动了资源综合利用技术进步。二是示范基地建设。2011年国土资源部、财政部正式启动矿产资源节约和综合利用示范基地建设。2013年下发了矿产资源节约与综合利用专项（示范基地建设）工作管理办法、资金管理办法，进一步规范了申报条件和标准、建设程序与要求、监督管理与考核等，明确了专项资金的使用方向和要求。截至2016年，示范基地建设共投入中央财政资金193亿元，带动企业资金投入4000多亿元，依托56家大型矿企，建设了39个示范基地。在科技创新方面，突破了八大综合利用关键技术，形成九大资源节约集约利用模式，获得国家级科技奖项72项、省部级科技奖项354项，授权专利1362项，组建国家级重点实验室等科技创新平台120个，制修订标准700项（国家标准136项）；在节约资源方面，减少占用耕地2.9万亩，新增绿地4.3万亩，复垦土地4.7万亩，节约能源 574.5 万吨标准煤，节约用水 11.8 亿吨[1]。三是绿色矿山建设。2010 年，国土资源部印发《关于贯彻落实全国矿产资源规划发展绿色矿业建设绿色矿山工作的指导意见》（国土资发〔2010〕119 号），启动了绿色矿山建设工作。矿产资源节约与综合利用是绿色矿山建设的重要内容之一，在绿色矿山评价指标体系中占有较高的比重。主要内容包括综合勘查、综合评价，共伴生资源、复杂难处理矿石进行加工处理和综合利用，以及对矿山固体废弃物和废水的处置和利用等。10 年来，绿色矿山建设成绩斐然，截至 2020 年底，经六个批次遴选及核查剔除，纳入全国绿色矿山目录的共有 1249 家矿企，其中大型矿山 775 家，占 62%；中型矿山 358 家，占 28.7%；小型矿山 116 家，占 9.3%[2]。在科技创新方面，研制 9 项绿色矿山建设行业标准，发布 124 个矿种"三率"指标要求，产生了一批先进适用技术、工艺和设备。在提高效率方面，2020 年，我国主要有色金属开采回采率基本都超过 90%；煤矸石综合利用处理量 5.4 亿吨，利用率 72.2%；全国尾矿排放量 12.95 亿吨，综合利用率 34.15；全国煤矿矿井涌水量 54 亿立方米，综合利用量 42.5 亿立方米，综合利用率 78.9%[3]。四是先进技术示范。2012 年起，国土资源部建立了矿产资源节约和综合利用先进适用技术推广制度。到 2017 年陆续

---

[1] 薛亚洲，等. 全国矿产资源节约与综合利用报告（2017）[M]. 北京：地质出版社，2017，12：91.

[2] 朱欣然，等. 矿产资源节约与综合利用报告（2021）[M]. 北京：地质出版社，2021，12：75.

[3] 朱欣然，等. 矿产资源节约与综合利用报告（2021）[M]. 北京：地质出版社，2021，12：87-88.

向社会公告推广6批334项先进适用技术。其中，油气类47项、煤炭类57项、金属矿类156项、非金属矿类70项、综合利用类4项。2019年，自然资源部在评估前6批工作的基础上开展了新一轮目录更新工作，形成《矿产资源节约和综合利用先进适用技术目录（2019年版）》。2022年，自然资源部印发《矿产资源节约和综合利用先进适用技术目录（2022年版）》，在技术分类上做了调整。新版目录经省级自然资源主管部门及有关单位推荐、专家评选、社会公示等程序，有317项技术入选，包括地质勘查技术46项、采矿技术82项、选矿技术56项、综合利用技术58项、绿色低碳技术30项、数字化智能化技术45项。这项系列活动，有力地推动了矿产资源节约与综合利用科技创新与发展。

## （三）资源节约科技发展存在的主要问题

改革开放时期，特别是新时代以来，我国资源节约科技发展取得了举世瞩目的成绩，对推动我国现代化建设、高质量发展和科技进步作出了重大贡献。但是，也存在许多难点、堵点、焦点问题，以及内、外部矛盾，归纳起来有三个方面的问题。

第一，我国科技发展的整体水平影响到资源节约科技发展。改革开放四十多年来，在党中央、国务院的正确领导下，我国科学技术取得长足进步，许多重要领域取得重大突破，从跟随者变成领跑者，一些战略性新兴产业走在了世界前列。但是，我国科技发展的整体水平，特别是科技前沿部分，与世界先进水平相比仍然还有较大差距。究其原因，一是创造新世界的能力不足。当前我国依赖美国及西方国家的，根本不是经济，而是发展的原创的驱动力，是那种能够开创全新的科技、全新的产业、全新的生存空间的能力。美国发展其实靠的并不完全是石油、美元和军事力量，它靠的是一种源源不断的、从无到有的开创新世界的能力。新世界包括新的能源、新的材料、新的医学、新的农业、新的信息、新的发展空间等。而新能源、新材料和新发展空间都与资源节约科技发展相关联。二是基础教育的内容滞后。我国理科的课程内容滞后，大量的都是200年以前的知识。课程内容陈旧、远离生活。物理、化学、生物等科学课程，重解题轻解决问题。学校经常用非科学的方法传授科学，讲实验而不是做实验。课外科普活动停留在激发兴趣上，缺少科学知识、方法、技能和科学精神的培育方法。校园科技设备越来越高大上，让科创活动按钮化，缺少高思维、深体验。社会面上大量的魔幻影视、游戏和书籍，也对青少年的科学素养提升产生了反作用力。初、高中阶段是形成科创能力的重要时期，基础教育阶次偏低，必将影响到未来我国的资源节约科技创新能力。三是科技系统被市场解构。计划经济时期，我国具有统一的科学研究工作系统。这个体系由中国科学院、产业部门的研究机构、高等学校和地方研究机构四个方面组成。在这个系统中，科学院是学术领导核心，产业部门的研究机构和高等学校是主要力量，地方研究机构则是不可缺少的助手。"两弹一星"等许多重大科技成果产生于这个体系。建立社会主义市场经济体制以来，以经济建设为中心的发展思路，极大地解放了科技第一生产力，支撑了经济社会的快速发展,但也打散了原有的科技体制,研究机构和高校处于各自为战的状态,为了生存和发展,以获得科技项目经费为主要目标,不断地转换研究方向,扩大招生和设置新的专业,基础性、战略性、前沿性学科研究被大大削弱。这在一定程度上影响到资源节约科技的创新与发展。

第二,我国科技发展的内外部环境影响到资源节约科技发展。一是缺乏国家战略科技力量支撑。从世界竞争格局的发展演变看,强化国家科技力量是世界强国提升科技实力的有效途径。美国通过组建国家实验室,开展基础性、前沿性和战略性的跨学科研究,从武器研发扩展到能源、信息、材料等重大科学前沿,出现了互联网等诸多颠覆性技术,引领世界科技发展。日本以立法形式确立国立科研机构的独特地位和治理机制,使其成为科技研发和产业创新的主要力量,并通过高强度持续投资支持基础研究,催生了日本获诺贝尔奖的"井喷现象"[1]。当前,新一轮科技革命和产业变革突飞猛进,科学研究范式正在发生深刻变化,学科交叉融合不断发展,科学技术与经济社会发展加速渗透融合,科技创新成为国际战略博弈的主要战场,围绕科技制高点的竞争空前激烈[2]。实现中国式现代化,仅仅依靠各自为战、单打独斗的科研组织和个人是远远不够的,或者说,一个强大的科学技术力量是绝对不可缺少的。必须发挥社会主义集中力量办大事的优

---

[1] 编写组. 党的十九届五中全会《建议》学习辅导百问[M]. 北京:学习出版社,党建读物出版社,2020,11:38.

[2] 中共中央宣传部,国家发展改革委员会. 习近平经济思想学习纲要[M]. 北京:人民出版社,学习出版社,2022,6:105.

势，组建一支能打硬仗、打大仗、打胜仗的战略科技力量，像我国的奥运体制一样，形成代表国家水平，在国际上拥有话语权的科技创新实力。但是，我国创新能力与高质量发展的要求还不相适应，一些产业发展和国家安全的关键核心技术受制于人，自主创新能力不足。迄今，我国还没有一个面向资源节约技术创新的国家重点实验室。二是企业主体创新能力不强。现代企业因其先进的理念和治理结构，最具备成为创新主体的特征和条件，又因其集资金、技术、人才、管理、知识、数据等创新要素于一身，拥有对创新要素优化配置的主导地位，最有条件成为创新活动主体。深圳成为全国乃至世界科技创新重镇，其背后的奥秘就在于"6个90%"，即90%的创新型企业都是本土企业，90%的研发人员在企业，90%的研发投入来源于企业，90%的专利产生于企业，90%的研发机构建在企业，90%以上的重大科技项目由龙头企业承担[1]。但是，目前我国多数企业开展资源节约科技创新还处于自发阶段，用于研发的投资比重较低。有的企业甚至还未完成现代化改制，创新要素难以向这类企业集聚。另外，企业对国家科技计划、科技重大专项的参与度还不高，承担国家重大科技项目的能力也不足，支持企业成为创新主体的制度环境有待建立健全，研发费用加计扣除、专项税收优惠政策尚不完善。这些都影响到资源节约科技创新的数量和质量。企业是资源节约的综合体，生产经营活动涉及能源、水、土地、材料和矿产等诸多资源的节约集约与综合利用，效益空间巨大，并且节约资源被确

---

[1] 编写组. 党的十九届五中全会《建议》学习辅导百问[M]. 北京：学习出版社，党建读物出版社，2020，11：42.

立为我国的基本国策也有 15 年了，但是迄今还没有一个企业建立专门针对资源节约的综合性研发机构。这从一个侧面反映出企业还没有真正认识到资源节约科技创新的重要性和迫切性。三是科技创新体制机制存在障碍。资源节约科技项目组织实施机制尚未理顺，五年科技发展规划和年度重大科技项目指南针对资源节约的内容不多、项目数量偏少，尤其是列入重大科技专项的比例较低。资源节约科技发展缺乏基础和前沿研究支持机制，基础研究投入不足，前沿性原创性科学问题研究不够。资源节约科技创新评价制度存在一定瑕疵，评价指标中有关经济发展科技贡献度和产业化的权重偏低，绩效考核重获奖、重 SCI 论文，轻实验数据、轻研发过程。科技信用制度有待进一步建立，科研导向需要调整，学术不端现象时有发生。科技创新开放合作机制不够完善，科技创新国际合作缺乏国家层面的统一领导，开放合作的层次和水平与我国经济社会发展的现实需求不相适应。满足于自然人之间的交往，停留在高等院校与国外常春藤院校之间、留学生与母校之间的交流，与西方国家重点实验室及其他科研机构的合作项目不多、交流偏少。参与全球创新治理的手段不多、能力不足、通道不畅，国际化科研环境尚不能尽如人意，存在较大的改善空间。

第三，我国资源节约科技发展存在不平衡、不充分问题。一是领域发展不平衡。能源节约科技、水资源节约科技、矿产资源节约和综合利用科技发展相对靠前，材料节约科技创新相对滞后，或者说与国际先进水平相比还有较大差距。在废弃物循环利用方面，还处于规范发展再制造产业、加强废旧物品回收设施规划建设、完善城市废旧物品回收分拣体系、推行生产企业"逆向回收"模式等阶段。而西方国家已在开发关键材料回收处理技术。包括研发二氧化铈磨料回收技术、钇土稳定氧化锆回收技术、报废设备材料回收技术、报废手机回收技术、稀土磁铁回收技术、锂电池回收技术等，以及加快降低收集和分离成本、工艺改进、膜溶剂萃取、无酸溶解、增值材料直接再使用、组件直接再使用等资源回收利用技术研发与应用。我国土地资源节约集约利用技术创新更多地体现在规划、政策等行政管理和单位税收产出强度等市场调节方面，科技创新力量分散，先进技术涌现频率不高，细分行业节地技术推荐数量不足，并且多以节地模式展现，节地技术和节地模式示范案例偏少，迄今还没有出台我国的节地技术政策大纲。二是地区发展不平衡。资源节约科技创新成果往往集中在长三角、珠三角等经济发达地区，中西部以及东北地区资源节约创新要素集聚不足，成果偏少。从先进适用技术目录和技术标准研制单位的统计中可以反映这一重要特征。唯有矿产资源节约和综合利用科技创新成果，受到矿产资源禀赋的影响，呈现出西部矿业发达省份较多的例外情形。三是人才集聚不充分。客观地说，与其他专业领域相比，资源节约科技领域人才聚集的密度不高。方向不明确，核心竞争力和人才队伍整体水平偏低是重要原因之一。我国资源节约科技人才的培养，分散于各个大学自然资源学科和一般专业之中，完全靠自学成才和跨界奋斗，迄今没有设立专门的资源节约学科及专业，更别提一级学科和热门专业。因此，一直没有出现资源节约科技大师级人物和"大先生"，也没有形成世界级资源节约科技人才中心和创新高地。此外，资源节约科技创新评价制度体系尚未形成，资源节约科技人才职务发明成果权益分享机制有待建立等，也在一定程度上影响了高端科技人才在资源节约领域的聚集。

## 第二节　做好资源节约科技创新保障

习近平总书记指出："抓创新就是抓发展，谋创新就是谋未来。"[①] 我国已转向高质量发展阶段，比以往任何时候都更加需要强大的科技创新力量来推动经济社会发展，都更加需要强大的科技创新力量来支撑全面加强资源节约工作，都更加需要科技创新这个第一生产力来保障实施全面节约战略。做好资源节约科技创新保障，重点要从四个方面着手：一是强化资源节约国家战略科技力量；二是提升企业资源节约技术创新能力；三是建立与完善资源节约科技创新体制机制；四是大力培养资源节约型人才队伍。

### （一）强化资源节约国家战略科技力量

如果说强化国家战略科技力量，是应对国际科技竞争格局深刻调整、把握新一轮科技革命和产业变革契机的必然选择，是新时代催生新发展动能、有力支撑经济社会高质量发展的客观要求，是优化国家科技创新体系布局、拉动科技创新综合实力整体

---

[①] 中共中央宣传部，国家发展改革委员会. 习近平经济思想学习纲要[M]. 北京：人民出版社，学习出版社，2022：102.

提升的重要抓手，那么强化资源节约国家战略科技力量，就是加快我国资源利用和管理方式转变、全方位促进资源科学配置和节约高效利用的最佳途径。

第一，强化资源节约顶层设计和系统布局。在制定科技强国战略纲要、系统谋划未来十年及第二个百年的发展思路和重点任务、形成科技强国战略行动的路线图和时间表的同时，将资源节约前沿技术创新列为国家科技创新目标之一，明确资源节约科技创新的主攻方向，构建资源节约国家战略科技力量，编制资源节约领域科技强国行动计划，统筹各类资源节约技术政策大纲，强化资源节约国家战略科技力量与市场主体的互动创新，加快推进资源节约先进技术研发和推广应用，统筹部署资源节约产业链和区域链创新，着力提高资源节约科技成果转化效率，构建资源节约各类创新主体内强功能、外筑联盟的新格局。

第二，组织实施好资源节约重大科技项目。资源节约是我国的基本国策。组织实施体现全面节约战略的重大科技专项，既是汇集和优化科技资源要素配置的重要手段，也是顺应构建新型举国体制要求的基本途径。要组织力量抢占资源节约核心技术高地，加大资源节约重要领域科技项目投入数量，推广"揭榜挂帅"方式，引导优秀科研团队重点解决一批资源节约"卡脖子"问题，全力突破战略性新兴产业所需资源综合利用、循环利用和回收利用等方面的瓶颈制约，努力实现资源节约关键技术、工艺和设备的自主创新研发、知识产权可控。立足长远，系统布局，建立节约效率优先排序项目评价体系，超前部署资源节约前沿技术特别是颠覆性技术研发，提升我国在资源节约领域的国际竞争力和影响力。

第三，更加关注基础研究和原始创新。资源节约的基础研究一直以来没有得到应有的重视，这影响到资源节约技术的原始创新。要优化学科布局和专业布局，在数学、物理、化学和生物等基础学科较强的知名综合性大学、专业性大学和科研机构，设置自然资源基础分支学科和部门分支学科，强化资源节约相关专业，鼓励跨界研究，提倡学科间的深度融合。引导广大科技人员钻研"冷门"、甘于寂寞，瞄准资源节约重大前沿科学问题，力争在原创发明和发现、原创理论和方法实现重大突破。要建立和完善资源节约共性基础技术供给体系，紧密围绕国家现代化建设重大需求，挖掘和解决资源节约方面的重大科学问题，从科学原理、方法、监测体系、数据平台建设上集中进行攻关，积极探索开辟新的技术路线，为从根本上解决资源节约技术瓶颈问题提供元方案。

第四，优化资源节约国家战略力量区域布局。要遵循创新区域、产业和人才高度聚集规律，建设"空间分布上集聚，功能方向上关联"的科技基础设施群落，在世界范围招募一流人才和创新团队，打造资源节约原创技术策源地。要遵循自然资源区域富集规律，在各类资源富集省份和地区建立具有各自特色的资源节约技术研发基地。支持长三角、珠三角、京津冀区域和北京、上海、广州、深圳、浙江、成都等城市构建资源循环型产业体系、废旧物质循环利用体系和循环型农业生产体系。嵌入国家重大区域战略布局，在积极配合国家自主创新示范区、高新区等重点区域高质量发展的同时，创建一批不同资源节约类型的区域资源节约技术创新基地，示范和引领其他区域迈入资源节约和创新发展的快车道。

第五，夯实资源节约科技创新能力基础。科技进步依赖于完善的制度体系、技术政策和推送平台的有力支撑。要加强资源节约标准体系建设，统筹推进节能、节水、节地、节矿标准化工作，提升标准的有效性、先进性和适用性。加强资源节约评价体系建设，拓展评价种类与范围，健全评价指标体系，积极推动各类开发区、资源节约模范县（市）评价工作。要重点解决个人知识产权保护不到位、职务知识产权分享不落地问题。在工矿、城市和农村重要领域和关键环节形成一批资源节约核心专利成果。充分利用大数据、云计算、人工智能等新技术，促进资源节约信息数据的开发共享和传播利用。

## （二）提升企业资源节约技术创新能力

如果说提升企业技术创新能力是坚持走中国式现代化道路、建设世界科技强国、重塑国际合作和竞争新优势、推进"双循环"新发展格局的客观需要，那么提升企业资源节约科技创新能力，就是新时期全面加强资源节约工作、推动我国经济高质量发展、构建全面节约型社会的必然选择。

第一，凸显企业资源节约科技创新主体地位。企业是技术创新的主要力量和实践载体。提高资源节约科技创新能力必须充分凸显企业技术创新主体的地位，通过市场和价格两大机制，促进各类创新要素向企业聚集。一是构建能够发挥企业主导权的制度框架。遵循创新发展规律和利用市场竞争机制，建立有利于加大企业在创新资源配置中的主导权的政策架构和制度安排，推动企业在资源节约科技创新决策、研发投入、项目组织和成果转化方面发挥积极作用。二是创建企业产业链、供应链科技创新联盟。以龙头企业为主体、以资源节约为主线，在上中下游产业之间和资源供应关联企业之间，建立研发、技术转移、技术服务机构和跨区域协同创新联盟，推动资源节约开放创新、合作共赢。三是妥善解决企业在科技创新中的利益分配问题。创新要素向企业聚集，必然会带来股权、信用和利益等一系列问题。除了民事合同约束之外，把知识产权保护作为解决利益分配问题的重要手段，无疑是正确的选择。这就需要加快我国知识产权保护制度改革，制定有利于保护科技创新主体或个人在资源节约科技创新领域的发明创造、理论贡献和方法突破权益的法律规定。此外，建立产学研用长期合作的信用和约束机制，也是一个重要方面。

第二，推进产学研用深度融合。企业（产业）、高校、科研机构和用户（含政府机关）的深度融合是提出、重构和解决资源节约科技研究问题，获得专家知识、听取利益相关者意见、获取其他资源和得到政治上支持的最佳途径。一是鼓励企业和高校、科研机构实行"强强联合"。从总体上看，企业可以根据自身生产、交换、分配、消费的实际需要，提出资源节约科技研究问题，高校和科研机构可以发挥理论研究优势，负责重构资源节约科技研究问题和提出解决问题的思路和技术方案；或者反过来，高校或研究机构从理论研究方面推导出相关的资源节约科技研究问题，企业发挥其实践探索优势，组织相关力量，与高校或研究机构合作一起重构和解决这个问题。从具体而言，由于企业、高校、研究机构和用户内部结构的复杂性，所以会产生多种层次、多种形式的合作关系，涉及权益分配，还需要创建各种产学研用协作新模式。二是逐步创建资源节约国家重点实验室。从长远看，可以从现有的国家各类创新平台（如国家工程技术研究中心）之中孕育资源节约科技创新团队；从近期而言，可以考虑由各重点领域的大型企业（集团）先期牵头联合组建资源节约国家工程（技术）研究中心，或者由国家能源局、水利部、自然资源部、工业和信息化部等分别组建能源、水资源和矿产资源节约重点实验室和固体废弃物回收利用重点实验室等。三是逐渐形成产学研用深度融合风险防控机制。在寻找资源节约科技创新结合点、新的经济增长点，并由此建立产学研用创新联合体的同时，要充分考虑创新联合体各方的投入和贡献，事先预防和有效化解内部权益纠纷、成果转化风险和创新失败风险，尽量减少企业创新主体的损失。

第三，发挥企业家在资源节约科技创新中的主导作用。当代企业家是推动组织创新、技术创新、产品创新的策划者，在科技驱动战略中发挥着重要作用。一是培养现代企业家队伍。在国资委所属企业，有计划、分步骤地培养一批富有创新精神、冒险特质、前瞻思维和国际视野、深邃洞察力的优秀企业家队伍。在非国有经济企业，通过经济调节手段和市场价格机制，调动企业家的积极性、主动性和创造性。二是发挥企业家在实施全面节约战略中的重要作用。构建企业资源节约科技创新激励机制，加大税前抵扣和税收优惠力度，鼓励和引导企业家开展资源节约基础性前沿性创新研究，重视资源节约颠覆性技术和变革性工艺或设备创新，使企业家能够在资源节约科技创新中得到心理满足和真正的实惠。三是提倡企业家和科学家深度合作。创造各类交流平台，加强二者的交往和彼此认知的机会。利用信息手段，定期向社会披露企业资源节约科技创新问题需求。加快科技成果产业化步伐，推动资源节约技术、工艺和设备从实验场走进市场、走入社会，形成允许试错、宽容失败的社会氛围和补偿机制。

第四，鼓励企业加大资源节约科技创新研发投入。科学探索的基础研究和产业技术基础研究迥异，后者是科学原理发现与产品价值实现的关键阶段，投资巨大而收益很小，需要政府为之建立一种回馈或反哺机制。一是加强产业技术基础研究工作。特别是加强与资源节约科技创新密切相关的产业技术基础研究，引导企业根据自身需要开展资源节约前沿性创新研究，加强资源节约科技创新研发机构建设。二是加快资源节约技术标准编制步伐。行业协会要发挥政府和企业之间的桥梁和纽带作用，推动行业标准化工作，持续完善本行业的技术标准体系。企业要善于总结技术创新成果，积极编制资源节约团体标准。政府部门要统筹规划本领域的标准化工作，支持重点行业龙头企业编制资源节约技术行业标准，提升行业影响力。三是将企业资源节约科技创新纳入国家安全战略体系。制定相关政策，凡是涉及国家粮食安全、水安全、能源资源安全、生态安全、产业链和供应链安全的重要产业及企业，都要构建多元投资融资平台，加大资源节约科技创新研发投入。四是发挥企业在资源节约技术创新中的引领和示范作用。相关部门应当建立资源节约评价指标体系和定期评价工作方案，在不同产业和重点领域，推出不同批次的资源节约科技创新示范基地、优秀企业或模范市县，予以公开表彰。

第五，加强资源节约共性技术平台建设。虽然各类资源节约技术千差万别，但也有其共性特征，通过各类资源节约技术叠加、复合可能产生新的技术、工艺或设备，也可能受共性技术的启发，产生新的资源节约科技成果。因此，加强资源节约共性平台建设十分重要。一是加快共性技术公共服务平台建设。聚焦经济社会的重要产业领域和关键环节，以资源节约关键共性技术研发和应用为重点，以共性技术分享为媒介，增强共性技术公共服务平台在产品研发、标准设计、科技成果转化、知识产权服务等功能，提高对企业资源节约科技创新的支撑能力。二是建立资源节约共性技术研发机构。可以将一些具有强大研究能力的事业单位转制为科研单位，享受科研分配制度改革成果，作为部门或行业资源节约共性技术研发力量，组织资源节约关键共性技术的研发和攻关。三是加强企业产业链、供应链协作。发展和推广研发众包、互联网＋、企业生态圈建设等模式，促进不同类型和不同规模的企业在资源节约科技创新方面的交流与合作，通过技术共享和系统集成，形成良好的资源节约科技创新互动机制。

## （三）完善资源节约科技创新体制机制

如果说推动科技体制改革从立框架、建制度向提升体系化能力、增强体制应变能力转变，建立"顶层目标牵引、重大任务带动、基础能力支撑"的国家科技组织模式，强化与底线思维和领跑思维相适应的科技创新体制机制，是当前及今后一段时期科技体制改革的三大目标，那么完善资源节约科技创新体制机制，则是全面加强资源节约工作的重要任务之一。

第一，调整资源节约科技项目组织实施机制。一是强化政府部门科技规划的地位和作用。发挥科技规划对资源节约科技创新项目布局和资源要素配置的引领作用，打造基于全面节约型社会建设的"战略研究－规划部署－任务布局－组织实施"的运行机制。二是加强资源节约科技创新项目的分级管理。在国家层面，将资源节约科技创新项目纳入国家科技支撑计划、自然科学基金和社会科学基金指南；在省级层面，将资源节约科技创新项目纳入年度科技工作计划，列为财政专项予以支持。在企业内部，将资源节约科技创新项目完成情况纳入高质量发展和社会责任指标考核体系。三是创新科研管理方式。探索有利于激发科研人员创造性的科研管理新模式，由过程管理转向结果管理，减少中期评估、留痕管理，将科研人员从烦琐的政治正确、程序正确中解放出来。赋予资源节约科技创新领军人物和杰青人才更大的研究决策权和经费使用权。试行项目经费使用"包干制"，推行讲证据、得人心、负责任的科学家负责制。

第二，建立资源节约基础和前沿研究支持机制。一是加大资源节约科技创新基础研究投入。通过深入调研，出台可以调动企业积极性、吸引社会资本参与和推动地方经济增长的新的制度安排，形成政府部门基础研究财政投入比例增长，投资公司和金融机构以合资入股等方式提供支持，企业建立基金加大投入等多渠道资金供给的资源节约基础研究新局面。二是加强资源节约前沿性原创性科学问题研究。我国节能、节水技术政策大纲出台已有17～18年了，能源、水资源节约效果显著，对国民经济和社会发展的贡献巨大，但也到了需要更新的时候，这就需要很好地总结近年来相关领域积累的新技术、新工艺和新设备。此外，我国节地、节矿技术政策大纲迄今还没有编制出来，这方面多年积累的新技术、新工艺和新设备也需要梳理、总结。加强资源节约前沿性原创性科学问题研究，对做好上述两项工作具有重要指导作用。改革开放以来，尤其是新时代以来，我国资源综合利用、循环利用和回收利用的实践探索一直就没有停止过，一些发达国家也积累了大量经验和成果，这为我们开展颠覆性和非共识性资源节约科技创新研究、建立资源节约前沿性原创性科学问题研究的遴选和支持机制提供了坚实的基础。从无到有，保障国家初级产品供应安全，凝练资源节约基础科学问题，提升以资源节约应用研究带动基础研究的能力，是未来完善科研创新体制机制的重要任务。三是将资源节约基础前沿研究问题纳入我国科技发展五年规划和年度科研项目计划。有计划、按步骤，从科研和教育两个方向加大支持力度，稳定支持一批科学家和科研团队长期从事资源节约基础学科、冷门学科研究，提升资源节约基础理论研究能力。

第三，建立资源节约科技创新评价制度体系。一是建立杰出科技人才不断涌现的培育机制。围绕资源节约科技创新重要领域、学科和专业方向，建立成长型、全方位教育与激励机制，培养和造就如雨后春笋般具有国际领先水平的科技战略家、领军人物和创新团队。二是完善资源节约科技创新评价机制。以质量、贡献、绩效为一级指标，建立资源节约科技创新评价指标体系，定期开展资源节约科技创新绩效考核评价。坚持"按方向选人、按人定任务"原则，建立按资源节约类型分类评价和综合评价相结合的考核评价制度。三是建立学术不端预防和惩处机制。加强资源节约科技创新信用体系和监管机制建设，利用现代科技手段和大数据查重技术，构建教育预防和巡检提醒相结合的制度平台。以"零容忍"的态度，加大结论、数据、实验造假等学术不端行为的查处力度。

第四，构建资源节约科技创新价值链。一是建立资源节约科技创新成果收益分配机制。赋予科技人员职务科技成果所有权或长期使用权，推动科技成果应用、转化和产业化价值增值和市场溢价分成。二是积极介入技术要素市场。在全要素生产效率评价中占有一席之地，通过全要素生产效率评价，推动各类资源节约科学技术进步。同时，发挥市场对资源节约技术研发方向和创新要素配置的决定作用，提高资源节约科技创新成果转移转化价值。三是加大金融对资源节约科技创新的支持力度。建立覆盖资源节约科技型企业全生命周期的信贷产品体系，推动科创板等多层次资本市场对资源节约科技型企业的直接投资、融资，推进资源节约科技型创业活动。四是加强资源节约科技创新知识产权保护。引导各类创新组织尤其是企业主体在资源节约科技创新前沿领域加强专利布局，通过知识产权保护、交易和服务功能，激发全社会在各类资源节约机制、技术、模式、标准和评价体系方面的创新潜能。

第五，完善资源节约科技创新开放合作机制。一是实施国际科技合作战略。提升资源节约科技创新开放合作的层次和水平,加强与世界主要创新国家特别是那些资源相对匮乏的发达国家的多层次、宽领域的资源节约科技创新交流合作。二是高举构建人类命运共同体的大旗。深度融入"一带一路"倡议,建立全球资源节约科技创新行动计划,着力解决粮食危机、气候异常变化、生物多样性保护等世界性难题。三是深度参与全球创新治理。反对逆全球化行为,聚集事关全球可持续发展和生态文明建设的资源节约科技创新重大问题,设立面向全球的资源节约科学研究基金,或者将资源节约科技创新项目列入我国牵头的国际大科学计划及工程,鼓励感兴趣的外国科学家进行合作研究。四是构建资源节约国际化科研环境。建立健全具有国际竞争力的人才培养和引进政策体系,提升科技服务和平台建设的国际化水平,加大与国际研究机构的交流合作,提高国际科技人才在资源节约重大科学研究任务中的参与度。

## (四)大力培养资源节约型人才队伍

如果说,坚持人才引领发展的战略地位,坚持面向世界科技前沿、面向经济主战场、面向国家重大需求,坚持全方位培养用好人才,坚持深化人才发展体制机制改革,坚持聚天下英才而用之,坚持营造识才爱才敬才用才的环境,坚持弘扬科学家精神,是新时代人才强国战略的基本方针,那么提升人才队伍整体素质、建设世界级人才中心和创新高地、健全人才评价体系、完善人才职务成果分享机制就是大力培养资源节约型人才队伍、集聚相关人才、进而推动全面加强资源节约工作的重要举措。

第一,提升资源节约科技创新人才队伍的整体素质。一是完善资源节约人才战略布局,建设规模宏大、结构合理、素质优良的资源节约人才队伍。紧扣全面加强资源节约工作这个国家重大需求,把人才集聚和全面节约战略实施同步谋划、同步部署、同步推进,做到全面加强资源节约工作部署到哪里,资源节约科技创新人才就集聚到哪里。二是加快建设资源节约国家战略科技人才力量,着力造就一批资源节约科技创新拔尖人才。要坚持实践标准,培育前瞻思维、全球视野、大胆创新和动手能力,妥善处理节约与利用、开发与保护、整体与局部、短期与长期的关系,不断壮大资源节约国家战略科技人才力量。三是深化人才发展体制机制改革,激发资源节约科技创新人才创造活力。要坚持问题导向、目标导向和理论导向,以激发资源节约科技创新活力为主线,坚决摆脱科技创新人才在培养、引进、使用、评价和流动等方面的"惯性思维"。要根据实际需要,采取多种方式为人才在精神和物质两个方面松绑,把人才从科技管理的各种形式主义、烦琐程序中解放出来。

第二,加快建设世界级资源节约科技人才中心和创新高地。创新驱动实质上是人才驱动,谁拥有一流的创新人才,谁就拥有了科技创新的优势和主导权[1]。一是改良世界级资源节约科技人才产生的土壤。要坚持"重点布局、梯次推进、试点先行、改革牵引"的原则,促进资源节约科技创新人才重要区域、重点领域的

---

[1] 中共中央宣传部,国家发展改革委员会. 习近平经济思想学习纲要[M]. 北京:人民出版社,学习出版社,2022:112.

合理布局。加快研制资源节约行业／产业细分目录，确保在每一条资源节约科技创新的主干和分支上都有人才和团队跟进，形成我国全面节约战略实施的支点和雁阵态势。二是全力提高资源节约科技创新人才国际竞争的比较优势。利用我国可以"集中力量办大事"的政治优势，在以往资源节约基础研究和应用研究成果的基础上，借鉴国际先进技术和管理经验，不断推动我国资源节约领域的系统创新、集成创新和复合创新。尽快修订我国节能、节水政策大纲，探索编制我国节地、节材、节矿政策大纲。在世界范围，逐步推出资源节约与粮食安全、资源节约与碳排放碳中和、资源节约与生态保护的中国方案。三是大力培养使用资源节约科技创新的战略科学家。坚持实践是检验真理的唯一标准，摒弃以往院士评选陋习，在资源节约科技创新国家重大科技任务担纲领衔者和科研成果已经惠及全人类的研究团队中发现具有深厚科学素养、跨学科理解能力、快速产业化能力和大兵团组织领导能力的科学家，进行重点培养和使用，为这类人才施展才华提供更加广阔的天地和舞台。

第三，建立健全资源节约科技人才评价体系。一是确立正确的科技人才评价导向。要遵循科技创新规律和人才成长规律，推进资源节约科技创新人才评价由传统方式转向更加关注创新能力、创新质量、创新时效和创新贡献的方向。切实改变以往评价重点不合理、社会参与程度低、忽视产业化等问题，积极构建能够有效发挥同行、用户、市场、社会等多元评价主体作用的资源节约科技创新人才评价体系，全面反映科技成果的原创性，以及科学、经济和社会价值。二是构建科学的科技人才评价体系。建立与资源节约科技创新属性相适应，按照创新能力、质量、时效、贡献多元导向分类设置的人才评价体系[①]。根据"节约什么评什么"的原则，分类设置评价指标体系，建立相应的动态调整机制。坚持差别化评价原则，避免对不同学科和专业领域的资源节约科技创新人才"一把尺子量到底"。对资源节约基础研究人才，应以同行学术评价为主，强化国际同行评价，重点评价其提出和解决资源节约领域重大科学问题的原创能力、成果的科学价值、学术水平和影响力等。对资源节约应用研究人才，应利用产学研用联合体扩大评审专家的专业领域，重点评价其技术创新能力、取得的重大技术突破、成果转化成效、对产业发展的贡献度等。三是完善科技人才评价配套办法。在评价周期方面，尊重不同类型科技人才成长规律，合理设置评价考核周期。在申报渠道方面，打破户籍、地域、所有制、人事关系等限制，畅通非公有制经济组织、新兴职业等领域资源节约科技人才申报评价渠道。在减轻人才负担方面，避免多头、频繁、重复评价。

第四，建立资源节约科技人才职务发明成果权益分享机制。党的十九届五中全会明确提出："完善科研人员职务发明成果权益分享机制。"科技部等9部门先期发布了《赋予科研人员职务科技成果所有权或长期使用权试点实施方案》，并推动了相关试点工作。借此东风，要加快建立资源节约科技人才职务发明成果权益分享机制。一是起草《资源节约科技人才职务发明成果权益分享办法》（以下简称：《办法》）。根据资源节约行业/产业细分

---

① 编写组. 党的十九届五中全会《建议》学习辅导百问[M]. 北京：学习出版社，党建读物出版社，2020：46.

目录，明确该办法的目标、原则、条件及范围，确定相应的分成比例，构建"先确权、后转化、再分享"的赋权模式，推动资源节约科技创新成果向现实生产力转化。二是修改完善并适时公布《办法》。在总结40家试点经验的基础上，明确财政资金支持形成的科研成果使用权、处置权、收益权可以下放给项目承担单位，成果转化所得可以全部留归单位，单位分享部分可以转增资本金。强化资源节约科技成果转化全过程管理和金融服务，构建促进科技成果转化的配套保障体系。三是建立协同推进的组织领导体系和工作协调机制。在贯彻落实资源节约领域科技人才职务发明成果权益分享办法的同时，加强对赋权职务科技成果科技安全和科技伦理的管理，确保资源节约科技创新成果转化应用的闭合运行、安全可控，防止出现系统性偏差。

# 第三节 资源节约科技项目示范工程案例分析

改革开放时期，特别是新时代以来，我国重要领域资源节约科技发展迅速。与此同时，中央部委和地方政府相继开展了一系列资源节约科技示范工程，推动了资源节约技术的研发和应用，从而支撑了我国经济社会的高质量发展。

## （一）甘肃省河西走廊农业节水灌溉技术示范项目[1]

2011年，甘肃省启动了河西走廊农业节水灌溉技术示范项目，计划用三年的时间，在河西走廊建成30万亩特色种植业高效节水灌溉技术集成配套与示范推广基地。实践表明，在我国北方，特别是在西北广大干旱缺水地区推广"DY-D"节水灌溉技术，对解决水资源供需矛盾，具有重要意义。

### 1. 示范项目基本情况

河西走廊又称甘肃走廊，东起乌鞘岭，西至玉门关，南北

---

[1] 河西走廊农业节水灌溉技术示范项目效益分析，2021，11：27.

介于南山（祁连山和阿尔金山）和北山（马鬃山、合黎山和龙首山）之间，为西北—东南走向的狭长平地，形如走廊，因位于黄河以西，故称河西走廊。河西走廊从西至东分布的疏勒河、黑河、石羊河流域灌区是甘肃省农业最发达的区域，是全国的重要商品粮生产基地和农作物制种、瓜果蔬菜等特色优势农产品基地。该地区日照时间较长，昼夜温差大，对农作物的生长发育十分有利。但是该地区气候干旱，水分蒸发量大，降水量稀少，水资源短缺且供需矛盾较为突出，农业生产完全靠疏勒河、黑河、石羊河等河流引水灌溉，农业灌溉用水占水资源总量的89.03%。以粗放的、高耗水的资源代价、环境代价、生态代价为前提的传统灌溉方法，加快了河西走廊的沙漠化进程，进一步恶化了当地的生态环境，成为制约当地经济发展的瓶颈。为此，甘肃大禹节水集团股份有限公司研制开发了具有自主知识产权的"DY-500微压滴灌系统"和"DY-D型水动活塞叠片式自洁净过滤装置"技术，将二者组装配套，简称"DY-D"节水灌溉技术。该技术在河西走廊的30多万亩节水灌溉示范基地推广后，取得了显著的经济效益、社会效益和生态效益。

## 2. 示范项目建设情况

该节水灌溉技术示范项目建设计划总投资3200万元，项目以甘肃大禹节水集团股份有限公司为依托，以"DY-D"节水灌溉技术成果的试验示范、集成配套为技术支撑，三年内（即2011—2013年）在河西走廊建成30万亩特色种植业高效节水灌溉技术集成配套与示范推广基地，并在此基地上建立以滴灌为主体的现代农业节水灌溉体系。该项目以河西走廊酒泉、张掖、武威为核心区，沿河西走廊向东至白银和兰州黄河沿线建立辐射带动区，建成疏勒河灌区棉花节水灌溉产业带、黑河与石羊河灌区马铃薯节水灌溉产业带、沿黄灌区瓜果蔬菜节水灌溉产业带的三个节水灌溉产业带和棉花、马铃薯、瓜果蔬菜的三个节水灌溉示范基地，每个示范基地10万亩，总面积达30万亩，辐射带动全省100万亩高效节水灌溉农田建设，并且在带动西部地区高效节水农业方面发挥了示范先导作用。

### 3. 示范项目效益分析

第一，经济效益分析。一是降低了灌溉成本。据试验，DY-500微压滴灌系统与常规滴灌系统相比，支、毛管节省材料30%，每亩节省投资23.8%，系统运行成本下降8%。将该系统与地膜覆盖栽培技术紧密结合，经济效益更加显著。DY-D型水动活塞叠片式自洁净过滤器同比国外同类产品（如电磁阀等），维护费用减少34%，运行能耗降低了58%，同比国内普通过滤器运营维护成本降低了26%。因此，实施该项目获得了十分明显的经济效益。二是提高了水资源利用效率。水的经济效益由1.02元/平方米提高到6.15~8.34元/平方米，水的经济效益提高了6~8倍，灌水成本可降低30~35元/亩，每亩增收500多元。示范基地的棉花、马铃薯等特色农作物亩均产量显著提高，经济效益明显增加。三是获得显著的综合经济效益。在棉花节水方面，该技术与传统灌溉相比，灌水量减少，亩产量提高，经济效益显著。试验数据显示，籽棉亩产由212千克增加到298千克，提高了40.6%。其中110亩单产籽棉高达446千克，创造了大面积高产纪录。同时由于田间作业、施肥量、用水量等的减少，每千克籽棉成本由2.41元降到了1.90元，亩利润增加267.8元。在马铃薯节水方面，据统计，项目区马铃薯平均亩产在3000千克以上，同比传统灌溉的马铃薯平均亩产提高50%，亩均增产1000千克、增收1000元。在其他瓜果蔬菜节水方面，试验数据表明，该技术在加工型番茄上应用，平均亩产量6940千克、增产2500千克，增产率为56%，每千克番茄按1元计算，亩增收2500元，特别是该技术改变了番茄的生长环境，对防止番茄腐烂病具有明显作用；在酿造葡萄上采用该技术，平均亩产量1130千克、增产100千克，增产率为1%，每千克葡萄按3元计算，亩增收300元；在洋葱上采用该技术，平均亩产量7700千克、增产700千克，增产率为10%，每千克洋葱按1元计算，亩增收700元；在果园采用该技术，苹果亩产量增加400千克，增产20%以上，每千克苹果按3元计算，亩增收1200元。在生产节水产品的企业效益方面，实施该项目，加速了节水产品企业技术创新及科技成果的推广转化，为企业带来了巨大的经济效益。甘肃大禹节水集团股份有限公司在实施该项目的过程中，形成年生产装配30万亩节水农田的技术装备产能规模，通过技术改造，建成了年产1.2亿米DY-500微压薄壁滴灌带及配套节水材料、产品质量达到国标A类产品的标准的生产线，在项目期内生产薄壁滴灌带3.6亿米，年新增销售收入3亿元，新增利税0.4亿元。

第二，社会效益分析。一是增加就业岗位。在该项目的设施过程中，承担该项目的节水产品龙头企业大禹节水公司不断发展壮大，为社会提供600多个就业岗位，为农村剩余劳动力提供就地转移的新途径，缓解了就业压力，维护了社会稳定。同时，由于大量节约了农业劳动时间，节省了农村劳动力，这些农村剩余劳动力转移到了农村第二、第三产业或进城务工，加速了农业现代化进程和城镇化进程。二是增加农民收入。据统计，该项目示范基地的农民年均增收1.76亿元，直接参与该项目的农户达5万户，户均增收3520元，人均年增收达到880元。棉花亩增收棉花295元，马铃薯亩增收623元，番茄亩增收2500元，洋葱亩增收700元，果园亩增收600元。三是降低劳动强度。通过该实施项目，由于实现了节水灌溉自动化控制，大大降低了由于传统的大水漫灌时的劳动强度，并省工省时，提高了灌溉质量。据统计，由于膜下滴灌中耕、追肥、喷药次数明显减少，劳动强度降低，节约人工费70%以上。同时，犁前破埂、开毛渠、开沟等作业程序取消，也使劳动强度大幅度减轻，每亩机械作业费降低30%左右。四是提高人民生活水平。通过实施该项目，有利于无公害农产品的生产和加工，切实提高了特色农作物品质，保证了绿色健康农产品生产，保证食品安全，从而解除人民对食品安全的担忧，提高人民的生活质量和水平。

第三，生态效益分析。一是调整农业产业结构。实践证明，通过该项目实施，有效促进了农业产业结构调整和转型升级，适应节水灌溉、经济效益显著的马铃薯、棉花等农作物种植比例大大增加，推动了节水型高效农业的发展，使特色优质农产品生产向优势区域集中，节水灌溉技术得到广泛应用；促进了水资源的合理利用，加速了农业产业化和现代化进程。同时，也推动了农村第二、第三产业的发展。二是改善生态环境。该项目的实施，对发展高效节水型现代农业、建设生产发展、生活富裕、乡风文明、村容整洁、环境优美的社会主义新农村、建设环境友好型社会具有明显作用。譬如，缓解了水资源的供需矛盾，增加了植树造林、恢复植被、防风固沙等的生态用水量，为保护和改善生态环境提供了较为充足的生态用水。同时，减少了对地下水开采，保护了生态环境。譬如，减少了农药用量。与常规灌溉相比，在采用该技术时，农药通过管道随着滴灌直接施于作物根系土层中，减轻了病虫害对作物的为害，提高了作物对病虫害以及对不良环境的抵抗力，同时改善了农田生态环境。譬如，改善了土壤结构。与常规灌溉相比，由于采用该技术的灌水质量高，仅对作物进行局部灌溉，对土壤结构破坏小，土壤通透性增加，次生盐渍化减轻，起到排盐压碱的作用，使土壤肥力得以充分发挥和释放，因而也就大大改善了农业生态环境。譬如，减少了施肥。与常规灌溉比较，采用该技术与常规灌溉在作物生长期追肥方式不同，该技术在灌水的同时还能追肥，肥料的利用率提高了15%以上，施肥量减少30%以上。以采用该技术的棉花为例，每亩节约化肥10千克，节肥效率达到15%以上。

第四，资源节约分析。该项目的实施为建设资源节约型社会提供了技术支撑。试验数据显示，该技术与常规灌溉比较，资源消耗量大大降低。一是节水。示范基地内每亩节水达到50%以上，按每亩平均节水200平方米计算，100万亩每年节水2亿立方米。其中，应用该技术的棉花平均亩灌水量由400～500立方米减少到150～200立方米，平均节水率达50%以上，水的生产率也由 0.53 千克/立方米上升为 1.99 千克/立方米；应用该技术的番茄平均亩用水 385 立方米、节水 190 立方米，节水率为 33%；采用该技术的葡萄平均亩用水 350 立方米、节水 200 立方米，节水率为 36%；采用该技术的洋葱平均亩用水 450 立方米、节水 200 立方米，节水率为 31%；采用该技术的果园全生育期亩用水 175 立方米，地面沟灌平均亩用水 420 立方米，平均亩用水减少 245 立方米，节水率为 58%。二是节能。该装置实现了在无任何外界能源（如电能、风能、机械能等）的条件下，仅靠其内部水流压力能量，就能使过滤器达到了自动过滤、自动清洗、自动排污，发挥节水和节能双重功效。据试验，与常规灌溉相比，采用该技术的果园全生育期每亩节电 120 度；三是节地。与常规灌溉相比，由于节水灌溉大大减少了渠道、田埂等对土地的占用，节省了大量土地。据统计，通过该项目的实施，大约节省耕地 4.8 万亩，节约用地 5%～10%；四是节约劳动力。项目区平均每亩省工 6～10 个工日，共计节省用工 465 万工日。其中，与常规灌溉相比，采用该技术的果园全生育期每亩节省 16 个工日。

## （二）吉林省长白山区鹤大高速公路资源节约循环利用交通科技示范工程[①]

2013 年，交通运输部结合行业重点需求，为推动资源节约科技成果转化，发挥科技创新对交通运输建设发展的支撑和引领

---

[①] 李平. 交通运输部科技示范工程项目：长白山区鹤大高速公路资源节约循环利用交通科技示范工程实施方案，2023.

作用，依托高速公路建设批准和实施了这项科技示范工程。

## 1. 示范项目的基本情况

第一，工程特点。一是鹤大高速公路地处季冻区，工程抗冻耐久问题突出。年平均降水量863.8毫米；极端最高气温36.1度；极端最低气温零下41.9度；最大冻结深度184厘米；最大积雪深度46厘米。二是地处生态敏感区、自然保护区，环境保护要求高。横穿雁鸣湖自然保护区、敦化市第一生活饮用水水源地、松花江三湖自然保护区、靖宇天然矿泉水保护区、江源区饮用水水源保护区、通化市哈尼河生态保护区、通化市哈泥河水源保护区。三是地产材料来源广，废旧材料数量多，资源循环利用空间大。区内有火山灰、硅藻土、粉煤灰、废旧轮胎、弃渣弃方、煤矸石等。四是山岭重丘区，施工、运营能耗高，节能减排任务重。山区高速长大纵坡多，隧道照明、通风能耗高，服务区照明及供暖能耗高，运营能耗高。

第二，科技示范申请及开展。在交通运输部科技司的关怀和支持下，在吉林省交通运输厅党组的高度重视下，"长白山区鹤大高速公路资源节约循环利用科技示范工程"申报工作经过精心准备，先后组织了5次专家评审，召开了16次协调会议，经过26次的反复修改，科技示范工程于2013年8月13日顺利获得交通运输部批准。科技示范工程获批后，省交通运输厅科技处组织召开了示范项目可行性研究报告评审会；集中组织两次示范工程推进会；制定了"示范工程科技项目管理办法""科技示范工程实施管理办法"及"科技示范工程宣传工作管理办法"；高建局多次组织示范工程调度会，并组织开展示范工程专项设计，召开施工图审查会。

第三，实施目标。一是通过实施科技示范工程，将鹤大高速打造成季节性冻土地区"技术先进、资源节约、抗冻耐久、生态环保"的精品路。二是集中推广应用近十年来交通运输行业取得的研究成果，注重新技术的集成应用和关键技术的科技创新，切实解决高速公路设计、建设、运营管理过程中的各种问题。三是提升工程建设项目的科技含量和技术水平，对吉林省未来2000多千米高速公路建设起到示范和引领作用，对全国季冻区未来2万多千米高速公路的建设起到示范和带动作用。

第四，示范内容。基于鹤大高速公路功能定位和技术需求，确定科技示范工程的主题为"资源节约循环利用"，共开展7个专项、23个子项的科技示范。其中，资源节约科技13项（推广3项、攻关10项），一是基于全寿命周期成本理念的季冻区高速公路建设关键技术，包括季冻区柔性组合基层沥青路面合理结构型式的推广应用；水泥混凝土抗冻耐久关键技术推广应用；高寒山区隧道保温防冻技术推广应用；生态敏感路段湿地路基修筑关键技术研究应用；季节性冻土地区高速公路路基路面长期使用性能研究应用。二是活性多孔隙地产材料综合应用技术，包括填料型火山灰改性沥青混合料技术推广应用；火山灰作为胶凝材料在大体积结构水泥混凝土中的推广应用；填料型硅藻土改性沥青混合料技术推广应用。三是高速公路低碳节能技术，包括季冻区高速公路房建工程节能保温技术推广应用；基于RFID不停车收费技术与部标ETC兼容性开发与应用；基于环境感知的高速公路隧道及服务区照明节能与智慧控制技术研究应用。四是高速公路建设生态恢复与民俗旅游融合技术，包括基于生态保护的植被恢复技术推广应用；基于民俗文化与旅游服务的沿线设施景观融合技术应用。循环利用科技10项（推广6项、攻关4项），一是废旧材料改性沥青混合料路用性能及关键技术，包括应对极端气候的橡胶粉SBS复合改性沥青成套技术研究与应用；植物沥青混合料路用性能及关键技术研究与应用；油页岩沥青混合料路用性能及关键技术研究与应用。二是工程废料综合利用成套技术，包括寒区公路边坡生态砌块及道面铺装成套技术推广应用；弃渣弃方巨粒土路基填筑技术推广应用；机制砂在季冻区结构混凝土中的推广应用；尾矿渣筑路技术推广应用；煤矸石筑路技术推广应用。三是季冻区基于生物膜和生物滤床技术的生活污水再生技术推广应用；基于生态补偿的路侧湿地营造技术研究应用。

## 2. 鹤大高速全线示范项目（12项）

示范项目之一：季冻区柔性组合基层沥青路面合理结构型式的推广应用。可行性分析：一是设计理念先进。组合基层符合全寿命设计理念，可延长路面使用寿命，提高路面抗裂和抗疲劳性能。二是实践依据充分。2008—2011年吉林省已建成的吉延、松肇、长松、通丹、吉草等10余条高速公路均采用了柔性组合基层。从裂缝调查结果，与半刚性基层沥青路面相比，柔性组合基层沥青路面使用质量得到明显改善。三是验证效果可信。沥青路面边部合理结构形式与施工技术结合吉草高速公路建设进行了验证，该种结构在预定真实荷载作用下其结构内部产生的应力应变的大小及变化范围满足结构要求，是安全的，并在其他工程中得到成功应用。示范具体内容：一是在路面设计中推广柔性基层沥青路面结构和柔性基层材料设计指标，应用柔性基层施工质量控制与评价方法。二是推广应用工程垂直边部结构形式，提出推荐形式，提出施工标准要求。

示范项目之二：水泥混凝土抗冻耐久关键技术推广应用。实施内容：季冻区冻融循环及撒盐除冰对混凝土的抗冻耐久性。实施方案：一是护栏底座混凝土采用原材料控制、优化配合比设计、精细化施工。二是伸缩装置预留槽混凝土采用原材料控制、优化配合比设计、精细化施工。三是墙式护栏混凝土采用原材料控制、优化配合比设计、透水模板布（仅限路线内侧）、精细化施工。四是设伸缩装置处盖梁混凝土采用原材料控制、优化配合比设计、硅烷浸渍。五是护栏底座、伸缩装置预留槽、墙式护栏、盖梁的抗冻水泥混凝土的精细化施工要求。具体技术措施：一是根据气候、环境等因素，确定水泥混凝土合理的抗冻等级，护栏底座、墙式护栏、伸缩缝混凝土抗冻等级为F300级，设伸缩装置处盖梁（桥台）混凝土抗冻等级不低于F250级。二是对原材料包括集料、矿物掺合料、外加剂、透水模板布、硅烷等提出技术指标要求。三是提供抗冻水泥混凝土耐久配合比设计方法。四是制定施工工艺，对实施情况进行指导和定期检测。

示范项目之三：高寒山区隧道保温防冻技术推广应用。实施方案：一是季冻区隧道渗漏和冻胀易使衬砌发生破坏。因此，实施保温防冻技术。二是在全线18处隧道推广应用，小于或等于600米的隧道全长进行保温技术设计，大于600米隧道，仅在两侧洞口段进行300米保温设计，洞中段采取其他抗冻技术措施。根据动态设计原则，在施工过程中，对具体应用隧道保温的段落现场实时调整。三是回头沟隧道及白水滩隧道（K679+400～K681+770）进行保温效果长期监测。回头沟隧道左、右侧单洞均进行全长保温设计，白水滩隧道仅洞口段300米保温设计。具体内容：一是综合寒冷程度和围地下水赋存状况确定隧道抗冻等级。二是根据抗冻等级确定衬砌结构抗冻措施（增加衬砌厚度、衬砌配筋、增设保温层等），并对排水管路采取局部保温等附加措施。三是在隧道进深方向间隔一定距离设一监测断面，每一断面分别在防冻隔温层内外侧、二次衬砌混凝土内部、围岩内部埋设温度传感器，进行温度场的长期监测。

示范项目之四：应对极端气候的橡胶粉SBS复合改性沥青成套技术研究与应用。技术特点：一是橡胶粉SBS复合改性沥青采用工厂化生产，稳定性高，不易离析。二是与普通橡胶粉改性沥青、SBS改性沥青相比，橡胶粉SBS复合改性沥青有较高的高温稳定性和低温抗裂性，适合于东北地区沥青路面。三是性能优良、价格便宜。实施内容：将橡胶改性沥青应用于全线主线沥青路面上、下面层，桥面铺装的上、下面层，隧道沥青路面的上、下面层以及中央分隔带开口路面。其中隧道沥青路面采用温拌方式施工。实施具体要求：一是根据已有研究成果，提出橡胶粉SBS复合改性沥青原材料指标要求。二是结合伊通至开源试验段的修筑，进行橡胶粉SBS复合改性沥青混合料配合比优化设计，保证沥青混合料的体积指标及性能指标。三是现场施工指导,重点解决橡胶改性沥青的贮存温度、贮存时间要求。四是提出复合改性沥青混合料拌和、摊铺及碾压温度的控制具体要求。五是总结推广技术,编写地方标准。

示范项目之五:寒区公路边坡生态砌块及道面铺装成套技术推广应用。基本思路:利用该工程施工过程中产生的隧道弃渣,由专业生产厂家生产生态砌块,原设计坡面防护采用叠拱防护的段落均可采用砌块的形式进行防护。实施内容:一是坡面防护。具体形式包括宝字盖型护坡、梅花组合型护坡、组合式六边形护坡、燕尾槽式护坡、菱形和中字形护坡等。当路堑边坡高度大于6.0米时,砂土、碎石土、强风化岩质路堑边坡可采用宝字盖型和梅花组合型生态砌块进行防护;路堤边坡填土高度大于4米时,可采用组合式六边形和梅花组合型生态砌块进行防护。二是场区道路铺装。大蒲柴隧道管理站、白水滩隧道管理站、二道岭隧道变电所及四湖服务区场区停车场路面采用生态砌块铺筑。其中,隧道变电所、管理站路面结构为:面层:12厘米行车道砖;基层:20厘米水泥稳定碎石;底基层:20厘米水泥稳定碎石;垫层:15厘米级配碎石。服务区停车区路面结构:面层:12厘米行车道砖;基层:32厘米水泥稳定碎石;底基层:16厘米水泥稳定碎石;垫层:15厘米级配碎石。

示范项目之六:弃渣弃方巨粒土路基填筑技术推广应用。实施目的:全线综合利用鹤大高速公路全线开挖石方和隧道弃渣填筑路基,最大限度的保护脆弱敏感的生态环境,同时减少占地,降低工程造价,缩短工期。实施依据:以现行吉林省地方标准《公路填石路基施工技术规范》(DB22/T 1961—2013)，作为推广工程的技术支撑。全线隧道，土出渣量221123立方米，石出渣量6042696立方米，利用数量3035357立方米，利用率48.46%。其中，小沟岭至抚松段，土出渣量74728立方米，石出渣量3095316立方米，利用数量914752立方米，利用率28.9%；靖宇至通化段，土出渣量146395立方米，石出渣量2947380立方米，利用数量2120605立方米，利用率68.5%。施工要求：一是控制填料的爆破与开挖，保证填方对石料粒径、级配的要求。二是对填料进行分类和分级，提出适用的场合及应用方式。三是控制填石路基压实。四是通过试验路段确定常规碾压的压路机组合及碾压方式。五是高填方及自然沉降时间较短的填石路基，采用冲击碾压技术进行增强补压。六是对高填方填石路基工期紧，预计工后沉降量较大；陡峭的山坡路段，考虑采用强（重）夯，缩短沉降周期，控制工后沉降。

示范项目之七：基于RFID不停车收费技术与部标ETC兼容性开发与应用。技术特点：基于RFID技术（920M）无源电子标签方式，是交通运输物联网建立的基础，具有实用、造价低、通行速度快等特点。可行性分析：一是吉林省高速公路所有收费站全部设有ETC车道，覆盖率达100%。二是长春东收费站进行了两种不停车收费系统兼容平台的测试，达2个月，目前系统运行稳定。该技术2009年获金蚂蚁奖，2011年获吉林省科技进步一等奖。

示范项目之八：基于环境感知的高速公路隧道及服务区照明节能与智慧控制技术研究应用。技术需求：鹤大高速公路房屋建筑受自然环境影响较大，无法集中供电、供暖，建筑物墙多、屋顶多，能源供应效率低，消耗大。实施内容：一是建立基于行为侦测的服务区照明管控系统。二是提出公路服务区、隧道照明运营自适应节能方案。三是开发服务区及隧道智能化照明管控系统及技术装备。实施规模：18座隧道。

示范项目之九：基于生态保护的植被恢复技术推广应用。实施目的：一是减少对原生植被破坏，工程绿化与原生植被和谐过渡。二是减少表土资源的浪费和弃置占地，利用表土进行边坡、临时用地生态恢复，加速自然恢复效果。

示范项目之十：基于民俗文化与旅游服务的沿线设施景观融合技术应用。技术特点：一是采用关联性设计理念（CSD），景观规划设计与沿线敏感生态环境保护紧密结合。二是服务区和观景台设计中充分考虑旅游服务功能。实施内容及规模：一是提出全线主体工程及附属设施为旅游服务的设计要求；二是实现7处服务区及4处观景台民俗文化与旅游服务的融合。

示范项目之十一：季冻区基于生物膜和生物滤床技术的生活污水再生技术推广应用。技术特点：利用供暖余热保护细菌越冬，实现水资源循环利用。实施内容及规模：一是全线7处服务区采用生物滤池污水处理技术方案设计以及污水处理工程设计。二是技术服务。

示范项目之十二：基于生态补偿的路侧湿地营造技术研究应用。在不同区域开展湿地的保护与补偿：一是在湿地路段，边坡坡脚至征地界建成植被缓冲带。二是在互通立交区，通过河道改道及微地形营造、植被种植等，建设人工湿地。三是在服务区，结合服务区污水处理，建造潜流型湿地和生态塘。

## 3. 小沟岭至抚松段示范项目（9项）

示范项目之一：季冻区高速公路房建工程节能保温技术推广应用。实施目的：将成套的外墙保温技术应用到雁鸣湖服务区建筑上，达到公共建筑节能65%的目标。一是外墙外保温技术（EPS模块保温技术）。密度30千克/立方米，导热系数为0.033W/（m·K）；施工时各种模块组合采用企口对接，可消除拼接缝隙热桥，表面平整，板面带燕尾槽，粘接可靠。二是预制外窗台板。采用耐腐蚀的金属材料作为面层，内侧贴有特制的保温膜，厂家加工，现场安装，解决窗台顶部漏雨，并阻止室内热量的渗漏。三是热桥部位处理。挑出的阳台、雨棚处要与主体墙断开处理，较少热量损失；有管、钉等金属穿过墙体时，两侧要用泡沫胶封住；采用单框三玻窗，安装在墙外，周边聚氨酯发泡；采用泡沫玻璃或多孔陶瓷作为内隔墙。

示范项目之二：季节性冻土地区高速公路路基路面长期使用性能研究应用。针对季冻地区气候特点，考虑高速公路路面结构发展趋势及吉林省高速公路远近期建设目标，于小沟岭至抚松B3设计段K610—K620段，修筑5种路面结构，每种修筑2千米。实施要点：一是控制路面典型结构原材料指标。二是进行路面混合料配合比优化设计。三是系统测试路基及路面材料性能及力学指标。包括力学参数：路基的回弹模量、路面材料的动态模量、抗压强度、劈裂强度等；路面材料热物参数：导热系数、密度等，用于路面温度场分析、道路冻深计算。四是埋设监测仪标路基温度、湿度、变形；路面温度、应力、应变。五是测试交竣工路面的表面功能。测试设备研究应用：建立力学响应监测系统，进行结构内部温湿度监测、传感器埋设施工和加速加载试验。

示范项目之三：机制砂在寒区结构混凝土中的推广应用。实施内容及规模：一是利用大蒲柴河隧道和白水滩隧道弃渣，加工成机制砂，配制水泥混凝土。二是拟在小沟岭至抚松A设计段六座桥梁的台帽、耳背墙、桥头挡板混凝土中应用。具体有6座桥：K564+048、K564+903、K573+639、K574+660拖拉机通道桥和K569+650、K571+635汽车通道桥。

示范项目之四：生态敏感路段湿地路基修筑关键技术研究应用。实施内容：一是将原设计的CFG桩部分变更为碎石桩，增加天然湿地水系通透。二是桥涵两侧各50米外增加修建横跨路基的碎石盲沟，结构中附加直径为20厘米的多孔隙中空塑料管形成复合盲沟增加渗流。三是对于汇水面积较大地段，桥涵两侧各50米外，平均每间隔60米增加修建横跨路基的波纹钢管涵。四是不良地基软土厚度超过5米，路基填高大于4米，利用EPS块降低路基自重，减轻高填方路基对湿地的切割。五是施工期和运营期连续监测路基稳定性及生态环境检测。实施规模：小沟岭至抚松露水河段K692—K700。又分为6个段落，采取不同的处置方案和断面监测。

示范项目之五：火山灰作为胶凝材料在大体积结构水泥混凝土中的推广应用。实施目的及内容：一是将火山灰作为掺合料掺入水泥混凝土中，可降低水泥混凝土水化热，减少收缩裂缝，提高水泥混凝土的耐久性，提升工程质量。二是火山灰作为水泥混凝土掺合料等量替代水泥，掺量为15%。实施规模：应用于小沟岭至抚松段旧鹤大线分离立交桥（K697+698）和露水河互通匝道桥（AK0+198.138）的桥台承台混凝土中。水泥标号C30，混凝土用量409.6立方米。其中，旧鹤大线分离立交263.3立方米，露水河互通匝道桥146.3立方米。施工过程中，进行以下工作：火山灰质量检验；水泥混凝土配合比设计；现场施工指导，确定拌合、浇注、振捣工艺；总结推广技术，编写地方标准。

示范项目之六：填料型硅藻土改性沥青混合料技术推广应用。实施内容：采用硅藻土掺加在沥青路面下面层沥青混合料中，硅藻土的掺量为矿料总量的0.6%，替代矿粉。实施规模：小沟岭至抚松段D设计段的泉阳连接线的下面层桩号L1K0+000～L1K7+997，共7.997千米。实施要点：硅藻土质量检验；混合料配合比设计；现场施工指导；总结推广技术，编写地方标准。

示范项目之七：植物沥青混合料路用性能及关键技术研究与应用。技术需求：一是植物沥青是植物基化工的附属产品，主要成分为60%～80%的脂肪酸和植物醇，油溶性与沥青接近，可替代部分石油沥青。二是实现材料循环利用和资源节约。实施内容及规模：植物沥青用于露水河连接线2千米下面层替代10%的90号基质沥青。实施要点：提供植物沥青与石油沥青掺配比例；植物沥青质量检验；混合植物沥青配合比设计；现场施工指导。

示范项目之八：油页岩沥青混合料路用性能及关键技术研

究与应用。技术需求：一是吉林省油页岩储量（3000亿吨）位居全国（7824.73亿吨）第一，油页岩资源开采造成油页岩灰渣的量不断增加，不仅占地而且污染环境。二是油页岩的开采及灰渣的综合利用可实现材料的循环利用和资源节约。实施内容及规模：采用桦甸市采石场油页岩，灰渣的掺量为50%替代原沥青混合料中的矿粉。应用于露水河连接线LK5+150~LK7+183段的下面层AC-20中，长度2.033千米。实施要点：通过室内试验提供油页岩灰渣磨细后的材料指标；施工中控制油页岩灰渣磨细后的材料质量；油页岩灰渣沥青混合料的配合比设计；现场施工指导。

示范项目之九：煤矸石筑路技术推广应用。技术特点：一是煤矸石可作为填料修筑路基和基层。二是减少占地、经济环保。三是粗料干燥状态较为理想。实施内容：将湾沟煤矸石以水泥稳定的方式，在抚松连接线的底基层中推广应用。实施要点：控制煤矸石的粒径、级配及压碎值；通过试验段确定煤矸石的拌和、摊铺及碾压工艺。

### 4. 靖宇至通化段示范项目（3项）

示范项目之一：填料型火山灰改性沥青混合料技术推广应用。技术特点：一是火山灰具有独特的表面孔结构，含有过渡金属元素。二是作为填料型改性剂可以提高沥青混合料的高低温性能。三是施工工艺简单，改性效果良好。实施内容及规模：采取填料型火山灰改性剂等比例取代原设计沥青混合料中的矿粉，同时起到填料及改性的作用，同时提高沥青混合料的高低温路用性能；应用于靖宇至通化段 B 合同段主线 LK322+605~K335+350 下面层（扣除构造物长度），应用总里程 11.723 千米。目前，已建成"细火山灰填料型沥青改性剂"中试生产基地，具备规模生产填料型火山灰改性剂的能力，逐步实现成果转化。实施要点：一是火山灰填料型改性剂质量检验。表观密度（$t/m^3$）≥2.7；比表面积（$m^2/g$）≤2.0；$K_2O$ 和 $Na_2O$ 含量（%）≤3；过渡金属元素含量（%）≥3；粒度范围（%）：＜0.6mm100，＜0.15mm 90～100，＜0.075mm 75～100。二是火山灰填料型改性剂改性沥青混合料配合比设计。考虑火山灰填料型改性剂吸附特性及表面特性对混合料路用性能的影响，适当提高混合料中火山灰沥青胶浆所占比例，以整体提高火山灰沥青混合料的整体性能。三是现场施工指导。通过试验路段铺筑，确定火山灰填料型改性剂改性沥青混合料的拌和、摊铺及碾压工艺。

示范项目之二：尾矿渣筑路技术推广应用。实施内容及规模：基于鹤大高速公路沿线尾矿的质量、产量及分布情况，选择靖宇至通化段 K315—K320 填方路基中推广应用尾矿渣路基。实施要点：分析材料颗粒、成分、组成等物理化学性质；结合室内试验及现场试验，提出尾矿渣路基填筑的路基断面、结构组合和排水等设计方法；分析尾矿渣路基材料的施工合理级配、压实厚度、压实工艺和质量控制指标。

示范项目之三：生态敏感路段湿地路基修筑关键技术研究应用。实施内容：在路基安全稳定的前提下，最大限度地保证湿地的整体连通；将生态敏感段湿地路基修筑技术应用于本标段 1 处段落；K273+200～K273+820，在原设计的基础上，增加碎石盲沟与波纹钢管组合的处理措施。具体桩号为：K273+250、K273+510、K273+600、K273+700。实施规模：靖宇至通化靖宇自然保护区段 K273—K284。布置了两对路域环境监测断面进行对比。

### 5. 示范项目效果分析

一是耐久性路面节能减排量计算。20 年节约能耗 98217.56 吨标煤、减少 $CO_2$ 排放 25239.3 吨；平均每年节能 4910.88 吨标煤、每年减少 $CO_2$ 排放 12616.97 吨（见表 4-3-1）。

表 4-3-1　耐久性路面节能减排计算表

| 耐久性路面节能减排 | 能耗（tce） | 二氧化碳排放量（t） |
| --- | --- | --- |
| 耐久性路面建设中的节能减排 | 91100 | 236900 |
| 耐久性路面维修养护中的节能减排 | 7117.56 | 15439.3 |
| 20 年节约量 | 98217.56 | 25239.3 |
| 平均每年节约量 | 4910.88 | 12616.97 |

二是耐久性桥涵节能减排量计算。三种节能减排方式合计节能 18.4 万吨标煤、减少 $CO_2$ 排放 30.31 万吨（见表 4-3-2）。

表 4-3-2　耐久性桥涵节能减排计算表

| 节能减排方式 | 能耗（万 tce） | 二氧化碳排放量（万 t） |
| --- | --- | --- |
| 桥面耐久节能减排 | 11.42 | 18.79 |
| 桥面加固养护节能减排 | 6.87 | 11.28 |
| 桥面铺装节能减排 | 0.11 | 0.24 |
| 合计 | 18.4 | 30.31 |

三是隧道保温防冻节能减排量计算。从延长隧道使用寿命，降低隧道养护频率角度计算，平均每年节能3198吨标煤，减少$CO_2$排放1782吨。

四是火山灰利用节能减排量计算。减少寿命周期内路面中修和大修次数，降低能耗。

五是硅藻土利用节能减排量计算。减少中修大修，年节约标煤128.4吨，减少$CO_2$排放278.6吨。

六是公路沿线设施绿色建筑节能减排量计算。采用节能保温材料可提高节能标准15％，每年可节约17.97吨标煤，减少$CO_2$排放39吨。

七是节能照明工程节能减排量计算。每年可节约用电量101.85万度，相当于节约标煤336.11吨。

八是废旧橡胶沥青路面节能减排量计算。利用1吨废旧轮胎相当于节省1.1吨烟煤，鹤大高速公路建设所需废橡胶粉共17827.2吨，按废旧轮胎出粉率70％计算，共消耗废旧轮胎约25467吨，相当于节约标煤28013.7吨。

九是隧道弃渣利用节能减排量计算。按90％利用率计算，共利用隧道弃渣328.12万立方米，石材外运运距约为30千米，弃渣平均运输距离约2千米，每方石材每千米单耗约0.1升柴油，则利用隧道弃渣减少石料外运可节约柴油919万升，折标煤11245吨，减少$CO_2$排放24390吨。

十是隧道温拌沥青节能减排量计算。在全线18座隧道的进出洞口各300米的公路上下面层加入温拌改性剂，使沥青混合料的拌和温度及碾压温度降低40℃左右，铺设长度共10.5千米。

热拌沥青混合料相比，拌和每吨温拌沥青混合料可节约燃油 2.4 千克，减少 $CO_2$ 排放 4.85 千克，共可节约燃油 167 吨，折标煤 239 吨，减少 $CO_2$ 排放 541 吨。

十一是粉煤灰利用节能减排量计算。粉煤灰作为掺料应用在水泥混凝土中可改善混凝土拌和物的和易性；减少环境污染。

## （三）山东省新泰市香格里拉 A 组团绿色施工科技示范工程[①]

2018 年 11 月，经市级推荐、专家评审、网上公示等程序，确定香格里拉 A 组团项目为 2018 年度第三批山东省绿色施工科技示范工程创建项目。

### 1. 工程概况及各项管理目标

第一，工程概况。香格里拉 A 组团位于山东省新泰市青龙路以南，向阳路以西，顺河东路以东，交通方便。由新泰市青云房地产开发有限责任公司投资建设，新泰市建筑安装工程有限公司施工。香格里拉 A 组团总建筑面积 59535.11 平方米，包括三栋高层住宅与地下车库。1# 楼为塔式高层住宅与底层三层商业合建的一类高层公共建筑，地上二十七层，地下二层，总建筑面积 16842.74 平方米，建筑高度 82.20 米。2# 楼为一类高层住宅建筑，地上二十四层，地下一层，总建筑面积 15119.66 平方米，建筑

---

[①] 高慎安，等. 绿色施工科技示范工程的创建与管理［J］. 建筑，2019（13）.

高度73.50米。3#楼为一类高层住宅建筑，地上二十四层，地下一层，总建筑面积20481.79平方米，建筑高度70.40米。

第二，管理目标。绿色施工目标：山东省绿色施工科技示范工程；质量目标：山东省优质结构、泰山杯；质量管理目标：山东省质量管理标准化工地；安全文明施工管理目标：山东省建筑施工安全文明工地。

## 2. 绿色施工管理策划

第一，施工管理。一是管理架构。公司级建立绿色施工科技示范工程创建领导小组，项目公司级建立以项目经理为绿色施工第一责任人的绿色施工管理小组。负责绿色施工的具体实施，将绿色施工各项方案、措施等逐步落实。二是职责定位。绿色施工科技示范工程创建领导小组主要职责：策划创建工作计划，下达绿色施工目标，提供必需的资源，协调解决创建过程中的重大问题，指导开发绿色施工创新技术，引进绿色节能产品，项目绿色施工方案的审批，组织对创建活动的阶段评估和考核。绿色施工管理小组主要职责：创建计划的组织实施，分解落实项目绿色施工目标，编制绿色施工方案，组织开发绿色施工技术，落实相关人员的岗位职责，制定项目绿色施工制度，保持绿色施工节能降耗设备、设施的完整完好，保证相关记录、台账的及时、真实、完整；进行日常检查和考核，落实上级和技术指导小组布置的相关工作，管理和督促现场作业人员合理使用材料和周转设备，杜绝浪费现象。

第二，绿色施工技术指标。一是环境保护目标值。扬尘（目测）：土方作业＜1.5米；主体及装修＜0.5米。噪声（分贝仪）：昼间≤70分米，夜间≤55分米。污水（pH试纸）：6~8。光污染：达到国家环保部门规定。建筑垃圾：现场垃圾总产量≤2500吨；每万平方米垃圾产生量≤300吨；建筑垃圾回收再利用率≥50%。

二是节材与材料利用目标值。钢材：材料损耗率比定额损耗率（2%）降低30%；商品混凝土：材料损耗率比定额损耗率（1.5%）降低30%；木材：材料损耗率比定额损耗率（5%）降低30%；砌体：材料损耗率比定额损耗率（7%）降低30%；模板：平均周转次数为7次；周转材料：重复使用率≥80%；主材就地取材≤500千米，占总量的95%；材料回收利用率≥35%。

三是节水与水资源利用目标值。整个施工阶段≤5立方米/万元产值，非传统水占用水量＞30%；基础施工阶段1.44立方米/万元产值，施工用水：1.34立方米/万元产值，办公用水：0.1立方米/万元产值；主体结构施工阶段1.76立方米/万元产值，施工用水：1.06立方米/万元产值，办公用水：0.1立方米/万元产值；装饰装修施工阶段1.6立方米/万元产值，施工用水：1.5立方米/万元产值，办公用水：0.1立方米/万元产值。节水器具配置率100%；循环水的收集再利用＞30%。

四是节能和能源利用目标值。整个施工阶段≤195kWh/万元产值；基础施工阶段180kWh/万元产值，施工用电：176.5kWh/万元产值，办公用电：3.5kWh/万元产值；主体结构施工阶段195kWh/万元产值，施工用电：190.5kWh/万元产值，办公用电：4.5kWh/万元产值；装饰装修施工阶段205kWh/万元产值，施工用电：200.5kWh/万元产值，办公用电：4.5kWh/万元产值；节能照明器具使用率100%。

五是节地与土地资源利用目标值。基础施工阶段、主体施工阶段和装饰装修施工阶段：临时道路325平方米5.06%；办公区房屋260平方米4.05%；材料堆放区266平方米4.14%；材料加工区200平方米3.11%；现场绿色413.9平方米6.44%；建筑物占地面积4722平方米73.5%；其他234平方米3.64%；场地道路布置情况：双车道宽度：≤6米，单车道宽度：≤3.5米，转弯半径：≤15米。

### 3. 示范工程实施情况

第一，绿色施工管理方面。建立了以项目经理为第一责任人的绿色施工管理体系，建立了绿色施工管理制度，编制了绿色施工方案，并确定了绿色施工量化控制目标和考核指标。施工现场设置节水、节能、节材、节地和环境保护等绿色施工标识。建立了绿色施工培训制度，并做了实施记录。定期开展绿色施工自检、联检和评价工作。

第二，环境保护方面。施工前进行总体规划，易产生高噪声的钢筋加工棚等按照总平面布置图布置在场北侧，该位置施工现场，远离居民区，减小了施工噪声对周围居民生活的影响。同时定期对噪声进行监测与控制。土方作业阶段采用自动覆盖篷布车运输土方。施工过程中采用了防尘炮进行降尘。现场配备了洒水车，定时对施工现场内及周边道路洒水润湿。现场的裸露的土地，进行了覆盖或绿化。主体结构及安装装饰阶段，对砂、石等易产生扬尘的堆放材料用密目网覆盖；对水泥、滑石粉、腻子、干混砂浆等材料在现场设置仓库存放并加以覆盖。减少夜间施工。因施工工艺确需夜间施工时，照明灯加设灯罩，确保透光方向集中在施工范围。电焊作业时，利用电焊操作室隔挡，避免电焊弧光外泄。厕所设置成品化粪池。严禁未经处理的污水直接进入市政管网。施工污水过滤沉淀，经检测合格后，方可排放。

第三，节材与材料资源利用措施。就地取材，大宗材料应用的都是在施工现场500千米以内的建筑材料，用量占建筑材料总重量的100%以上。同时，特别注重新技术、新材料、新设备、新工艺的应用。现场材料根据施工现场总平面布置图的安排，堆放有序。储存环境适宜，采取措施得当。根据施工进度、库存情况合理安排材料的采购、进场时间和批次，减少库存。根据技术和管理措施提高模板、脚手架等的周转次数。本工程模板支撑体系采用了直插盘销式模板支架体系，减少了架管材料的使用。本工程全部采用了商品混凝土和预拌砂浆。现场办公室采用可周转装配式活动板房，重复使用率可达90%。

第四，节水与水资源利用措施。施工现场供水管网根据用水量设计布置，管径合理、管路简捷，采取有效措施减少管网和用水器具的漏损。施工现场全部采用了节水器具。在生活办公区和施工区分别设置水表，进行用水计量管理；派专人每月抄表作记录，并及时整理分析用水量是否正常。现场机具、设备、车辆冲洗用水采用循环用水装置。在现场大门洗车槽处设置沉淀池，与水池相连，循环使用。混凝土养护采用薄膜覆盖、涂刷养护剂的方式进行养护，防止水分蒸发，节约水资源；工程绿化带设置自动喷淋灌溉系统，节约用水。

第五，节能与能源利用措施。采用施工设备和机具符合国家、行业有关节能、高效、环保的规定，并制订了机械设备保养计划，定期进行设备的维护与保养。科学选择节能型耗能器具，办公区和生活区照明灯采用节能灯管数量达到100%。在灯具开关处、机械设备处等张贴节能提示，加强现场节能宣传，提高员工节能意识。办公区和生活区临时设施采用活动板房，内附岩棉保温材料，增加隔热性能。现场布置时将钢筋等建筑材料尽量放在塔吊工作范围以内，减少运距，降低能耗。施工中采用能耗少的施工工艺，合理安排施工工序和施工进度，尽量减少夜间作业和冬期施工的时间。采用太阳能路灯，浴室采用太阳能热水器，以节约能源。

第六，节地与施工用地保护措施。严格用地规划许可证书按照规划红线，在批准的范围内组织施工。本工程为保证绿色施工目标，在节地与土地资源保护方面科学规划、统筹管理，在施工总平面图上对办公临设位置、材料堆场、材料加工区、临时道路等进行了合理的布置。临时设施占地面积有效利用率大于90%。施工现场仓库、加工厂、作业棚、材料堆场等布置尽量靠近了交通线路及将施工的工程，缩短了运输距离，避免了二次倒运。

第七，技术创新与利用。工程推广采用建筑业10项新技术中的6大项，15小项，其中绿色施工技术应用8小项。积极开展技术创新，形成具有自主知识产权的新技术、新工艺、新工法。QC小组编制的《降低主体施工扬尘污染控制率》已申报省级QC成果。采用其他四新技术提高绿色施工各项指标，如承插型盘扣式钢管脚手架技术、建筑信息模型（BIM）技术、现场降尘综合技术、临时设施与安全防护的定型标准化技术、施工用车出场自动洗车技术、LED 灯应用技术、可移动式临时厕所应用技术等技术。

## （四）江苏省南京市江北新区中央商务区地下空间集成开发建设节地示范工程[①]

2022 年，节地模式示范工程——南京江北新区地下空间一期工程，总投资约 131.2 亿元。规划建设地下商业、停车场、公共空间、综合管廊、过境隧道及 4 条地铁线区间段和换乘站点的中央商务区。项目建成后将进一步加强南京江北、江南之间的轨道交通联系，支持南京长江经济带及江北新区城市更新建设。

### 1. 项目概况

江苏省南京市江北新区中央商务区地下空间项目，占地面积约 62 公顷，最大挖深约 48 米。地下空间总建筑面积约 148 万平方米，包括地下停车场约 55 万平方米，地下配建商业约 24 万平方米，两个三线换乘轨道交通站厅及区间约 5 万平方米，综合管廊、地下环路及其他市政设施约 19 万平方米，附属设备约 45 万平方米等。项目地下空间正负零以上为新金融中心（区域共计 24 个地块：商办用地 20 块、文化设施用地 1 块、公共绿地 3 块），配合地下空间一体化开发建设。

---

① 自然资源部，节地技术和节地模式推荐目录（第三批），2022.2.

## 2. 做法及特点

第一，主要做法。一是通过地上、地下一体化的规划设计与建设施工实现各类功能的复合利用。一是进行地上、地下一体化的规划体系编制及城市设计，将地下空间专项规划纳入国土空间规划体系，并进行地块深化图则设计。二是地上、地下土地供应时，明确各自土地使用权范围及桩基部分施工衔接方式，实现不同权利人间的一体化施工建设，在先行公开出让的地上部分使用权出让合同中约定塔楼投影部分地下结构及桩基部分由受让人负责建设，建成后移交江北新区管委会等。三是最大程度复合利用，通过提高开发利用强度实现节约集约用地。统筹考虑地上公共绿地、地下商业动线设计和地下空间消防要求，因地制宜地设置下沉广场，使用镜面反射等方式实现将自然风光水绿引入地下空间。四是充分利用结构空腔进行市政管网系统集成化布设，并利用空腔创新规划设计江水源供能系统、真空垃圾管道系统等。五是建立"地面道路－地下环路－地下车库"三级车行系统，在实现地下空间区域内外快速交通转换的同时，释放地面道路空间资源。

第二，模式特点。一是平面维度上的地下空间一体化集成。将CBD小街区密路网地块红线及市政道路红线下方的地下空间进行一体化规划设计，多种功能复合利用。二是竖向维度上的地上地下一体化集成。将地上地下整体规划设计，将地上建筑方案作为地块（地上部分）带方案挂牌的重要依据，确保地上竞得人按一体化规划设计方案实施；在出让合同中约定土地使用权范围及桩基部分施工衔接方式，实现地上地下不同权利人之间一体化施工建设。三是要素维度上的城市功能一体化集成。地块内集合了城市商业、公共社交、综合交通、市政基础设施和企业服务等功能，建立了"地面道路－地下环路－地下车库"三级车行系统。

### 3. 配套政策

第一，编制地下空间专项规划，纳入国土空间规划体系。江北新区组织编制了《南京江北新区中心区地下空间规划》，将中心区地下空间规划纳入江北新区国土空间规划体系，将规划内容纳入控制性详细规划控制要素中并进行地上地下一体化深化图则设计，为中心区地下空间项目规划条件出具及规划总平面布局审定等提供了依据。

第二，出台地下空间及复合利用管理办法。南京市出台《南京市城市地下空间开发利用管理办法》（南京市人民政府令第323号），规范城市地下空间规划、用地、建设、登记、使用等开发利用管理活动。南京市江北新区出台《南京市江北新区土地复合利用实施办法（试行）》，规定土地复合利用的规划审批、地价评估、出让年限和不动产登记等。

第三，探索营利与非营利性质高度复合的地下空间使用权配置方式。《南京市江北新区土地复合利用实施办法（试行）》规定主导用途符合划拨目录的，附属用途不符合划拨目录的，可以以协议方式供地，涉及公益性用地部分的按照划拨用地管理。

**4. 节地效果**

与传统的主要利用地表进行开发建设相比,本项目新增总建设用地面积约 74.8 万平方米,其中,地上部分面积约 12.55 万平方米,地下部分面积约 62.25 万平方米。

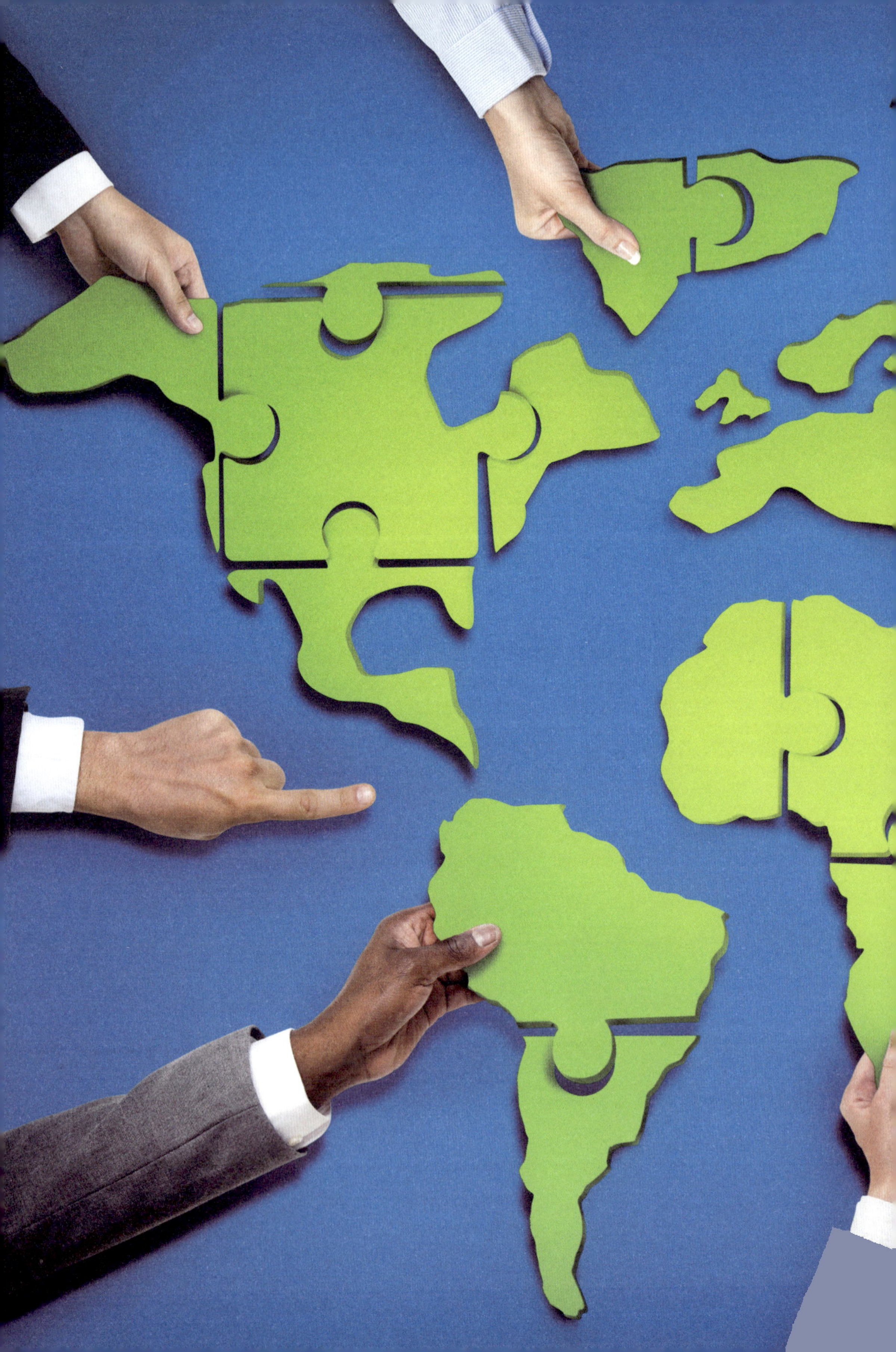

# 第五章

## 节约之人类命运共同体

# 第一节　构建人类命运共同体是世界各国人民的共同愿望和前途所在

在人类开发出可以居住的新的星球之前，地球仍是人类赖以生存的唯一家园。有些世界性问题，仅仅依靠少数国家或者国家联盟是无法解决的。例如，全球气候变暖带来的岛国淹没、大气污染、生物灭绝危机；干旱、洪水带来的耕地损毁、粮食危机；宗教信仰、意识形态引致的战争冲突和恐怖主义危机等。这些全球性问题，必须依靠所有国家和地区，至少是绝大多数国家和地区，共同采取行动才可能得到解决，这就是党的十八大以来习近平总书记提出"构建人类命运共同体"的初衷。随着理论和实践的演进，构建人类生命共同体，有效解决人类社会面临的共同危机，已经成为世界各国人民的共同愿望和前途所在。

## （一）生态文明是构建人类命运共同体的理论基础

生态文明理论对构建人类命运共同体具有启迪作用。迄今，学术界对生态文明理论有着不同的理解，归纳起来有三：第一，生态文明是一种独立的文明形式。1978年，德国学者伊林·费切尔（Iring Fetscher）在《论人类的生存环境》一文中，最早使用了"生态文明"一词。他用生态文明表达对工业文明和技术进步主义的批判。于1995年出版的美国学者罗伊·莫里森（Roy Morrison）的《生态民主》明确提出生态文明是工业文明之后的文明形式。第二，生态文明是一组复杂的社会关系。1987年，我国学者叶谦吉明确"生态文明"的概念，认为生态文明是"人类既获利于自然，又还利于自然，在改造自然的同时又保护自然，人与自然之间保持和谐统一的关系"。2018年，贾卫列在《生态文明建设读本》一书中提出，生态文明观强调地球（甚至包括整个宇宙）是一个有机的生命体，它是一种包含五层含义的新的发展观：正确处理人与自然的关系；正确处理人与人的关系；正确处理自然界生物之间的关系；正确处理人与人工自然的关系；正确处理人的身与心、我与非我、心灵与宇宙的关系。第三，生态文明是一种全新的发展方式。生态文明是人类在适应自然、利用自然过程中建立的一种以人与自然共生和谐为基础的生存和发展方式。它包括三层含义：一是人类文明发展的新时代。生态文明就是在农业文明和工业文明的基础上，人类（地球）文明的新形态，生态文明作为一种地球上的新文明范型和向星际文明转化的形态，它把人类带出了"蒙昧时代"而进入真正意义上的"文明时代"，一个结构复杂、秩序优良的社会制度将在全球建立。二是社会进步的新的发展观——生态文明观。三是一场席卷全球的生态现代化运动——生态文明建设。其中的核心问题是全球生态文明观的确立[①]。总之，生态文明理论博大精深，站在可持续发展

---

① 贾卫列. 生态文明的产生、发展及理论体系架构 [M]. 转型与创新：生态文明建设与区域模式研究. 北京：科学出版社，2019：3-28.

## 中国式现代化资源节约之路

的更高层次，阐述了人与自然相互依存的关系，主导着当今世界发展和国际公约制定的走向，为人类命运共同体概念的诞生提供了重要的理论滋养。

习近平生态文明思想直接孕育和产生了人类命运共同体的概念。党的十八大以来，以习近平同志为核心的党中央站在民族永续发展的高度，推动生态文明理论创新、实践创新、制度创新，积极参与全球环境与气候治理，共谋全球可持续发展，创造性地提出了一系列新理念、新思想、新战略。2013年3月，习近平总书记在莫斯科国际关系学院的演讲中，首次在外交场合提出："这个世界越来越成为你中有我、我中有你的命运共同体，和平、发展、合作、共赢成为时代潮流。"此后，习近平总书记在国际国内不同场合至少62次提到"命运共同体"的概念，并将其延展至"中非命运共同体""中国—东盟命运共同体""亚太命运共同体""中拉命运共同体"等具体理念。从继承角度看，人类命运共同体理念是对马克思主义"真正共同体""自由人联合体"的继承和发展。从价值角度看，人类命运共同体提出的意义在于：提取人类价值认同的最大公约数，倡导公平合理的新型国际关系；超越"文明冲突论""文明优越论"，倡导全球新型文明观；提升中国的国际话语权，为塑造大国形象持续提供议题设置空间[1]。

构建人类命运共同体是当今人类社会的必然选择。构建人类命运共同体的必要性：一是保障世界安全的需要。自从世界上拥有了各种大规模杀伤性武器之后，保障地球安全、防止人类毁

---

[1] 周宗敏. 人类命运共同体理念的形成、实践与时代价值[N]. 学习时报，2019-03-29（02）.

灭就成为世界各国人民共同关心的议题。二是文明交流共鉴的需要。随着时代发展和科技进步，今天的世界已经超越了民族或者国家层面，上升至不同文明之间的冲突与融合。这就需要人类文明的交流共鉴，进而重塑全球政治的建构。三是经济相互依存的需要。随着经济全球化的持续发展，基于比较优势的国际分工越来越细，世界经济已经成为不可分割的有机整体，互利共赢的世界经济体系已经形成，你我难分，一荣俱荣、一损俱损。四是资源全球流动的需要。随着国际贸易和信息社会的高度发达，自然资源和社会资源在全球流动，凸显自身价值、寻求最低成本、获得最佳产品已经成为个人、企业或家庭的自觉行为，人类命运共同体已经成为不可阻挡的历史潮流。构建人类命运共同体的目标是建设"持久和平、普遍安全、共同繁荣、开放包容、清洁美丽"的人类大同世界。

## （二）共同发展是构建人类命运共同体的价值所系

饥饿贫困、气候变化、生物多样性保护和国家安全是当今世界共同关注的全球性问题，这些问题与资源节约关系密切。

饥饿贫困与资源节约。联合国世界粮食计划署（World Food Programme）发布的《2022 全球粮食危机报告》（*2022 Global Report on Food Crisis*）显示，自 2015 年以来，受饥饿问题影响的人口比例相对稳定，但在 2020 年出现激增，并在 2021 年继续上升。2021 年，受饥饿问题影响的人口占世界人口的 9.8%。相比之下，2019 年的这一数据为 8%，2020 年为 9.3%。粮食危机受到多重综合因素的驱动，但战乱仍然是主要驱动因素；次一级驱动因素是经济恶化、极端天气和背井离乡。经济恶化又与疫情有关。联合国大学最新研究指出，此次全球大流行的新型冠状病毒肺炎感染造成的经济影响可能使全球贫困人口增加5亿人。饥饿贫困与资源节约之间具有正相关关系。越是饥饿越会珍惜粮食，越不会出现浪费粮食现象；同样，经济恶化使物资匮乏、供不应求，更需要节约资源，包括节约粮食、能源、淡水等。解决饥饿、贫困人口的根本途径在于为他们提供就业岗位和安全的生活环境。

气候变化与资源节约。全球气候变暖会使全球降水量重新分配、冰川和冻土消融、海平面上升等，给人类生存和发展带来严峻挑战。沿海的国家和地区被淹；干旱、暴雨和洪涝等灾害事件频发；各国农业经济结构的变化和损失；大量物种难以适应新的生存环境而灭绝，最终导致原有生态系统的恶化；可能使细菌增强对抗生素的耐药性，从而产生更多"超级细菌"。这主要是人们焚烧化石燃料，如石油，煤炭等，或砍伐森林、收割庄稼并将其焚烧时会产生大量的二氧化碳。其原理是温室气体对来自太阳辐射的可见光具有高度透过性，而对地球发射出来的长波辐射具有高度吸收性，能强烈吸收地面辐射中的红外线，不断积累进而导致地球温度上升。因此构建人类命运共同体、推进能源绿色低碳发展、推进产业优化升级、推进低碳交通运输体系建设、提高城乡建设绿色低碳发展质量、巩固提升生态系统汇碳能力、加快绿色低碳科技创新、实施绿色低碳经济政策、开展绿色低碳全民行动等。其核心任务是研发推广节能低碳技术，减少二氧化碳排放量，包括提高能源使用效率，减少煤、石油、天然气的使用量，增加水能和新能源的比重，扩大植树造林面积、提高森林覆盖率。毫无疑问，在减缓和适应气候变暖方面，资源节约是重要抓手，具有巨大的潜力。

生物多样性保护与资源节约。生物多样性是指地球上所有的植物、动物和微生物，以及它们所拥有的全部基因和各种各样的生态系统的总称。它包括三个层次：物种多样性、遗传多样性和生态系统多样性。物种多样性是指植物、动物和微生物等生命有机体的丰富性。遗传多样性是指存在于生命个体内、单个物种内以及物种之间的基因多样性。生态系统多样性是指生物圈内的生物群落、生态环境和生态过程的多样性[1]。联合国数据：在8300个已知动物品种中，8%已经灭绝，22%濒临灭绝；在8万个树种中，作为潜在利用对象加以研究的不到1%。有研究表明，由于食物链的作用，每一种植物在地球上消失往往会带来附着在这种植物上的10～30种动物或微生物消失。生物多样性是陆地生态的重要组成部分。生物多样性的减少会劣化人类的生存环境，甚至严重威胁人类的生存和发展。生物多样性保护与资源节约之间互为因果关系。生物多样性保护是衡量资源节约工作的重要评价指标。资源节约对生物多样性保护具有促进作用。资源节约会减少人类工程活动对生态系统的干扰，降低环境污染的概率，提升水体、植被和土壤的质量，改善植物、动物和微生物的生存环

---

[1] 江苏科学技术出版社. 保护生物多样性课件 [EB/OL]. （2021.04.15）[2023-04-20]. https://www.21cnjy.com/H/11/19274/9046269.shtml.

境，最终达到生物多样性保护的目的。

国家安全与资源节约。世界现代化进程开启之后，主权国家之间既深度联系又相互制约，国际博弈成为主权国家之间关系的常态。放眼全球，无论是已经实现现代化的国家，还是正在向现代化奋进的国家，都有着各不相同的利益诉求和国际秩序愿景，必然要为维护本国利益和塑造世界发展方向而展开博弈。自2008年金融危机后，由世界经济失速、国际政治失衡、一些国家社会失稳、全球治理和部分国家治理失能、国际主流价值形态失焦而形成的百年未有之大变局，带来主要大国发展态势和相互之间实力对比的悄然变化，影响各国原有的战略认知和战略部署，加剧了新一轮大国博弈。近年来，美国为了保住世界唯一超级大国的地位，相继从贸易、金融、科技、资源获取，以及产业链和供应链等方面对我国进行全面打压。保障国家安全，严守资源安全底线，夯实粮食、能源资源安全基础，强化海洋、测绘地理信息数据等安全保障体系，提高安全发展能力，成为目前乃至今后一个较长时期我国自然资源领域的重要任务。国家安全与资源节约之间具有相互依存关系。一方面，处于战乱的国家，没有一个安全发展的环境，资源节约必然大打折扣或根本无从谈起。另一方面，和平稳定的国家，资源节约可以提升一个国家或地区的资源环境承载能力，从而使国家资源安全底线下移。而资源安全底线下移，可以使资源保供压力相对减轻，有利于提高国家的综合实力与核心竞争力，有利于国家的整体安全和可持续发展。

综上，如果以底线思维、问题导向、系统观念和实践标准作为方法论，那么可以得出这样的结论：以资源节约推动构建人类命运共同体的思路具有可行性。

## （三）资源节约是构建人类命运共同体的内在张力

构建人类命运共同体所要解决的是全球性问题。人口增长、环境污染、资源耗竭等就是世界经济高速增长时期曾经遭遇的全球性问题。今天来看，即使全球进入经济低速增长或不景气周期，这类问题的解决依然或者更加依赖于资源的节约与合理利用。

人口增长与资源节约。从理论上讲，人口增长与资源节约之间具有相互依存的关系。人口增长必然带来人均资源量的减少，资源节约可以提高地球人口的负载能力。从实践上看，一是人口的指数化增长引发世界精英阶层对地球承载能力的忧虑。1968年4月，基于未来学研究的国际性民间学术团体罗马俱乐部（Club of Rome）宣布成立，其成员由欧洲10个国家挑选的30名科学家、社会学家、经济学家和其他领域的学者组成。成立之初，他们首先提出的是人口的指数化增长问题。1972年，罗马俱乐部发表了第一个研究报告《增长的极限》。二是人口的指数化增长带来潜在粮食安全问题。增长的极限在哪里？整个地球的资源能够承担多少人口，成为随后全球性研究机构研究的热点问题。1994年，美国世界观察研究所所长布朗在《世界观察》撰文"谁来养活中国？"指出，膳食结构改善、耕地消失、生产力下降和环境的破坏将给未来的中国带来巨大的粮食赤字。此外，许多人口高速增长的国家将来几十年里也将面临巨大的粮食赤字。布朗的这篇文章给我国以重要的警示，引发了国内的相关研究，促进了我国的耕地保护和粮食生产。三是资源节约是解决粮食短缺问题的有效途径。一方面，解决粮食短缺的方案首先是粮食增产，其次是粮食进口。目前我国进口的粮食折算为耕地约为 9 亿亩。而提高粮食产量的基础是耕地保护。我国对世界的最大贡献就是以世界 7% 的耕地养活了 22% 的人口。2022 年，我国粮食生产实现 18 年连续丰收，连续 8 年保持在 1.3 万亿吨以上，并首次实现了耕地的净增加。另一方面，节约和减损就是增产。2013 年原中华人民共和国国家粮食局根据相关测算指出，我国粮食产后仅储藏、运输、加工等环节损失浪费量达 350 亿千克以上；国家统计局重庆调查总队课题组 2015 年撰文《我国粮食供求及"十三五"时期趋势预测》指出，据估算，在消费环节，全国每年浪费食物总量折合粮食约 500 亿千克，可供养约 3.5 亿人一年的需要[①]。根据联合国《2019 世界粮食安全和营养状况》报告显示，全球每年约有 1/3 的粮食被损耗和浪费，总量约为每年 13 亿吨。可见，依靠资源节约解决粮食短缺问题的潜力巨大。此外，控制人口快速增长也可以减轻资源紧张带来的压力，但它会带来其他副作用，如人口结构的老龄化问题。

环境容量与资源节约。环境容量又称地球环境负载容量，是指在人类生存环境和自然生态系统不致受害的前提下，某一环境（如大气、水体等）所能容纳的污染物的最大负荷量。或者指一个生态系统在维持生命机体的再生能力、适应能力和更新能力的

---

① 王聪，郑炜良，祁雷. 你猜：全国每年浪费的粮食可养多少人？[EB/OL]. （2020.08.14）[2023-04-20]. https://baijiahao.baidu.com/s?id=1674999711850811594&wfr=spider&for=pc.

前提下，所能承受的有机体数量的最大限度。环境容量与资源节约之间具有正相关关系。一是无节制的人类工程活动会带来严重的生态环境问题。这些问题包括对岩石圈的破坏、对水圈和大气圈的污染，以及对生物圈的影响。二是生态环境保护的重中之重是保持生态系统的自我净化能力。太湖蓝藻、北京雾霾等事件最终推动了我国生态化转向，启动了既处理事又处理人的国家生态环境保护督查行动和连续三年的以行政辖区为责任边界的蓝天碧水保卫战。而暴发蓝藻、雾霾的原因就是人类掠夺自然的工程活动超过了水体、空气的自我净化能力。三是资源节约可以减少人类攫取自然的工程活动，从而提高环境容量。譬如，能源节约可以减少化石能源对大气的硫、碳排放。水资源节约可以减少地下水抽采量，从而减缓地下漏斗的形成和防止地面沉降。土地资源节约利用，可以减少耕地转为非农建设用地的数量，从而保持耕地、森林、草原、湿地、海洋、以国家公园为主体的自然保护地等生态产品的价值和服务功能。矿产资源的节约和综合利用可以减少新建矿山数量和延长老矿山寿命，从而减轻人类开采活动对生态环境的扰动。四是构建人类命运共同体应当重视资源节约的重要作用。近几十年，在联合国牵头组织和领导下，世界各国相继开展了应对气候变化、生物多样性保护、荒漠化防治、海洋和森林资源保护等一系列行动，取得了积极战果，但由于忽视或没有与资源节约行动结合起来，许多方面有待深入。与我国塞罕坝取得的成果相比，《联合国防治荒漠化公约》生效 26 年来，世界上仍有许多地方的人们饱受荒漠化之苦。

资源耗竭与资源节约。资源耗竭针对的是耗竭性资源。耗竭性资源是指人类开发利用后，其存量逐渐减少以致枯竭的那一类资源。它不同于恒定性资源、可更新资源和可循环资源，是"有限资源"的一种。例如，化石能源（如煤炭、石油等）是经过极其漫长的地质时期形成的，与人类社会的发展相比，其形成非常缓慢，可以把它的储量看成是固定的，一旦被用尽则无法补充。又如，耕地、高原草甸表层的腐殖土壤也是经过漫长的地质时期形成的，一旦损毁短期内也难以恢复。资源耗竭与资源节约之间具有和谐共生的关系。一是经济过度扩张导致资源开发利用强度超过自然允许的阈值。二是粗放地开发利用方式加快了资源耗竭速度。譬如，滥采滥挖造成的资源破坏，开采不能吃干榨尽、利用不能物尽其用而造成的资源浪费。石油等化石能源不能优质优用，过多地用于生产资料而不是移动工具和交通设备，造成的不合理消耗。耕地不能良田良用，带来的长期隐性损失。三是资源节约是降低能源资源消耗速率的有效或唯一途径。经济社会发展不可能不使用耗竭性资源，技术进步不能解决资源短缺及资源耗竭问题，唯有资源节约及其技术进步，可以承担起"以资源的可持续利用保障和促进经济社会的可持续发展"的重要使命。

综上，人类对增长的极限的思考，引发了人口增长、环境污染、资源耗竭等世界性问题及其解决方案的研究。从实践标准出发，这些问题的解决都离不开资源节约。因此，资源节约可以成为构建人类命运共同体的中心议题，对世界经济发展和构建人类命运共同体具有重要推动作用。

## 第二节 以资源节约推动构建人类命运共同体

### （一）坚持走绿色、低碳、循环、可持续发展之路

改革开放以来，我国把节约资源和保护环境定为基本国策，启动了绿色发展的新征程。党的十八大以来，绿色发展成为中国式现代化的显著特征，开展了以下六个方面的务实行动[1]，凸显了我国作为世界上最大的发展中国家的责任担当。

第一，构建绿色发展空间格局。一是优化国土空间开发保护格局。实现国土空间规划"多规合一"，加快推进各级各类国土空间规划编制；统筹优化国土空间布局，科学布局农业、生态、城镇等功能空间；加强重点生态功能区管理，将责任落实到县级行政区。二是强化生态系统保护修复。初步建立新型自然保护地体系，建立各级各类自然保护地近万处；科学划定生态保护红线，巩固青藏高原生态屏障区、黄河、长江重点生态区等"三区四带"生态安全格局；实施重要生态系统保护和修复重大工程，

---

[1] 国务院新闻办公室. 新时代的中国绿色发展 [R]. 北京：国务院新闻办公室，2023.

10年来累计完成造林9.6亿亩（1亩≈666.7平方米），全球新增绿化面积中约25%来自中国。三是推动重点区域绿色发展。推动京津冀协同发展生态环保率先突破，2021年，京津冀13个城市空气质量优良天数比例达到74.1%；推动长江经济带建设，五年来累计腾退长江岸线162千米，长江干流水质连续两年全线达到Ⅱ类；发挥长三角地区绿色发展表率作用，推动黄河流域生态保护和高质量发展，建设美丽粤港澳大湾区。四是建设生态宜居美丽家园。建设人与自然和谐共生的美丽城市，人均公园绿地面积由11.8平方米提高到14.78平方米；实施乡村振兴战略与改善农村人居环境相结合，打造绿色生态宜居的和美乡村；持续打好污染防治攻坚战，地级及以上城市细颗粒物$PM_{2.5}$年均浓度六年下降16微克/立方米。

第二，持续调整优化产业结构。一是大力发展战略性新兴产业。科技创新投入力度逐步加大，全社会研发投入2021年达2.80万亿元；新兴技术成为经济发展重要支撑，高技术制造业、装备制造业增加值分别比九年前提高5.7和4.2个百分点；绿色产业规模持续壮大，多晶硅、硅片、电池和组件占全球产量的70%以上。二是引导资源型产业有序发展。化解过剩产能和淘汰落后产能，十三五期间累计退出钢铁过剩产能1.5亿吨以上、水泥过剩产能3亿吨；遏制"两高一低"项目盲目发展，提高重点行业土地、环保、节能、节水等准入条件。三是优化产业区域布局。推进原材料产业合理布局，在沿海地区建设一批大型石化产业基地；深化各地区分工协作，通过产业转移增强区域发展的平衡性和协调性。

第三，广泛推进绿色生产方式。一是促进传统产业绿色转型。推进工业绿色发展，重点领域关键工序数控化率2021年达55.3%，9年间提高30.7个百分点；转变农业生产方式，2021年农田灌溉水有效利用系数达到0.568；提升服务业绿色化水平，2021年底，电商快件不再二次包装率达到80.5%。二是推动能源绿色低碳发展。大力发展非化石能源，9年间清洁能源消费比重提高11个百分点，可再生能源发电装机突破10亿千瓦，约占总发电装机容量的44.8%；提高化石能源清洁高效利用水平，开展煤电节能降碳改造、天然气热电冷联供和成品油质量升级专项行动，用不到10年时间走完了发达国家30多年成品油质量升级之路。三是构建绿色交通运输体系。优化交通运输结构，截至2021年底，有51个城市开通运营城市轨道交通线路275条，运营里程超过8700千米，全国公交专用车道公里数九年间增长了3.47倍；推进交通运输工具绿色转型，截至2021年底，我国新能源汽车保有量达到784万辆，占全球保有量的二分之一；提升交通基础设施绿色化水平，截至2021年底，高速公路废旧路面材料循环利用率达到95%以上，铁路电气化率达到73.3%九年间提高21个百分点。

第四，大力倡导绿色生活方式。一是生态文明教育持续推进。倡导全社会树立勤俭节约消费理念和生活习惯，持续开展全国节能、节水、低碳日等主题宣传活动，把绿色发展纳入国民教育体系。二是绿色生活创建广泛开展。全国70%县级及以上党政机关建成节约型机关，109个城市高质量参与绿色出行创建行动。三是绿色产品消费日益扩大。实施税收减免和财政补贴，健全政府绿色采购制度，推动绿色商场等绿色流通主体建设。

第五，完善绿色发展体制机制。一是加强法治建设。将"生态文明建设"写入宪法，制订修订长江保护法等自然资源和环境保护法律，已累计制订修订绿色发展有关标准3000余项。二是强化监督管理。建立绿色发展的目标评价考核制度，落实领导干部生态文明建设责任制，制订修订领导干部生态环境损害责任追究、自然资源资产离任审计规定等党内法规。三是健全市场化机制。完善节水节能、污染治理等重点领域价格形成机制，建立统一的自然资源确权登记制度和生态保护补偿机制，开展全国碳排放权市场和绿色电力交易试点建设，形成绿色信贷、债券、保险、基金、信托等金融产品和市场体系。

第六，携手共建美丽地球家园。一是积极参与全球气候治理。落实《联合国气候变化框架公约》，提高国家自主贡献力度，积极开展应对气候变化南南合作，推动构建公平合理、合作共赢的全球气候治理体系。二是推进共建绿色"一带一路"。推动共建"一带一路"绿色低碳发展合作机制，与有关国家及国际组织签署50多份生态环境保护合作文件。与共建国家共同发起"一带一路"绿色发展伙伴关系倡议、能源合作伙伴关系。加强绿色人才培养，推动"一带一路"绿色投资。三是广泛开展双多边国际合作。

综上，构建人类命运共同体不仅需要理论，更加需要实践。新时代我国绿色、低碳、循环、可持续发展实践，为世界各国提供了成功样板。其发展的成果既造福中国，也惠及世界。

## （二）让资源节约成为推动"一带一路"建设的一抹亮色

共建"一带一路"倡议源于中国，而机遇和成果属于世界。2013 年秋，习近平总书记提出了共建丝绸之路经济带和 21 世纪海上丝绸之路重大倡议。共建"一带一路"倡议，已经成为我国参与全球开放合作、改善全球经济治理体系，促进全球共同发展繁荣、推动构建人类命运共同体的中国方案，得到越来越多国家的热烈响应。

构建"一带一路"的关键是互联互通，跨越了不同文明，秉持的是共商共建共享原则，完成了总体布局，取得了实打实、沉甸甸的成就[1]。一是创新合作方式。构建职业技术合作联盟、可持续城市联盟、绿色发展国际联盟，打造互利合作网络、新型合作模式、多元合作平台。二是加强项目合作。支持非洲实施 100 个清洁能源和野生动植物保护项目、环境友好型农业项目和智慧型城市建设项目。同有关国家的铁路部门签署深化中欧班列合作协议。通过"一带一路"国际合作高峰论坛，与很多国家达成了交通运输、基础设施、能源等硬件联通项目，通信、海关、检验检疫等软件联通项目，经贸、产业、电子商务、海洋和绿色经济等多领域的合作规划和具体项目。三是贯彻落实新发展理念。倡导绿色、低碳、循环、可持续的生产生活方式，携手打造绿色丝绸

---

[1] 中共中央宣传部，国家发展和改革委员会. 习近平经济思想学习纲要 [M]. 北京：人民出版社，2022.

之路、健康丝绸之路、智力丝绸之路和安全丝绸之路，让"一带一路"造福沿线各国人民。

绿色发展已经成为共建"一带一路"的底色。我国在"一带一路"绿色建设方面做了大量卓有成效的工作[①]：一是推动共建"一带一路"绿色低碳发展合作机制。先后与联合国环境规划署、相关国家和国际组织签订了建设绿色"一带一路"备忘录及50多份环保合作文件。二是强化合作伙伴关系。与31个共建国家共同发起"一带一路"绿色发展伙伴关系倡议，与32个共建国家共同建立"一带一路"能源合作伙伴关系。三是发起建立"一带一路"绿色发展国际联盟。成立"一带一路"绿色发展国际研究院，建设"一带一路"生态环保大数据服务平台。四是实施"绿色丝路使者计划"。帮助共建国家培养绿色发展技术人才，为120多个共建国家培训3000人次。五是加强绿色发展治理体系建设。制定实施《"一带一路"绿色投资原则》，推动"一带一路"绿色投资等。

让资源节约成为推动"一带一路"建设的一抹亮色。改革开放以来特别是最近10年，我国在节能、节水、节材、节地、新能源与可再生能源、矿产资源综合利用、废旧产品及废弃物回收与再利用、清洁生产等领域的科技创新和推广应用方面取得了系列成果，积累了丰富经验。这些资源节约先进单一技术、产品、装备、工艺流程和系统性工程技术等应当引入"一带一路"建设之中，带动沿线国家的基础设施建设和经济社会发展。而引进我

---

① 国务院新闻办公室. 新时代的中国绿色发展［R］. 北京：国务院新闻办公室，2023.

国资源节约科技创新的实践经验和成功做法，还能够推动相关国家在资源节约领域的技术进步。

以资源节约推动"一带一路"建设有四个途径及作用：一是资源节约可以在深化农业、卫生、减灾、水资源等领域合作过程中发挥技术支撑作用。二是资源节约可以在绿色基建、绿色交通、绿色能源、绿色金融等多领域合作项目中发挥创新驱动作用。三是资源节约可以在践行绿色发展新理念，倡导绿色、低碳、循环、可持续的生产生活方式过程中发挥理论指导作用。四是资源节约可以在实施绿色丝路使者计划中发挥教育传承作用。

## （三）应对全球气候变化的中国资源节约行动

气候变化是全球性挑战，没有一个国家或地区可以置身事外。气候变化给人类社会带来的影响具有系统性、全局性和整体性特征，应对全球气候变化已经成为世界各国的共同使命。中国是全球气候治理的行动派和实干家，制订和实施了一系列行之有效的行动计划，而资源节约行动从中起到了重要作用。

稳坐世界节能和利用新能源、可再生能源的第一把交椅。改革开放以来，我国数十年的经济高速增长带来了令世界惊叹的"中国奇迹"，但也承担了资源环境方面的沉重代价。进入新时代，我国大力推进生态文明建设，推动绿色循环低碳发展，把应对气候变化融入国家经济社会发展中长期规划，坚持减缓和适应气候变化并重，通过法律、行政、技术、市场等多种手段，全力推进各项工作[①]。行稳致远，成效显著，资源消耗强度大幅下降，稳居世界节能和利用新能源、可再生能源第一大国的位置。2021年我国可再生能源装机容量达到10.63亿千瓦，占全球总量的1/3强，是全球排名第二的美国的3.25倍。[②]。水电、风电、光伏发电装机均超过3亿千瓦，海上风电装机跃居世界第一；单机容量100万千瓦级水轮机组、10兆瓦级风电机组制造及光伏电池转换效率等刷新世界纪录[③]。

以资源节约和生态保护修复行动提升生态系统碳汇能力。一是推进资源节约集约利用。在提高能源利用效率方面，大力推广技术节能、管理节能、结构节能，2021年万元国内生产总值能耗较2012年下降26.4%。在提升水资源利用效率方面，开展国家节水行动，对高耗水行业实施节水技术改造，2021年，万元国内生产总值用水量较2012年下降45%。在强化土地节约集约利用方面，严控新增建设用地，强化农村土地管理，盘活存量用地，2021年单位国内生产总值建设用地使用面积（地耗）较2012年下降40.85%。在提高资源综合利用水平方面，开展绿色矿山建设，提升重要矿产资源采选效率，2021年，废金属、废塑料、废

---

① 习近平. 论坚持人与自然和谐共生 [M]. 北京：中央文献出版社，2022.

② 中国产业经济信息网. 截至去年年底，我国可再生能源累计装机全球占比超1/3 [EB/OL].（2022-08-22）[2023-04-20]. http://www.cinic.org.cn/hy/ny/1342674.html.

③ 高志民.《中国可再生能源发展报告2021》发布：我国可再生能源装机容量稳居世界第一 [EB/OL].（2022-06-27）[2023-04-20]. http://www.rmzxb.com.cn/c/2022-06-27/3147286.shtml.

橡胶、废玻璃等 9 种再生资源循环利用量达 3.85 亿吨[①]。二是谋划和实施生态环境保护和修复行动。编制实施《全国重要生态系统保护和修复重大工程总体规划（2021—2035）》，布局了 9 个重大工程、47 项重点任务。编制完成我国首部全国国土空间规划纲要，划定全国生态保护红线，陆域生态保护红线占陆域国土总面积的近 1/3。实施 44 个山水林田湖草一体化保护和修复工程，完成修复面积达 3.5 万平方千米。整治修复海岸线 1100 平方千米、滨海湿地 42 万亩。森林覆盖率提高至 24.02%[②]，极大地增强了我国生态系统的碳汇能力。三是积极开展应对气候变化的南南合作。2016 年起在发展中国家启动 10 个低碳示范区、100 个减缓和适应气候变化项目、1000 个应对气候变化培训名额的合作项目，实施了 200 多个应对气候变化的援外项目[③]。

积极推进资源节约和生态环境保护领域的务实合作。成功举办《生物多样性公约》第十五次缔约方大会第一阶段会议，以及《湿地公约》第十四届缔约方大会。积极参与二十国集团、中国－东盟、东盟－中日韩、东亚峰会、中非合作论坛、金砖国家、上海合作组织、亚太经合组织等框架下能源转型、能效提升等方面合作，牵头制订《二十国集团能效引领计划》，成为二十国集团领导人杭州峰会重要成果。落实全球发展倡议，推动建立全球清

---

[①] 国务院新闻办公室. 新时代的中国绿色发展［R］. 北京：国务院新闻办公室，2023.

[②] 中国自然资源报. 2023 年自然资源工作会议［N］. 中国自然资源报，2023-01-12（01）.

[③] 国务院新闻办公室. 新时代的中国绿色发展［R］. 北京：国务院新闻办公室，2023.

洁能源合作伙伴关系。同时，与印度、巴西、南非、美国、日本、德国、法国、东盟等多个国家和地区开展节能环保、清洁能源、应对气候变化、生物多样性保护、荒漠化防治、海洋和森林资源保护等合作，推动联合国有关机构、亚洲开发银行、亚洲基础设施投资银行、新开发银行、全球环境基金、绿色气候基金、国际能源署、国际可再生能源署等国际组织在工业、农业、能源、交通运输、城乡建设等重点领域开展绿色低碳技术援助、能力建设和试点项目，为推动全球可持续发展作出了重要贡献[1]。

综上，应对全球气候变化自1988年起已有35年历史，经历了开展科学评估、缔结国际公约和实施目标行动等三个发展阶段[2]。应对全球气候变化的中国资源节约行动实践，不仅映照了构建人类命运共同体的必要性，也从一个侧面印证了在世界范围全面推动资源节约工作的重要性和迫切性。

---

[1] 国务院新闻办公室. 新时代的中国绿色发展［R］. 北京：国务院新闻办公室，2023.

[2] 碳达峰碳中和工作领导小组办公室，全国干部培训教材编审指导委员会办公室. 碳达峰碳中和干部读本［M］. 北京：党建读物出版社，2022.

# 第三节　积极参与资源节约全球治理体系建设

将资源节约全面融入联合国发展目标、行动计划和重点工作，是未来我国积极参与资源节约全球治理体系建设的主要方向。

## （一）将资源节约列入联合国可持续发展目标

联合国确定的可持续发展目标有 17 个：在全世界消除一切形式的贫困；消除饥饿，实现粮食安全，改善营养状况和促进可持续农业；确保健康的生活方式，增进各年龄段人群的福祉；确保包容和公平的优质教育，让全民终身享有学习机会；实现性别平等，增强所有妇女和儿童的权能；为所有人提供水和环境卫生并对其进行可持续管理；确保人人获得可负担、可靠和可持续的现代能源；建设有风险抵御能力的基础设施、促进包容的可持续工业，并推动创新；减少国家内部和国家之间的不平等；建设包容、安全、有风险抵御能力和可持续的城市及人类住区；确保可持续消费和生产模式；采取紧急行动应对气候变化及其影响；保护和可持续利用海洋及海洋资源以促进可持续发展；保护、恢复和促进可持续利用陆地生态系统、可持续森林管理、防治荒漠化、制止和扭转土地退化现象、遏制生物多样性的丧失；促进有利于可持续发展的和平和包容社会、为所有人提供诉诸司法的机会，在各层级建立有效、负责和包容的机构；加强执行手段、重振可持续发展全球伙伴关系。其中，许多发展目标与资源节约关系密切，如与粮食、水、能源、土地、气候有关的发展目标。但也有着明显不同或不足，没有重点关注和集中表述资源节约的内容。由于资源节约意义重大，且有其独特性，符合可持续发展的内在要求，建议适时增补列入联合国可持续发展目标。具体可以表达为："联合国可持续发展目标（SDGs）目标18：让资源节约成为全民的自觉行动。"

## （二）将资源节约技术提升列为联合国行动计划

研制联合国资源节约技术提升行动计划工作方案。如举办高级别对话会议，形成广泛共识和承诺；建立联合行动机制，采取开放式联合行动；启动相关公约行动网络，通过行动网络促进各利益攸关方之间的伙伴关系；加快步伐，带头开展资源节约技术提升行动；在联合国大会高级别周期间召开资源节约技术提升全球行动高峰论坛；通过分析和向主要政府间进程提供政策指导方针，为制定资源节约全球议程提供信息；利用数据、数字化和可视化的力量来加强对结果的监督、监控和沟通。

草拟联合国资源节约技术提升行动计划。其重点任务可包括以下几个方面：编制全球资源节约技术推广目录。其意义在于：

有利于鼓励世界各国资源节约技术的创新和推广，有利于规范和明确资源节约技术的概念和认识，有利于国际的交流与合作，从而提高全球资源利用整体水平，促进世界经济可持续发展。资源节约技术，可以是单一技术、产品、装备、工艺流程或系统性工程技术等[①]。在世界知识产权保护体系下公开推广这些技术，不仅不会损害技术持有人的利益，反而能够起到良好的广告效应和获得世界声誉。其步骤是：投资支持前期研究，权威部门组织征集，行业专家遴选评审，技术持有人进行答辩，代表性技术现场考察，全球多渠道征求意见，公开出版滚动修订。其内容包括技术定义和分类；技术来源：征集范围、征集类型和征集对象；遴选原则与方法；内容表达：汇总表和技术简介。

建立全球资源节约技术评价体系。其意义在于：通过技术评价活动，推动全球资源节约技术创新；通过技术创新，提升全球资源利用效率，降低能耗速率及其对生态环境的影响。其步骤和程序包括：制定评价工作方案、收集资料、确定评价指标体系、技术评审（包括必要时的调查或测试）、形成评价结论和报告、评价结论验证、先进技术披露等。其评价内容有六个：合规性评价，符合法律、政策、标准；节约能力评价，包括节约效率提升、资源节约率、资源节约量等指标；技术可靠性评价，包括故障率、维修保养间隔等指标；技术先进性评价，是否达到先进性评价方法的"领跑者"指标；经济效益评价，包括投资回收期、

---

① 国家发展和改革委员会.《国家重点推广的低碳技术目录》起草说明[EB/OL].（2014-09-09）[2023-04-20]. https://www.ndrc.gov.cn/xxgk/zcfb/gg/201409/W020190905485418418566.

单位节约量投资额等指标；适用性评价，包括技术适用的区域、行业和应用场景等内容。

评选全球资源节约技术十年旗舰项目。按照"自愿申报，全球比选，优中选优"的原则，分批次开展"全球资源节约技术十年旗舰项目"的评选活动。评选的重点可以是单一技术、产品、装备、工艺流程，也可以是系统性工程技术等。入选条件是能够代表全球资源节约技术的最高标准、最高水平，并且前期已经取得巨大的经济效益、社会效益和/或生态效益。每批次入选名额只取前十位。入选项目有资格获得联合国的宣传推广、建议和资助。

## （三）研制关键领域资源节约技术国际标准

全面推进我国的资源节约标准化工作。资源节约标准化工作是构建资源节约型社会的重要保障[①]。资源节约技术标准既是衡量一个国家、行业或企业资源利用效率高低，资源利用和替代过程是否科学合理及其先进程度的尺度，也是资源行政主管部门进行资源节约监督执法的基础依据，是资源可持续利用、污染防治的具体化和指标化。资源节约是推进经济高质量发展、加快生态文明制度建设、提高国家、地区或企业核心竞争力的重要举措。提高资源节约标准化工作是缓解资源短缺、提升资源安全保障能力的迫切需要，同时也是减少碳足迹、提升生态环境净化能力的客

---

① 王国强. 资源节约标准化工作是构建资源节约型社会的重要保障[J]. 大众标准化，2005，9：1-4.

观要求。从构建人类命运共同体角度看，积极参与资源节约全球治理体系建设，需要制定一个中长期规划，需要在研发资源节约技术国际标准上持续发力，需要展示我国在资源节约技术领域的先进性和主导力。

修订资源节约和综合利用标准发展规划。经过17年的努力，《2005—2007资源节约和综合利用标准发展规划》极大地推动了全国资源节约标准化工作，节能、节水、节材、节地、新能源与可再生能源、矿产资源综合利用、废旧产品及废弃物回收与再利用、清洁生产等八大领域的标准化工作取得重大进展，获得一批重要技术标准成果。在我国进入社会主义现代化强国建设的新时期，标准化行政主管部门应当借鉴其成功经验，根据经济社会发展需要、国家重大战略需求和科技进步的变化情况，牵头组织力量，编写新一轮《资源节约和综合利用发展规划》，从而引导未来我国的资源节约标准化工作。

建立健全我国资源节约技术标准体系。经过17年的努力，我国发展和改革委员会、自然资源部、水利部、工业与信息化部、生态环境部等部委逐步形成了各自领域的资源节约技术标准体系。这些部门体系，包括地方和社会团体形成的体系，亟须汇总集成为全国的资源节约技术标准体系，将已在蓬勃发展的资源节约技术和正在研制中的资源节约技术标准纳入其中，作为我国未来推动资源节约技术标准化工作的路线图与时间表。在全国性资源节约技术标准体系中，应当重点勾勒出我国在资源节约技术国际标准研制方面的主攻方向，并贯彻落实到各部委及地方政府的年度标准制修订计划之中。

研制关键领域资源节约技术国际标准。经过17年的努力，能源、工业、建筑、交通、矿业、农业等重点领域的资源节约先进技术如雨后春笋层出不穷，产生了一批行业标准和国家标准。但由于与国际标准化组织的沟通交流不够密切，对世界资源节约先进技术研发与推广应用情况、前沿技术创新情况不明，上升为国际标准的数量偏少，申报成功的国际标准也主要集中在能源管理与能源节约技术，二氧化碳捕集、运输与地质封存技术等领域；太阳能技术、氢能技术领域的标准偏窄，主要涉及词汇、试验方法、材料性能等方面；水回收技术，污泥回收、循环、处理和处置技术，各有2项现行标准；6项循环经济技术标准尚在研制中。这与我国已经取得的资源节约的一系列技术成果不够相称，与我国参与资源节约全球治理体系建设尚有较大差距，必须加快研制资源节约技术国际标准的步伐。

# 参考文献

1. 毕宝德. 土地经济学 [M]. 北京：中国人民大学出版社，1991.
2. 贺俊伟. 优化城乡建设用地结构和布局研究 [D]. 江西理工大学，2009.
3. 严金明. 简论土地利用结构优化与模型设计用 [J]. 中国土地科学，2002，16（4）：20-25.
4. 李红. 城乡非农建设用地规模与布局研究——以泰安市为例 [D]. 山东农业大学，2008.
5. 沈清基. 城市生态环境：原理、方法与优化 [M]. 北京：中国建筑工业出版社，2011.
6. 住房和城乡建设部科技发展促进中心. 中国建筑节能发展报告（2014）[M]. 北京：中国建筑工业出版社，2014.
7. 李洪砚. 绿色建筑实施推广的体制机制研究 [D]. 山东建筑大学，2015.
8. 张建国，谷立静. 我国绿色建筑发展现状、挑战及政策建议 [J]. 中国能源，2016（12）：19-24.
9. 叶祖达. 低碳绿色建筑：政策到经济效益分析 [M]. 北京：中国工业出版社：2013.
10. 仇保兴. 从绿色建筑到低碳生态城 [J]. 城市发展研究，2009，7：1-11.

11. 谷树忠，谢美娥，张新华. 绿色转型发展［M］. 杭州：浙江大学出版社，2016.
12. 中国城市科学研究会. 中国绿色低碳建筑技术发展报告［M］. 北京：中国建筑工业出版社，2022.